ニュー・エコノミーの研究

21世紀型経済成長とは何か

ロベール・ボワイエ

井上泰夫＝監訳

中原隆幸・新井美佐子＝訳

Robert Boyer

La croissance, début de siècle : De l'octet au gène

藤原書店

Robert Boyer

La croissance, début de siècle : De l'octet au gène

序　繰り返されるニュー・エコノミー幻想

本書は、この一〇年間の経済成長を支えている動力源を検討している。そして、いわゆる「ニュー・エコノミー」の長所と短所に対して特別の注意を払っている。どのようにしてニュー・エコノミーはオールド・エコノミーになったのだろうか。回顧的な展望を踏まえれば、将来の経済成長はどうなるだろうか。本書で取り上げられるのは、これら二つの問題である。まず最初にアメリカで起こった現象を分析するに際して、フランス人の研究者が何を解明できるのだろうか、と思われるかも知れない。多くの人びとにとってもはや過去のものとなっているニュー・エコノミーについて今更何を議論しようと言うのか。本書がフランスで出版されて以降起こった数多くの出来事によって、本書における発見は旧くなっているのではないだろうか。以下では、これらの問いに対して答えることにしよう。

再現しうるニュー・エコノミー幻想

本書の目的のひとつは方法論に関わっていて、経済学者ははたして自分たちの過ちから学習できるか否か、という問題に焦点を当てている。一九八〇年代を通じて、そしてそれ以降、数多くの経済学者たちは、情報技術主導型の新しい成長体制の出現を確信するようになった。この時期に起こった株価の急上昇は、将来の成長パターンと情報通信技術生産部門における将来の利益を先取りするものとみなされた。これは典型的な金融バブルであり、崩壊する危険性があるという、数多くの逆のシグナルはほとんど無視されていた。それらのシグナルには、ほとんどあるいはまったくビジネス経験のないような、損失を生み出すだけの企業への大量の資金投資、あるいは、株価上昇の大きなうねり、最後に、公的な番犬の側における監視の権限を行使することへの逡巡、などが含まれていた。

本書の根本的なメッセージのひとつは、つぎのようなパラドクスに関わっている。すなわち、合理的な企業家や金融家の戦略と株主価値の最大化の戦略にしたがっている時代において、金融業界と投資家がとる行動は、実際には盲目的な信頼や他者を模倣する傾向によって支配されている。実際、株式市場における急上昇は、絶対的な信頼性を持っていたので、多くの人びとは、マクロ経済的な制約にも、長期にわたって確立された経営管理の諸原則にももはや注意を払わなくなったのである。

こうした価値判断における集団的な過ちは多大の資本損失を引き起こしたが、この過ちの原因は、経済主体にとって出来事を振り返ってその意味を熟考するための時間が十分に無かったことにある。ニュー・エコノミーがかれらおよび同時代人にとってまったく新しい現象であると確信していた人びとは、長期の傾向や国際的な歴史に対して何の関心も持っていなかった。事実、ドット・コムの熱狂は、ラディカルと思われていた技術革新が切り開いた一連の投機的な時期の一部をなしていた。だが、金融の短期的な見方は、技術革新の長期的な見方とは異なる。われわれが問い質す必要があるのは、金融業界を支えている敏感な人たちが多額の安定した利益増大の見込みを容易に信じるようになって、すべての経済活動に固有の不確実性に対して十分な注意を示さなくなったのは、なぜか、という点である。エンロン社の倒産以前においても、あやしい会計手法への疑問は広く存在していた。十分に訓練され経験を積んだ専門家から構成される大きな団体が、どうして自分たちの受けた教育に反するような行動を取ったのだろうか。その理由は、部分的には、歴史的理解、国際比較による理解が不十分であったことに起因する。そのような理解こそ、過去からの歴史的な絶縁に関わる期待の行き過ぎへの解毒剤に成りえたのではないだろうか。アナリストたちはニュー・エコノミーをもっと大きな枠組みや状況のなかに位置づけることに単に失敗したというのが、現実である。

本書に刺激されて、読者諸氏が、経済的合理性が盲目的な信頼に席を譲ることによって不安定性を招来し、その後にクラッシュに至るような時代を批判的に再検討するようになれば、本書の目的は達成されたことになる。最近の三世紀の歴史は、このような例で満ちている。今日の経済主体は、この歴史から積極的に学ぼうとしないのであれば、先人たちの陥った過ちをそのまま繰り返す危険が明らかにある。

技術決定主義による誘惑の危険性

ニュー・エコノミーへの信仰の根本にあるのは、技術決定主義を反映する見方であった。数多くの経済主体は、情報処理の普及における技術的な革新こそがさらに効率的な生産方法と生産イノベーションを可能にして、その結果利益の増大が生まれると信じていた。だが、技術変化の経済学が教えているように、新時代を画すると思われたすべてのイノベーションがマクロ経済レベルで成長をもたらしうるような将来性のある新興企業ないし産業部門になるわけではない。

コンピューター化が第二次世界大戦の終わりに始まったことは今ではよく知られている。マイクロエレクトロニクスは、したがって、企業内での情報処理を容易にするための長期的な傾向の延長線上にある。そのようなわけで、情報処理のイノベーションによって生まれた実際の金融利益はその期待された利益水準に到達しないのである。本書の第七章で議論されるように、情報通信技術は一般的技術であって、広範囲の企業活動、産業部門を通じて普及するが、それ自体では、一部門を形成して、しかも経済全体の生産性と利益を上昇させるようなラディカルなイノベーションを形成しているわけではない。

本書が読者に提供しているのは、一種の技術決定主義の非妥当性を証明できるような一連の分析である。eマーケットを実現するには、市場の持続性を保証するような一連のルール、合意や制度が必要不可欠である。情報の容易な伝達は、eビジネスのたんなる物理的な条件のひとつであって、その唯一の条件ではない。このことの意味が一層重要性を増すのは、今日ではもはや時代遅れとなっているような技術でも、最近のより高価な技術よりも効率的であることがわかるときである。このことは、情報関連のハードウェアとソフトウェアから形成される資本の生産性の測定に関連して広まっている困難を説明している。成長会計〔総産出量と総投入量の変化率の差を測定して経済成長を分析するための社会会計的アプローチ〕の手法が示しているように、情報資本の生産性が設備価格によって計測されると仮定することは、生産のフローの再編成に含まれるコストや、情報通信技術の利益がフルに実現されるために必要である情報入手と決定の構造を無視することになる。技術決定主義よ、さようなら。これは、本書を貫く主要なテーマのひとつである。

資本主義の多様性

ニュー・エコノミーに関するほとんどの研究は、一九八〇年代のアメリカ経済に焦点をあわせている。そして成長と雇用に関する驚くべきパフォーマンスを取り上げている。したがって、情報技術主導型成長体制が達成されるためには、アメリカモデルを支える市場主導型資本主義の諸制度が本質的に重要であると考えられている。経済成長に遅れを取っている諸国は、新興の企業を作り出すために、新しい金融市場を創設することを選択した。そのような市場では、動機づけのためにストック・オプションが導入されて、労働者たちの社会的権利さえも見直しの対象となったが、それらは、いずれも、雇用調節、労働時間、そして賃金を柔軟化するためであった。このような経済モデルにしたがって、人びとは、市場主導型資本主義の典型的な諸制度を採用すればするほど、その国のマクロ経済パフォーマンスが改善される、と信じるようになった。

だが、逆説的ではあるが、このような見解を証明するために収集されたデータによれば、マクロ経済の良好なパフォーマンスを支えるような追加的な二つの制度的構造が少なくとも必要である。第一の制度的構造はフィンランド、スウェーデン、デンマークにおいて存在していて、これらの国では、教育と職業訓練が高水準で民主化されている結果、情報通信技術の導入を助長している。また、少なくとも一定の社会民主主義諸国における情報通信技術の生産を容易にしている。これらの国ぐにの制度的なインフラはアメリカで支配的な制度とは大いに異なっている。だが、その成果はアメリカと同程度か、それを上回っている。その理由は、全要素生産性が高成長と低失業を実現していることにある。したがって、経済的な効率性と社会的連帯を同時に実現することは可能なのである。これは、社会的不平等が大きいアメリカの状況とはまったく異なる状況である。第二の制度的構造は、遅れていた諸国に存在する。これらの国ぐにには、経済の国際化の利益を受けることができ、そして、新しい環境に見合う制度的環境を整えることを通じて、情報通信技術が切り開いた可能性を生かすことができる。これらの国は、たとえばフォーディズムのような以前の継起的な成長モデルへの参画から生じるような惰性によって邪魔されることがない。アイルランド、そしてある意味でポルトガルがこうしたグループに属している。

これらの三つの相異なるモデルが長期間にわたって共存できたのは、これらのモデルを支えている制度設計が堅固であって、これらのモデルの競争力の源泉となっているからである。本書の第三の主要なメッセージがここに存在するのであって、それによれば、国際化の時代においては、きわめて多様な資本主義が存在している。

金融経済化の危険性

本書が強調しているように、新たな金融商品と技術革新の相乗効果こそが、景気の急拡大とそれに続くインターネット・バブルの崩壊をともに説明しうる要因である。安易にニュー・エコノミーを保証していたアメリカの金融業界は、一九九〇年代後半におけるアメリカのマクロ経済の動向について責任を負っている。実際、資本供給が極端に弾力的に高められていなければ、情報通信技術生産部門が過剰生産やそれに続くひどいクラッシュを経験することは決してなかっただろう。すでに二〇〇〇年初め以来、金融革新とそれによって実現した新金融商品が果たす役割を強調するような出来事が数多く起こっていた。さらに高い金融利益を求める動きが、リスクをともなう投機の拡大とともに、経済の大半の部門を支配していた。エンロン、テイコ、ワールドコムさらにその他の流通企業が破局を迎えたことは、経営者たちが利益に対して抱いている貪欲さや魅力がいかに企業行動や企業資産と企業人材の合理的管理を支配していたかを示している。たとえば、ストック・オプションの仕組みは、実際の経験が示しているように、経営者と株主の目的を調和するどころか、「創造的な」会計処理（本書、一七七頁参照）や金融勘定の不正な解釈の温床となっている。同じことは、数多くのメガ合併、M&Aにも妥当していて、これらの動きは一九九〇年代に大流行した「大きいことはいいことだ」というスローガンに依拠していた。それ以来われわれが理解したのは、これらの大多数のケースにおいて、このような経営戦略は企業の価値に対してプラスというよりもむしろ破壊的な影響を与えたことだった。そして、金融の論理が、産業活動とサービス活動（金融・保険・流通）の補完性や相乗効果に関する厳密な分析に対して優先されてしまった。

ストック・オプションのような良好なガバナンスやインセンティブから生まれると思われている透明性と、ここで手を切る必要がある。二〇〇〇年三月におけるインターネット・バブルの崩壊とともに始まったアメリカの危機によって、現在出現しつつある成長体制について二重の評価が可能になった。第一に、この危機によって明らかになったように、結果をすぐに求める金融は、数十年ごとに通常起こりうる技術革新の順調な発展に有利に作用している（これは、短期主義的な技術決定主義の幻想を取っ払うためのもう一つの理由である）。第二に、この危機によって、金融市場の深化と流動性に由来するような不安定性が明らかになった。金融主導型経済成長体制はアメリカ以外の経済の状況に合致していないだけでなく、内生的にさらなる危機を爆発させるリスクを抱えている。

本書がフランスで最初に公刊されて以来起こっている出来事は、その当時はまだ明示的でなかった診断の正しさを確認することになった。すなわち、一九九〇年代は、情報や実質的な成長経済ではなく、むしろ金融の時代であった。

人間主導型成長モデル

本書の主要な目的はもっぱら批判を展開することにある、と信じるような人もいるだろう。本書の最後の諸章で展開されている見解は、そのような見方が正しくないことを示している。この見解によれば、つぎの新しい成長体制は、教育、技能訓練、健康、余暇活動そして都市計画に中心を置くことになる。このような見方は、アメリカの家計支出の長期的な分析に依拠している。一方では、家計の全支出に占める耐久消費財支出の割合は安定的に推移している。その理由は、価格低下によって、携帯電話やパソコンやその他のエレクトロニクス製品への需要が増大したことにある。他方では、サービス部門、とくに教育や健康の分野において、生産性の顕著な上昇が見られないので、家計では自分たちのニーズを充足すべく、これらの分野への支出が増大することになる。この現象は、社会保障制度や財政予算に起こっている財政危機の観点からすれば余りにも明らかである。その結果、不幸にも（新古典派の用語を借りれば）人的資本にもとづく成長モデルの重要性が隠されてしまっている。経済を商品による商品の生産とみなしていた古典派のアプローチを逆転させる過程で、この現象を「人間による人間の生産」を必要とするようなモデルとして説明することが重要である。分析的な言葉で述べれば、現代経済が直面しているのは、人間主導型の経済の挑戦なのである。

われわれはこうしたモデルの重要性について、少なくとも日常レベルで実感することができる。ほとんど毎月、われわれは、ニュー・エコノミー絡みの企業の金融トラブルを耳にしている（その報道にはまちがったものもある）。それに対して、ほとんどの国の政府は現在、医療・年金支出を削減しようとしている。そのために、公的な手法にほとんど依存している分野において健康・介護へのアクセスが制限され始めている。それゆえ、医療関係者のストライキが起こっている一方で、医療スタッフの不足を補うべく、南の諸国から医療専門家を北の諸国が受け入れる動きが起こっている。人間主導型成長モデルへのこれ以上の顕著な例を見つけるのは困難であろう。もっとも、このモデルは現在、残念なことに、その便益よりもコストにおいて議論されているのであるが。本書は、公務員にとっても深みのある分析を備えた回答となることを目指している。かれらは、とりわけ健康や教育に関する新しい社会的なニーズを充足させることよりも、むしろ財政均衡に関心があるようである。

情報技術以外にも知識経済が存在している、という考えは、ＯＥＣＤや世界銀行などの国際機関だけがようやく真面目に取り上げ始めたばかりである。知識経済は、それよりもはるかに広い範囲に及ぶような「人間による人間の生産」を含む領域のごく一部分にすぎない。

本書の読者が現代の発展を理解するために十分な知的な糧を本書のなかに見つけられることを、私は願っている。現代の発展は、社会的な論点に光をあてるのではなく、それらをむしろ見えにくくするような一連のエピソードとは無関係である。本書で設定されているつぎのような目的が果たされているか否かの判断は、読者に委ねられている。すなわち、ニュー・エコノミーという大いなるカコフォニー〔耳障りな音〕について正当な批判を展開して、さらに、実際に「大いなる幻影」であった事態に対して、鋭敏かつオリジナルな分析を読者に提供するという目的である。

（二〇〇三年四月、英語版序文）

ニュー・エコノミーの研究——21世紀型経済成長とは何か　目次

第5章　ニュー・エコノミーの国際比較——米国モデルは唯一のモデルではない　143

第6章　ニュー・エコノミーの崩壊——IT神話と金融バブル　167

結論　長く続く未来　285

ニュー・エコノミーの研究——21世紀型経済成長とは何か

凡　例

一　本書は、Robert Boyer, *La croissance, début de siècle : De l'octet au gène*, Éditions Albin Michel, 2002. の全訳である。

二　原文でのイタリック強調は訳文では傍点とした。
原文中《 》は「 」で記した。

三　本文中参照されている参考文献の一覧は巻末に収録した。邦訳の存在が確認できたものは、その書誌情報も新たに付した。

四　訳者による補足は〔 〕で表記し、本文中に挿入した。

五　章タイトル、小見出しは、原書のものを元にしつつも、読みやすさを考慮し、訳者と編集部の判断で適宜修正を加えた。

序章

ニュー・エコノミー研究の意義

情報通信技術・金融・経済成長の相互関係

最近の一〇年間における経済成長は、どのような仕組みを有しているのだろうか。情報通信技術の躍進は、出現しつつある新しい成長体制の中心を占める生産パラダイムの輪郭を描いているのだろうか。その結果、さまざまな国の相対的な位置はどのように定義し直されているのだろうか。諸国間の不平等は縮小する、あるいはその反対に拡大する、と考えねばならないのだろうか。そして、それぞれの国の内部では、新技術を制御できる人びとと新技術を入手できない人びとの間で不平等は縮小するのだろうか、それとも、拡大するのだろうか。新技術の発展に伴うこのような諸変革から生まれている経済的動態は、強力かつ規則的であろうか。それとも、世界化された金融は、一時的に情報通信技術の生産者の協力者になりえても、結局、南においても北においても、諸国民経済をかく乱することになるのだろうか。

ニュー・エコノミー的見解

一九九〇年代末、これらの問いには、どこでも通用するかなり共通の回答が寄せられていた。専門家たち、そして政治的責任者たちの集団によれば、情報技術とテレコミュニケーション技術を結合する——その最良の例は、ウェブの商業的利用である——ことによって、生産性上昇益が持続的に回復する途が開かれる、というわけである。新技術の登場によって、伝統的な素材転換産業、ソフトウェア、あるいはサービス活動のそれぞれにおいて強いマーケットの拡大を期待できる。情報通信技術を活用すれば、需要のごくわずかな変動に対しても、企業は、生産のデジタル的な調節によって対応できる。その結果、経済循環は変容し、そしておそらく、出現しつつある生産パラダイムを制御することに成功している諸国では、おそらく経済循環自体を排除して持続的に成長できるはずであった。

だが、デジタル・ディバイド〔情報技術へのアクセスに関する格差〕が拡大するリスクが存在したことに注意する必要がある。教育あるいは学習によって情報通信技術へのアクセスが助長されない場合、デジタル・ディバイドは起こりうる。したがって、教育あるいは学習は、知識経済が開花するための第一段階である。こうした情報革命に参加できなかった諸国にとっては、これは大きな不幸である。これらの国は、シリコンバレーを作り出したように思われるような集団的制度や組織を受け入れることができなかった。シリコンバレーに存在するのは、大学人と企業創設者との密接な関係、ベンチャー・キャピタルの質と量、流動的で奥行きのある多用な資金調達方法によって制度化されているような資本市場による新興企業上場の手助け、新技術の能力を担う人材の大きな流動性、最後に、利潤、剰余金への低い課税、などである。それゆえ、諸国の政府にとっての課題は単純になる。つまり、第二次世界大戦後のアメリカ経済において最長の繁栄局面を現出した組織的、制度的な発見物に見合う等価物を最もうまく、最も早く手なづけること、である。

ニュー・エコノミーという神話

これらの見解が本書において検討されるのであって、本書での検討は網羅的になるであろう。こうした共通の見解を支えている仮説を詳細に検討することを通じて、これらの見解のもつ妥当性、一般性が批判される。

もともと、ニュー・エコノミーというのは、すべてが情報通信技術に関連しているにしても、きわめて多様な特徴を有する活動を同一の表現のもとに集合させている。二〇〇一年から二〇〇二年にかけて起こったアメリカ経済の反転において、こうしたことが明るみになった。

情報通信技術を採用するだけでは、企業の生産性を上昇させることはできない。さらに、企業の情報・決定回路が再編成されねばならない。そして、企業は、研究、教育、インフラなど民間の経済主体の競争力と適応力を保証している公共財の生産を享受しなければならない。

経済予測の誤謬は、情報通信技術によって必ずしも小さくなっていない。また、マクロ経済循環も消滅しているわけではない。というのも、合理的な計算や期待以上に、過剰蓄積とそれに伴う投機、ならびに新時代の到来への信仰、これらすべてが論理的に景気後退に行き着くからである。経済・金融の専門家たちの予測は、新市場で達成された業績に表現されていたが、結局ひどい結果を迎えたのだった。

ヨーロッパが画一的に、また不可逆的に遅れをとっているのではない。社会民主主義的小規模開放経済（フィンランド、デンマーク）は、情報通信技術の使用および、（ないし）その生産を制御することによって、きわめて優れた成果を収めている。だが、これら諸国の制度はアメリカの制度と大きく異なっている。これらの諸国では、徹底的な競争ではなく、むしろ協力型の戦略が支配している。こうした戦略は、これら諸国が国際競争において占める位置を弱めているのではない。さらに加えて、新しい資本市場も必要ではないのである。

したがって、デジタル・ディバイドは宿命ではない。なるほど、とくにアメリカのように、競争の論理が支配している経済においては不平等が悪化するにしても、こうしたリスクは情報通信技術に固有のものではない。そうではなく、むしろ所得分配、さらに社会的連帯の形態を規定する社会的正義の原則、そして制度的な配置によって直接条件づけられている。経済的、社会的政策は、イノベーションに関する潜在的な制約を考慮に入れるべきであるにしても、前者は後者によって決定されるわけではない。

こうした新しい技術的制約を利用しつつ、的確な制度を作り上げることができる国家もある。これらの諸国は、ルール作りや公的介入に関するイノベーションを実現すべく政治的議論や政治的妥協を活用するのである。たとえば、ある国が登場しつつある成長体制のなかに参入して成功することは十分可能である。しかも、その国は、以前のフォーディズムのような成長段階において成功を収めた国が有するような旧来の制度の犠牲になっていないがゆえに、一層容易に新しい成長体制に参加することができる。このようなグループに入るのは、アイルランドであり、そのつぎにはポルトガルである。かくして、発展と非発展の境界線は一度描かれれば終わりというわけではない。

一九九〇年代におけるアメリカの繁栄は、金融イノベーションと情報通信技術の好循環に関する幻想を生み出した。資本市場のオペレータたちは金融部門の輝かしい未来を信じていたし——かれらはこの部門における巨大な買い手であった——、市場で相対する新興企業は容易に資金調達を行うことができた。これらの経済主体による相乗効果は、資本の効率的な配分を実現するどころか、投機的な熱狂に行き着いた。こうした熱狂は、アメリカ連邦準備銀行の介入にもかかわらず、熱狂にともなう過剰蓄積によって爆発することを余儀なくされていた。

本書の構成

こうした結論は、登場しつつある成長体制について相互補完的な分析を展開している、一連の多様なアプローチを適用することによって収斂的な結果から引き出すことができる。

まず最初に重要であるのは、ニュー・エコノミーというテーマが登場した諸条件を確定することである。たしかに、産業経済の技術変化の専門家、ネットワークの分析者、さらにマクロ経済学者から歴史家に至るまで、数多くの人びとがこのテーマについてさまざまな問題提起と分析を行っている（**第一章**）。本書の大きな主張は、情報通信技術はまず最初に企業管理に影響を与えるのであって、生産ないし流通過程に直接影響を与えるわけではない、ということにある。もっともこの場合、ネットワーク、コンピューター、ソフトウェアなど物質的インフラの生産部門は排除されている（**第二章**）。この分析に続いて、とくにアメリカにおける生産性上昇の回復に寄与した状況と仕組みが考察される（**第三章**）。

一九九〇年代に、企業の比較から国民経済の比較に至るまで標準化が進んだ。そして、アメリカ経済が共通の参照基準となった。だが、成長の好循環がいつ開始したのかに関するもっと一般的な定義にしたがうのであれば、大きく異なる結論が引き出される。ニュー・エコノミーの地理的分布は、成長回復を実現する制度の性格について数多くの知見を含んでいる（**第四章**）。ＯＥＣＤ主要諸国の国際比較以上に、一九九一年から二〇〇〇年におけるアメリカ経済の軌跡の特殊性をうまく示すことはできない。競争、労使関係、金融組織、税制そして社会保障制度に生じたすべての変革が技術イノベーションと組み合わされて、経済成長の黄金時代、さらに一九八〇年代とはまったく異なる制度設計を作り上げることになる（**第五章**）。

二〇〇〇年三月から二〇〇二年一月までの一連の事実を観察することによって、数多くの教訓を引き出すことができる。ニュー・エコノミーを創出した神話の見直しが始まった結果、ニュー・エコノミーという用語自体もはや過去形でしか使用されなくなった。景気後退によって情報通信技術の普及が終わるわけではないにしても、景気後退をきっかけにして、経済史の基本的な教訓を想起することができる。一時代を画するようなイノベーションに結びついて金融危機は相次いで起こるが、相互に類似していない（**第六章**）。最後に、情報通信技術が企業管理の方法だけでなく、公的な管理においても根本的な変化をもたらすことを認めるのであれば、多様な生産モデルが産業部門ごとに国ごとに共存し続けるような状況において、オールド・エコノミーとニュー・エコノミーの区別を放棄することがどのような意味をもつのかについて考える必要がある（**第七章**）。

情報技術の展開に関する、そして、ニュー・エコノミーの主張者たちが考える代替的な生産モデルに情報技術がいかに貢献しうるかに関する将来展望を紹介するとともに、それらを批判的に分析しつつ、分析はさらに展開される。そこでは、一九九〇年代の変化をアメリカ経済の長期的歴史のなかに位置づけることによって、経済成長についての人間主導型 anthropogénétique アプローチの妥当性に関する予測を引き出すことができる（**第八章**）。

最後に、簡潔な結論において、いくつかの一般的な教訓が引き出される。そこには、民間の経済主体と同様に、政治的な責任者が独自の成長体制の出現を特徴づける複雑な変化を判断する際に何らかの参照基準を見出すことができるように、という期待が込められている。情報通信技術はこの独自の成長体制を主導するモーターではなく、その手段であり、通過点であるだろう。

1

ニュー・エコノミーという問題

——一九九〇年代の米国経済と経済理論——

はじめに

あらゆる概念、とりわけ経済学における諸概念には起源と歴史がある。なぜならこれらの概念は知的かつ社会的に構築されたものから派生しているからである。ニュー・エコノミーの概念もこのような原則を逸脱するものではないのであって、それゆえ、このような新しい概念がなにゆえ一九九〇年代後半に出現したのかについて今一度立ち返るのは正しい方法である。ニュー・エコノミーの熱狂は金融界ないし情報通信技術の専門家たちにとどまらないのであって、この熱狂の原因は、三つの要素が結びついたことに求められる。後にこれらの要素は、アメリカ経済は一九九〇年代中頃から新しい局面に入ったであろうというニュー・エコノミーのきわめて一般的な評価において決定的役割を果たすことになる。実際、このような動きは、なによりもアメリカにおいて生じており、アメリカが分析に不可欠な参照基準である。他の諸国は北米で観察される動態やこれらの動態の決定要因を基準として比較される。最初にフォーディズムの危機に陥ったのはアメリカ経済である以上、アメリカ経済がフォーディズム以外の成長体制を最初に探しあてたのは偶然ではない。前例なき成長体制が一九九五年から一九九七年にかけて出現したであろうという——信念とは言わぬまでも——仮説の誕生や普及を可能にした状況や要素を回顧することは有益である。

一九九〇年代のアメリカ経済

一九七〇年代初頭から一九九〇年代中頃にかけてアメリカの成長体制を特徴づけていたのはフォーディズム期との断絶である。フォーディズム期には、ニューディール政策の遺産であり、とりわけ第二次世界大戦後に制度化された妥協のおかげで、生産性の動態と生活水準の上昇とが足並みをそろえていた（Boyer, Juillard, 1992; 1995）。その反対に、一九八〇年代には、全要素生産性がほとんど停滞していたことに加えて、不平等が悪化していた。すなわち、富裕層はますます豊かになる一方で、貧困層はますます「働く貧困層《ワーキング・プアーズ》」となった。一九九〇年代の一〇年間には、さまざまな指標が一致して示しているような、ある変化が起こった。その変化とは、一九七一年以来生じていた多数の構造的変化がようやく新しい成長体制を生み出すに至ったということである。それゆえ、ニュー・エコノミーというテーマの起源には主に三つの変化が関わっている。

「日本モデル」に取って代わったシリコンバレー

まず第一の変化であるが、情報通信技術の生産とその集約的な利用に基づくオリジナルな生産パラダイムがついにカリフォルニアに出現した（Aoki, 2002)。一九九〇年代半ば以降、シリコンバレーが不可欠な参照基準となるのであって、これによってシリコンバレーは以前の一〇年間にいわゆる「日本モデル」が果たしていた役割を受け継ぐことになる。実際、経済の分析家たちは西洋的生産モデルが日本化されることを長らく考えていたけれども、歴史の常である皮肉とでもいうべきか、ソ連邦崩壊後にスター・ウォーズ構想が廃棄されたので、むしろカリフォルニアのハイテク企業がマイクロエレクトロニクスの民生用への転換を余儀なくされたのだった。これらのハイテク企業はかつて防衛産業のために働いていたが、アカデミックかつ軍事的な起源に始まり、一九九五年以降商用化されることになるウェブの進化に至るようなモデルを見つけたのだった。新しい時代はすべからく象徴的な刻印を必要とする。シリコンバレーは、フォーディズム時代の大企業モデルとは対照的であって、現代化の典型であり、かつての産業地区を現代金融の要請に適合させた事例である。情報通信技術の発展に貢献した諸企業が異様な速さで総売上高を増大させたことは、産業組織分野での新時代の到来を、またある者にとっては資本主義の新段階を、それぞれ指し示す最初の指標となった（Castells, 2000)。

景気循環の末期に実現した驚くべき生産性の回復

このような生産モデルの転換だけでは、不十分であった。たしかに、一九九〇年代のマクロ経済的水準で観察される第二の変化、つまり一九七〇年代と比較した場合の前例なき景気循環の構図を伴っていなかったのであれば、第一の変化だけでは不十分であった。一九七〇年代までの景気循環において、実際、景気の拡張局面は、生産能力の不足に起因する生産性の低下によるインフレ圧力の上昇に足をすくわれるのが常であった。さらに、生産性の低下は、賃金・利潤シェアをめぐる分配闘争、したがってインフレを悪化させるという好ましくない結果をもたらした。しかしながら、アメリカが新たな時代に突入したことに関してそれまで最も懐疑的であった観察者たちでさえ、公式の生産性諸統計によって、景気拡張期の第七および八年目に生産性が高まったことが明らかにされたとき、ニュー・エコノミー論者に転向した（Zarnowitz, 2000）。したがってこれこそが、コンピューター、ソフトウェア、サーバーなどに関して実現された、桁外れの投資がようやく成果を上げたということの証拠であった。その結果、経済理論の歴史の中で繰り返し取り上げられるテーマが脚光を浴びることになった。すなわち、アメリカは、産業資本主義の出現以来様々なしかたで続いてきた景気循環から完全に自由になりうるような経済体制を発見したというのである。インフレはほどよいレベルにとどまっていて、しかも所得分配を巡るコンフリクトは、賃労働者所得のますます増大する割合を企業の金融業績指標に合わせてスライドさせるという所得分配経済のおかげで解消されている、というのである（Pontvianne, 2001）。

ニュー・エコノミー頼りの資本市場

　したがって金融革新という第三の構造変化について言及しなければならない。金融システムの規制緩和は、情報通信技術の出現とその発展に先行している。そして、新しい競争と実験に切り開かれた空間こそが、新たな金融ツールや新しい金融実践に行き着いたのだった。銀行による間接金融〔資金需要者が外部の金融機関から資金を調達すること〕は、証券化や直接金融〔資金需要者が株式や債権などによって金融機関を通さず、直接に資金を調達すること〕体制の台頭に取って代わられている。なによりも直接金融体制に関わっているのは大企業であるが、さまざまな金融技術革新のおかげで、直接金融体制は新興のハイテク部門のエンジェル企業にも適合している。一九九〇年代後半には、リスク資本、エンジェル・ビジネス、要するに新興資本市場が、将来性の高い新興諸企業に――しばしば気前よく――資本を提供することに努めていた。同様に金融界、とりわけアメリカの金融界全体は、ニュー・エコノミーが旧い経済に取って代わるのが歴史の宿命であるという考えを熱狂的に支持していた。たしかに一九九〇年代末において、ニュー・エコノミーのさまざまな特徴はまだ十分には知られていなかったが、これらの特徴こそが、過去の金融的な評価基準から離別して、二〇〇〇年三月以前にインターネット・コンベンション〔インターネット関連株が基礎的価値から乖離して自律的に上昇する局面に対して、市場参加者が楽観的に持ちうる共通認識。コンベンション概念の詳しい分析について、A・オルレアン著『金融の権力』(坂口明義・清水和巳訳、藤原書店、二〇〇一年)参照〕と呼ばれうるものを生み出すまでに至った。実際、二〇〇〇年三月以前、金融市場の舞台であるダウ・ジョーンズ株価、さらにナスダック市場が金融バブルの犠牲者になると考えていた金融アナリストたちはごく少数にすぎなかった（Shiller, 2000）。かつて根拠なき繁栄の危険性を予告していたアラン・グリーンスパンも、一九九八年からはニュー・エコノミーの同調者たちに与して、インフレ・リスクがほとんど解消されていること、またユーロに対するドルの力強さ、さらには大西洋と太平洋のそれぞれの対岸であるEUと日本で観察されていたパフォーマンスとは対照的なアメリカのマクロ経済のパフォーマンスを正当化していた（Greenspan, 2000）。

ニュー・エコノミーが誕生したのはまさにこの二〇〇〇年以降である。このとき経済界、金融界、学界に最も通じていた当事者たちは、産業組織のみならずより広く社会全般が新たな局面に入った、と結論づけたのだった。社会全体にとっての新局面とは、情報通信技術へのアクセスの不平等に起因してデジタル・デイバイドのリスクが指摘されたことを意味していた。このように手短かに回顧しただけでも分かるように、この後でインターネット・バブルが崩壊する結果、情報通信技術主導の成長体制の現実性と力強さが相対化されること（第七章参照）を指摘するだけにとどめておきたくなるが、それだけではなお不十分である。その前に重要なのは、様々な分析道具を提示し、これらの道具を様々な国民経済とつき合わせることである。

総合的分析の必要性——ミクロ—マクロ分析と歴史—比較分析

実際、さらに分析的にニュー・エコノミーを解明することが望まれる。何よりもまず重要なのは、歴史的に重要であると評価されている構造的変化をリアルタイムで分析する際に生じる方法論上の問題を解明することである。さまざまな見解、検証のための多様な道具、そして対照的でさえありうる多様な結論を再検討すべきである。そうすることによって、ニュー・エコノミーを特徴づける主要な定型化された事実を説明しうる現代ミクロ経済学諸理論の諸道具を活用できるようになる。情報財が著しい正の外部性〔ある経済主体が他の経済主体に市場を通さず及ぼす正の影響〕をもつ領域である以上、持続可能な組織モデルの存在と情報財生産をめぐる経済体制の安定性に関してニュー・エコノミーの支持者たちが主張している無邪気な楽観主義は矛盾しているように思われる。

ニュー・エコノミーが成長体制を意味している以上、一九七〇年代初頭以来アメリカ経済を特徴づけている制度的・構造的転換の歴史を回顧することが重要である。このようにして、情報通信技術の出現と普及がフォーディズムから受け継いだ制度諸形態の転換を決定づけた要因であったのか否かについて答えることができる。仮にむしろ構造転換の総体が概念に先立ち、しかも相互依存的に起こり、その結果、試行錯誤の過程に続いてオリジナルな構図をもたらしたのであれば、その場合は、ニュー・エコノミーに関する多くの議論が暗黙のうちに下敷きにしている技術決定主義を割引して考える、すなわち再検討することが重要になる。

同様に重要なのは、こうした構造転換が他の工業国でも起こっているのか否かについて答えることである。これらの工業国はアメリカと比べて多少とも遅れていたのかもしれない。たとえば、情報財の装備率の各国間の違いは何を意味しているのであろうか。むしろわれわれが提起したいのは、ニュー・エコノミーの地理的分布は、多数のヨーロッパ諸国が関わっているがゆえに、シリコンバレーに限定されないということである。ヨーロッパ諸国はアメリカと同一の構図を実現しているのか否かを知ること、あるいは反対に、これらの諸国は機能的に同じような構図を展開したのか否かを知ること、また情報通信技術の活用や価値実現について独自な形態を展開したのか否かを知ることがそれぞれ重要である。それゆえ、すべての技術変化の局面に対して唯一にして固有の組織的・制度的構図が対応するであろうという仮説は、改めて否認されることになる。

このような段階的な分析の手続きを経て初めて二〇〇〇年三月以降のニュー・エコノミーをめぐる諸事件から教訓を引き出すことができる。ニュー・エコノミーの信奉者や宣伝者たちにとっては驚くべきことであるが、これらの出来事は、ミクロ経済理論の分析やニュー・エコノミーと同程度重要な歴史的な出来事の分析を通じて引き出される教訓と矛盾しないのである。多様な新しい経済体制は出現しつつあるか、おそらく既に出現している。新しい経済体制を決定づけているのは、諸制度間の一定の補完性ないし諸制度の階層性である。この制度的な階層性のなかで重要な役割を果たしているのは、情報通信技術決定論ではなく金融である。

構造変化をリアルタイムで分析する難しさ

ニュー・エコノミーの現象はきわめて興味深い方法論の問題を提起する（Dockès, 2000; Boyer, 2001a）。すなわち、根本的なイノベーションとして評価され、しかも長期にわたって経済、さらに社会に対してインパクトを与えると考えられるイノベーションをいかに分析するか、という問題である。

技術と経済の関係

外生的ショックと長期的に不変とみなされる人間行動との相互作用が繰り返されることから進歩の大半が生じたという仮説に依拠するかぎり、現代の経済理論はこの問題に関して何も答えていないことになる（Lucas, 1983）。こうした見方を採用するならば、情報通信技術も通常の技術イノベーションと同様に取り扱うことができる。反対に、コンピューターや情報通信の専門家たち、

表1　ニュー・エコノミーの特徴づけと理論化の多様性

ニュー・エコノミー現象 / 理論	過去の規則性の継承	一定の斬新さの提示	根本的な新しさ
変化する必要なし	新古典派とケインズ派のマクロ経済学	ネオ・シュンペーター的理論　I	ネオ・シュンペーター的理論　II
分析道具を構成し直す		収穫逓増と製品差別化のミクロ経済学	知識主導型内生的成長理論
まったく独自な概念を発展させる必要			デジタル社会論

さらには一部の社会科学研究者たちは、いずれは経済と社会の完全な刷新を意味することになるものとして情報通信技術に関わるイノベーション・システムのもつ根本的革新性を強調する(Castells, 2000)。こうして企業組織、教育・訓練、公的インフラ、知的所有権の定義、さらに税制や金融制度のシステムが結局変容するとみなされる。

実際、きわめて多様な解釈がこれら両極端の解釈の間に存在し、しかも理論的展望が実証分析の道しるべとなっているので、ニュー・エコノミーに対する理論的な見方とその特徴づけとの間に目立った相互依存関係を観察することができる(**表1**)。たとえば、情報通信技術は過去に繰り返されたイノベーションに含まれ、古い問題意識の枠内で取り扱い可能であると考えているのは新古典派(Lucas,1983)だけではない。実際、ニュー・ケインジアンたち自身の実証分析の結論によれば、長期のマクロ経済の規則性においては、変化は取るに足らないもの、あるいは存在しないことがしばしば確認されている(Gordon,2000a;

2000b）。ネオ・シュンペーター主義者たちの研究グループに共通して見られるのは、ウィーン出身の経済学者〔シュンペーター〕が提唱してから一世紀になろうとしている問題意識（Schumpeter, 1911）が現在もなお有効であるという考えである。というのもシュンペーターの問題意識によれば、根本的な技術革新が重視されるのは、それが経済成長の要因として、ついで、新しい産業の先駆者が得る寡占的利益を多数の模倣者が減じてしまう結果こそ、不況発生の要因として把握されているからである（Freeman, Soete, 1994）。とはいえ、一部の研究者にとっては、本質的に目新しくはないものとして情報通信技術も一連の過去の産業革命の流れの中に位置づけられる（Freeman, 1987）のに対して、他の研究者たちは情報通信技術がたとえば情報と経済の関係を明示的に取り扱う新しい研究分野を創造することが求められるほど（Soete, 2001b）前例のない影響力とインパクトを与えていると考えている。このような研究方向は、シュンペーターの晩年の研究（Schumpeter, 1954）を現代的にアレンジしたものであろう。彼によれば、技術革新の強さと方向を決定づけるのは、経済的・社会的諸関係の構図なのである。

すべての研究者がシュンペーター的な研究方向に賛成しているわけではなく、むしろこれをもって将来の傾向を見通すと主張するのは危険であり、また、（とくに「サイバー」という言葉のついた）新しい用語を次々と生み出すことはあまり生産的ではなく、むしろ、ニュー・エコノミーの様々な構成要素に対して、収穫逓増や不完全競争についてのミクロ経済学的分析の適用がはるかに有効である、と考えるミクロ経済学者も存在する（Shapiro et Varian, 1999）。この考えによれば、現在利用可能な道具を構成し直せば十分である。新しい帰結を生み出し、現代的状況を解釈しうる内生的成長理論〔技術変化を経済的に内生的な問題として考慮に入れる経済理論〕もまたこうした研究動向に属しており、この理論がシュンペーター的伝統から受け継いでいるのは、イノベーションと成長は密接に結びついており、私的所有と市場競争からなる経済において、イノベーションは経済に内生的であり、経済動態の主動力になっているというきわめて重要な考え方である。一定の仮説——とりわけ知識の累積性——の下で主張されているのは、むしろ外生的な正の生産性の刺激が反復されなくても絶えざる成長が可能であるという考えである。つまり諸商品による商品の生産は収穫逓減に陥るのに対して、先行者たちのアイデアを基礎にして技術革新が起こる場合にはこうしたことが問題にならない（Romer, 1990）。その反対に、根本的な技術革新が、それまでの知識の有効性を、またその知識に見合った財を生産する人びとの能力を壊すような場合、このような突発的な技術革新の出現は総じて拡張の引き金になった後に、内生的に不況の引き金になる（Aghion et Howitt, 1998）。

技術変化をめぐる多数で多様な見解

以上のように、理論的な見方とさまざまな現象の特徴づけを頭の中で組み合わせてみても、何

図１　構造的変化の説明のしかた

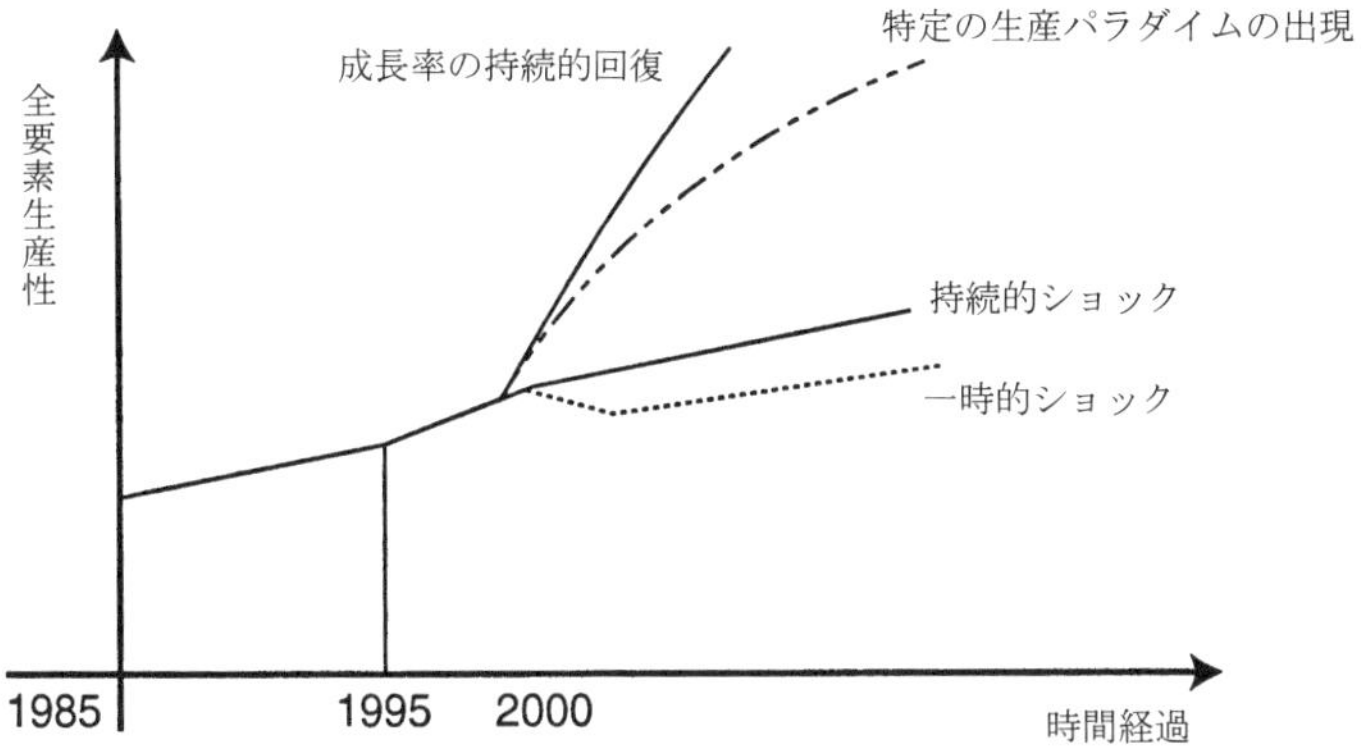

か研究結果の一致に至るような事態を引き起こすわけではない。そもそも、情報通信技術の研究、より一般的には現実の技術的変容が経済に対して与えるインパクトに関する研究はきわめて多数にのぼる。しかもこれらの研究の間で、一九九五年から二〇〇一年にかけて起こった技術変化についての解釈は相互にきわめて異なっている。なるほど数多くの指標は、一九九〇年代中頃にある現象が起こったと述べる点で一致している。たとえば、世界的なウェブの出現、その商用化、アメリカの生産性の復活、情報通信技術と国際化の相互関係の深化である。とはいえ予想は依然として対立している（図1）。

一部のマクロ経済学者にとっては（Brender et Pisani, 1999; 2001; Artus, 2001）、一九九五年から二〇〇〇年におけるアメリカ経済の優れたパフォーマンスは、全部ではないにしてもその大部分が、一連の有利な出来事が結合した結果である。つまり、ドル相場の動向、一次産品価格の変化、そして一時的な生産性の改善である。したがって、一九九〇年代の全要素生産性の動きが二〇〇〇年から二〇一〇年にかけても継続するというのは間違っていることになる。電子財への投資動態は一九九〇年代に観察されたテンポでは継続しそうにもないだけに、これらの楽観的な予測は間違っている。

別の分析者たちの主張によれば（Duval R., 2000）、競争と労働市場の流動性に起こった変化と研究開発における実質的な成果とが組み合わされた結果、一九九五年以来約一〇年に及ぶ良好なパフォーマンスはさらに延長されうるかも知れない。

ネオ・シュンペーター主義者によれば、技術パラダイム、この場合、情報通信技術と呼ばれる一般的《ジェネリック》技術〔特定部門に関わる技術ではなく、あらゆる産業部門に共通する技術。ジェネリックはジェネラルと同一の語源から派生している〕の技術パラダイムはロジスティック曲線〔増加率が飽和点に対する余地に正比例するような時系列曲線〕に従って普及するのである。その結果、逆に全要素生産性が加速度的に上昇すると予測すべきである。情報通信技術の活用に不可欠なインフラへの投資によって、一九九〇年代末には未だ萌芽的であった組織諸形態および技術が完璧に実現されることになると予測すべきである（David, 2000; Soete, 2001a）。

最後に、事実の観察からではなく理論から派生している考え方であるが、内生的成長論というさらに極端な考え方が存在する。実際、アイデアがアイデアを生み出し、長期にわたって無駄なく蓄積されうるということを公準化してしまえば、一九九〇年代末にアメリカで観察された全要素生産性の動きを長期的に持続させることはまったく可能ということになる。

まとめ

ニュー・エコノミーというテーマを生みだした状況は、技術革新、産業組織、長期の経済循環、——さらに忘れるべきではない——金融市場や通貨当局が果たした決定的な役割に影響を及ぼした一連の変化から派生している。金融市場や通貨当局は、一九九〇年代のアメリカで観察された変化は根本的に新しい特徴を持つという確信にもとづいて自らの行動や介入を正当化したのだった。したがって、われわれは構造転換を情報通信技術の単なるインパクトに還元することはできない。それゆえ、技術革新の類型だけではなく、レギュラシオン様式、そして人びとの予測、さらには人びとの信念の性質が関係しているのである。

したがって、ニュー・エコノミーという現象は多様な分析や大きく異なる見解を生み出した。一方で、持続性を強調する人びとは、情報通信技術の登場が根本的に重要であると考える人びとと対立する。他方で、マクロ経済学者は、情報通信技術の普及の程度は長期の成長局面を可能にした経済政策の内容に依存すると考える。これに対して、技術変化に関するネオ・シュンペーター主義者は、生産動態こそがアメリカの経済成長の例外的な特徴を説明できると主張する。

そうだとすれば、事後的に、それゆえ一層の正確さをもってニュー・エコノミーの性質を定義せずに、いかにこれら多様な解釈の妥当性を検討することができようか。

2

ニュー・エコノミーのミクロ分析

——市場の不安定性と組織の多様性——

はじめに

本章の見出しに関わる諸問題は、基本的に、企業経営、消費者行動、教育の方法とその内容、あるいはさらに公共サービスの管理において情報がいかなる役割を果たすのか、これらの論点をめぐって展開されている。それらはいずれも経済パフォーマンスに影響を与えうる諸要因である（Brousseau et Rallet, 1999）。一九九五年になって初めて人びとは情報の重要性に気がついたというのであればそれは言い過ぎであろう。実際、商業資本主義、産業資本主義、さらに金融資本主義の発展の当初から、情報は貿易システム、生産システムにおいて、さらに信用や株式市場の機能においてももちろん不可欠であった。ずっと以前から、最も幼稚な商品でさえ、他の商品、労働、そして情報によって生産されていた。市場経済を弁護する最良のものは、厚生経済学の二つの定理〔すべての競争均衡はパレート最適であり（第一定理）、すべてのパレート最適点は競争均衡である（第二定理）〕に対する崇拝ではなく（Ingro et Israel, 1990）、むしろ情報を集権化しうる組織がそもそも存在しないために、商業的交換によって情報を社会化しうるという信念なのである（Hayek, 1945）。

情報のデジタル化とネットワーク化

現代の二つの新しい技術

たしかに、現代を特徴づけている新しい二つの技術が存在する。第一の技術は、情報のデジタル化であって、これによって膨大なデータや知識全体を経済的にコード化することができる。この原理にもとづいて、以前は分離されていた諸領域、つまりジャーナリズム、出版、テレビ、経済情報、技術情報、音楽情報などの間に相乗効果を生み出すことができる。情報通信技術は明らかに一般的技術であって、それを応用すれば、まず情報生産部門に、つぎにほとんどすべての経済システムに普及させることができる。

第二の技術的な新しさは、コミュニケーションの基盤そのものに関わっている。以前は、情報システムは個々の企業内部、あるいは金融・産業グループ内部における階層化された原理に従って組織されていた。企業やグループ外部とのコミュニケーションは厳しく選別され、外部とのコミュニケーションに際して紙などの物理的媒体に頼ることが多かった。今日では、世界的な情報交換ネットワークの存在が示しているように、情報処理は生産単位内部においても、また外部においてもネットワークのなかで組織されている（McKnight et Bailey, 1998）。さらに、こうした情報システムの動態と信頼性は、ネットワークが相互に競合しつつ、情報交換を行うことに由来するので、以前には互いにほとんどあるいは全く接続されていなかった諸単位が関係づけられる可能性を高めることになる。ネットワークがいったん構成されると、ネットワークの処理能力が飽和状態にならないかぎり、情報媒体は非物質化され、情報の伝達費用はゼロに近づく。

莫大な初期投資とわずかな限界費用

これら二つの技術革新は共に、情報とネットワークの管理に関して同一の帰結をもたらす。いずれの場合においても、情報が経由する伝達手段を構築するために、あるいは費用ゼロで再生産され伝達される情報をデジタル化するために、大規模な投資が必要である。そこから生じるのは、決して新しくはないミクロ経済学的な特殊性である（Shapiro et Varian, 1999; Varian, 2000）。すなわち投資と固定費が大規模であるので、収穫逓増の独自のパターンにしたがって、限界費用がゼロに近づくのである。このようにきわめて単純に考察することによって、情報の経済学の特性をよく理解できる（**表2**）。

情報財の事例（金融データ、ソフトウェア、書籍、新聞、雑誌、音楽、写真、映画、ロゴマーク等々）は、ニュー・エコノミーに関わる潜在的な不均衡を物語っている。なぜなら情報財は、完全にではないにせよ、純粋かつ完全な競争市場が機能するのをほとんど困難にするからである。

表2　唯一の技術・企業の支配と市場競争

規模の経済／範囲に対する需要	弱い	強い
小さい	技術・企業の多様性	一技術・一企業が支配する傾向
大きい	複数の技術・企業の共存可能性	条件によって異なる構図

生産について言えば、情報の生産には費用がかかるが、その伝達や再生産はきわめて容易である。そしてこのタイプの収穫逓増は自然独占に至るか、あるいは情報市場の形成自体を不可能にする。実際、情報の各々の生産者は価格を引き下げつつ市場を独占することに関心を抱くが、こうした過程が市場参加者全体にあまねく普及すると、ゼロではないにせよ、価格低下を引き起こし、投資への見返りを不可能にし、さらに市場参加者のほぼ全員を破産させることになる（**表2**）。

需要について言えば、情報が他の財と同じでないのは、利用者が情報を利用する以前にその利益を評価することが難しいからである。こうした財は、ミクロ経済理論において経験財と呼ばれている。

情報財市場におけるパラドクス

したがって、情報の生産者は、費用ではなく個々の利用者にとっての価値にもとづいて情報サービスの価格を決定しなければならない。この価値は、金融あるいは産業・経済データの場合であれば、情報の新鮮さないし網羅性に応じて差別化された料金を通じて生産者が利用者に提示すべき価値のことである。市場均衡が可能になるのは、つぎのような場合に限定される。すなわち、特別に差別化された価格体系によって個々の利用者が情報の価値を知ることができる場合、そしてまた技術的ないし法律的なしくみによって個々の利用者相互のコミュニケーションが禁じられる結果、市場の持続的な分断化が起こる場合である。

それゆえ、情報通信技術によってニュー・エコノミーの中心部においてパラドクスが生じる。一方で、情報通信技術は、純粋かつ完全な市場の理念に従っては管理できないので、競争の維持と寡占的権力の部分的な受け入れという問題を引き起こす。他方で、情報財の価格は容易に比較できるし、情報財の品質もまたそうであるので、伝統的生産者がもっていたような利益は侵食されがちである。かれらは、情報の不完全性、しばしば地理的な理由にもとづく市場の細分化、あるいは――ウェブが可能にした非物質的なネットワークではない――物理的なネットワークによって、こうした利益を獲得していた（Porter, 2001）。

このような推論でわれわれの分析をとどめるのであれば、ニュー・エコノミーは情報関連部門に新たな独占ないし寡占の可能性を生み出すと結論づけねばならない。それと同時に、情報だけの生産や流通と排他的な関わりのない伝統的な他の産業部門の利益も侵食されることになる。こうした理由から、アメリカの金融業界は、ニュー・エコノミーの新興ベンチャー企業に大きな信頼を寄せて、既存の産業やはるかに収益性の高い産業を犠牲にしたのだろうか。このような問いが不十分であるのは、ここではとりわけ競争の質的転換こそが問題となっているからであり、ニュー・エコノミーとオールド・エコノミーの区別はそれほど明瞭ではなく、むしろ曖昧だからである。

情報産業の三部門

情報に多少とも直接関連する広範な活動全体を三つの小部門に区分する必要がある。実際、二〇〇〇年三月以後のインターネット・バブルの崩壊以降観察された変化は相異なる経済的分析原理を適用することによって、説明できるのである。

収穫逓増と学習効果――ハードとインフラ

ネットワークの物理的基盤と情報処理を可能にするハードウェアが最初の小部門である。この小部門には、サーバー、マイクロプロセッサー、ケーブル、様々な種類のネットワークが含まれる。この部門は一九九五年以後きわめて急速な成長を経験したので、とくに生産性は急上昇した。その原動力となったのは、研究開発、生産力、学習効果の分野における莫大な初期投資によって実現された収穫逓増の統合的な効果である。言い換えれば、この部門は利益を出したが、それは、情報の経済それ自体に由来するものではない。というのも、観察された変化はT型フォード（Raff, 1988）、また第二次世界大戦時のリバティー型輸送船〔連合軍がノルマンディーに上陸した際、艦隊から出動した小型船。何千台と建造され、使用された〕（Lucas, 1993）の需要拡大の延長線上にあるからである。そこから生じる相対価格の低下は、きわめて古典的なメカニズムに従って、需要増大の好循環を増幅させる。

ネットワーク効果——スタンダードとソフトウェア

ソフトウェア、スタンダード、プロシージャー（手続き）は、以上とは異なる別の論理に従っている。たとえばソフトウェアの利点は、ソフトウェアの勢力やその利用のしやすさに依存しており、また、可能なかぎり大多数の利用者と文書を交換できる能力に依存している。標準モデルは採用をめぐる収穫逓増を実現したモデルであり、それはスタンダード間の競争モデルに基づいている（Authur, 1994）。したがって参照基準となるのは、ネットワーク経済の基準（Curien, 2000）であって、技術変化の経済の基準（Freeman, 1987）ではない。これに対応するモデルは、スタンダード間での競争と一定のスタンダード内部での競争との間に大きな違いを引き起こすという性格を有している。

たとえばこのような区別にもとづいて、ヨーロッパで第一世代携帯電話が成功した理由を説明することができる。携帯電話を操作する人びとは共通のスタンダードについて前もって了解していたのである。したがってかれらは同一のスタンダード内部でネットワーク効果と学習効果をフルに活用できた。これと対照的に、アメリカが相対的に失敗した原因は、相異なるスタンダードが共存していたことにあり、これが規模の収益を妨げたのである。かくして「経路依存」〔制度の進化が過去の出来事や政策によって決定すること〕の可能性が問題になる（David, 1991; 2000）。また、この要因によって新興ベンチャー企業の数多くの戦略を説明することができる。これらの企業は、自らのスタンダードや製品でやがて支配できるような市場シェアの制覇を期待して、長い間損してでも販売することを受け入れてきたのだった。しかしながら、不可逆性は部分的で一時的なものにすぎないこともまた想起する必要がある（Porter, 2001）。機械設備は急速な陳腐化のために刷新されるので、競争上の位置関係を決定し直す時期がやってくる。第二世代と第三世代の携帯電話の対比はこうした教訓を物語っている。

競争形態の変化――ポータルサイト

電子商取引および電子市場空間は、ニュー・エコノミーの第三の構成要素であって、多くの人びとの関心を呼んだ（Coppel, 2000; Smith, Bailey et Brynjolfsson, 2000; Baily et Lawrence, 2001; Porter, 2001; Bar, 2001）。実際、匿名の需要と供給を集合的に立ち会わせることを通じて、ワルラス的市場の理想への収斂を見ようとすることは大変魅力的であった。このような市場は透明であり、あらゆる操作的権力を排除し、適切な情報を開示し当事者全体に広めることができるとされた(Dockes, 2000)。これが、支配的な見方であった。これよりも注意深い見方は、まったく異なる状況を明らかにしている(BRIE, 2000)。たとえば、自動車製造業者が提携し、標準化された製品の供給者による競争を可能にする市場のプラット・フォーム〔たとえば、eオークション〕を開発する場合、交渉能力は発注者の利益になるようにはっきりと変質させられるので、競争的市場均衡の方向には向かわない。

同様に、消費者向けの商取引を保証するポータルサイトは、気楽に利用できるソフトウェアのおかげで同一製品の価格を比較しうることから生じる競争に従っている。逆に、企業は、提供されるサービス――加入契約、派生的製品に対する優待料金、継続契約者へのプレミアム――を再編成して、自分たちの顧客を囲い込もうとすることができる。しかも、同一個人の取引に関するデータの蓄積や情報処理能力のおかげで、企業は料金をきっちりと各人の支払い能力に合わせることができる。要するに、情報通信技術とネットワークによって、このように消費者余剰をすくい取る供給者による情報の抽出が可能となる。というのも、前例なき規模で商業化戦略を差別化することができるからである(Lorenzi, 2000)。こうして、インターネット経済は競争形態を変化させ、交渉能力を配分し直すが、結局のところ、企業の受け取っている――情報も含めた――その他すべての利益を侵食しない。

ニュー・エコノミーに適した組織モデル

以上で述べたミクロ経済学的土台は、情報通信技術のもつ根本的な断新性のために、過去とは異なる企業組織モデルを必要とする、という大きな問題を明らかにした。この新しい問題のために、コングロマリット型大企業よりもむしろ新興のベンチャー企業にプレミアムが付与されたのだった。大企業は、陳腐化した製品の大量生産に由来する惰性に縛られている（Hobin et Jovanovic, 2001）。新興ベンチャー企業は、ニュー・エコノミーの最初の二つの構成要素である、ネットワーク、ハードウェア、ソフトウェアとスタンダードといった物理的インフラの生産のなかの様々な部門に特化している。この議論は分析と検討に値する。全体的にみて、これらの財のもつ特性にしたがって市場の機能や競争の持続性に関しては数多くの問題が生じるが、このことと対称的に、情報通信技術が現在の企業組織モデルを一変するか否かは明らかではない。実際、伝統的な財の生産や分配において、情報の取引費用は総コストの限定的な一部分しか構成していない。

表3　情報通信産業における4つの戦略

目的＼選択肢	コントロール	開放
補完性	部分的移転 (Windows 2000, マイクロソフト) (Pentium 4, インテル)	全面的移転 (ファックス、モデム、 ヒューレット・パッカード)
パフォーマンス	パフォーマンス重視 (Zip, イオメガ) (ゲーム、ニンテンドー)	不連続性 (CD オーディオ、製造者連合) (GSM、ヨーロッパ企業連合)

出所: Shapiro et Varian, 1999, p. 204-206.

戦略の多様性と不確実性

ネットワーク経済の領域で活動する企業にとっていかなる選択がありうるだろうか。既に見たように、ネットワーク経済は、学習効果、固定投資に固有な規模の収益、市場のスケール・メリット、さらにはネットワークへの参加者間での多くの錯綜した関係に起因するポジティブ・フィードバックの存在によって特徴づけられる（Shapiro et Varian, 1999）。観察されている戦略は主要な二つの選択に整理される。まず、企業はハードウェアの純粋なパフォーマンスの高さ狙うべきなのか、それとも現行の技術ないし製品との互換性を意図すべきなのか。ついで、企業は自らの技術ないしソフトウェアを支配し保護することを要求するのか、それとも競争相手への開放を望むのか。後者の場合、開放のねらいは学習効果を高めることにあり、したがってグローバルに拡大される市場の規模を高めることにあり、企業は、競争相手とこの市場をシェアすることを受け入れることになる（**表3**）。

表3から、これら四つの戦略はいずれもリスクなしではなく、しかも間違いなく良い結果をもたらすわけではないことがわかる。互換性と開放を選択する場合、企業は、これらに照応する技術の生産に抜きん出る必要がある。それは、競争上の有利性を維持するためであって、競争相手を前に、それを新たに創りだすためではない。ＩＢＭがパーソナル・コンピューター開発から利益を引き出すことができなかったことは、こうした戦略に関する不確実性を物語っている。その反対に、ファックス機やモデムの事例において、上位の互換性を選択したことによって、ヒューレット・パッカードのような企業は成功を収めている。

その反対に、企業が、根本的な技術革新や依然として所有者であり続ける技術に依拠して、パフォーマンスを大きく改善する場合、失敗のリスクは最大化される。だが、イオメガのデータ圧縮あるいは任天堂のゲーム機の成功が証明しているように、成功事例では、利益はリスクに見合っている。

第三の戦略は、企業が技術をコントロールする場合であって、従来の製品、ソフトウェアないし技術との互換性が保証される。シャピロとヴァリアンが「コントロールされた移転」と呼んでいるこのモデルにおいて、次々とヴァージョンを重ねるウィンドウズによるマイクロソフトの成功、あるいは世代を重ねるペンティアム・マイクロプロセッサーによるインテルの成功が認められる。この場合、競争維持に責任を持つ当局は、支配的地位の乱用を告発できるのであって、マイクロソフトの事例はまさしくそうである。アメリカ司法省が起こした訴訟は、偶然ではなく、情報財に典型的な収穫逓増およびロックアウト（締め出し）効果を典型的に示している。

第四の戦略は、パフォーマンスと開放の選択を組み合わせることで可能になる。たとえば、電話通信業者とハードウェア製造業者は共通ノルムを引き出すために企業連合を作り上げる必要がある。この例として、特許全体を分け合うことからＧＳＭ（Global System for Mobile Communications）が生まれ、これによって市場が急成長を遂げ、この成長から各々の参加者たちは利益を得た（Malerba, 2002, p. 21-23）。しかし、二〇〇一年に生じた需要の変化は、このような構図の不安定性を浮き彫りにした。こうした構図が原因で過剰生産能力に直面して、より競争力のあるノキアといったハードウェアの生産者に競争上の優位が与えられ、競争上弱い生産者（アルカテル、モトローラなど）は犠牲となった（*The Economist*, 2000）。ＧＳＭに続くＵＭＳＴ（Universal Mobile Telecommunications System）が同一の有利な条件を充足できたわけではない。過去に成功を収めた戦略を繰り返しても新たな成功は保証されない。情報通信技術の飛躍的発展は、戦略と組織モデルの選択に関わる不確実性を絶えず新しいものにしている。

電子市場の性質

かくして情報通信技術の急速な進化は、競争激化と研究開発のための努力の大きさに比例している（Aghion et al., 2002）。そして、周期的に競争上のメリットを侵食し、ニュー・エコノミーを象徴するような組織モデルを相対化することになる。このような結論は、流通における情報通信技術の利用からインターネット経済を分析する場合に引き出される結論と実質的に同一である（**表4**）。ニュー・エコノミーの第三の構成要素は他の構成要素と同様に、数多くの問題を生んでいる。組織的な選択は、電子媒体（オークション、市場空間、ポータルサイト、コンピューターによる演算処理、ネットワークの創造、フォーラムなど）や（企業間の、あるいは消費者向けの）商取引関係の類型の選択に、また財の類型（標準化された製品、注文生産、典型財ないし情報財）に関わっている。

この問題は、媒介活動の将来性という問題に関連している。この問題は、——アルフレッド・マーシャルの研究を除いて——長らく経済理論によって無視されてきたが、取引費用の理論（Coase, 1937; Williamson, 1985）、あるいは進化理論に影響を受けた分析（Lesourne, 1991）、さらに忘れるべきではない契約と市場の経済理論（White, 1981; Stiglitz, 1987）、これらの理論によって新たに関心の高まった問題である。たとえば、電子市場空間の実現可能性を分析することは大変興味深い。このような市場を引き受けることになる媒介者は、供給者と需要者を関連づけることによって生まれる情報の利益を手に入れる必要がある。この利益によって媒介者は、市場空間でかなり長い期間、十分な勢力を保ち続けることができ、その結果、投資の固定費を減価償却できるのである。

表4　インターネット利用の多様性

利用の型式／当事者	オークション	市場空間	ポータルサイト	製品の並行的開発	無料のネットワーク	支払額に応じたサービス（Eメール、フォーラム）の提供
企業から企業に向けた						
通常のサービス供給	需要者主導		製造者主導			
標準化された内容		COVINSINT				
きわめて定型化された製品				トヨタと第一次下請け		
企業から消費者に向けた	e-Bay		Amazon. com			
典型的な財			Dell. com			
情報財						
例）音楽					MP3	
ソフトウエア					LINUX	
ウェブへのアクセス					Hotmail	AOL
金　融		証券取引所の電子化	e バンク			

過去の技術革新の担い手が生み出したやり方を真似ることは容易であるが、新規企業は競争に参加する場合、既存企業のアクセス条件よりもさらに有利なアクセス条件に従うことになる。その結果、やがて情報の利益は必然的に消失することになる。

以上が、制度的ないし法的異質性、障壁が存在しない場合の純粋なメカニズムであろう。たとえば、様々な自動車製造業者が提携して標準化された構成部品の供給者を競争させるとき、製造業者は自らが関わっている仲介から得られる利益を独占しようとする。しかしながら、このとき市場は（単独の買い手が存在する場合）買い手独占へと行き着く可能性があり、このことがまさしく競争原理の尊重に背くことになる。というのも、このとき電子市場空間の近代的特質が実のところ、全く古典的な戦略に従って支配的地位の構築を隠蔽すると考えられるからである。歴史が示しているように、このような場合、利害を侵害された集団（下請け業者、とりわけ消費者）は、公共権力に対して、たとえば取引組織において最大限の平等性を回復させることを要求する。もう一つの構図は、既に構成され、制度的に認知されている独占の構図、たとえば株取引における株式の評価付けにみられる構図である。この事例では、取引の電子化は一定の利益を侵食するようになるが、それでもこの利益を完全に排除するわけではない。

手段にすぎない電子ポータルサイト

電子ポータルサイトの創設と普及はインターネット経済の重要な論点を浮き彫りにする。アマゾン・ドット・コムのたどった発展経路から考えさせられるのは、市場シェアのトップを獲得することに成功した企業だけが、書籍、音楽、さらにはその他多くの製品の販売市場において勝ち残りうるということである。このタイプの企業の成功を信じることは、企業にとって、情報ツールの使い勝手の良さ（マウスをクリックするだけで購入可能）が、インターネット経済において書籍のような総じて完成された製品に対する唯一の競争力となることを意味する。

しかしながら、このような考えは、在庫、輸送、アフター・サービス、あるいは処理の誤りの結果生じる返品の費用を忘れている。したがって、値引き販売戦略——参考までに、この戦略は伝統的経済に適用される商法では禁じられている——は市場を制覇できるが、かならずしもこの戦略によって、バルネス、ノーベル、ボーダーといった企業と対峙するような戦いに勝利できるわけではない。これらの企業は電子ポータルサイトを備えているので、伝統的な流通システムから得られるメリットと顧客への新しいアクセス形態から得られるメリットを結合することができる。このような場合、伝統財に応用されたニュー・エコノミーは、財の管理を世界的なウェブにまで広げているオールド・エコノミーと融合してしまう。

最近の事例を取り上げるのであれば、デルの成功は電子ポータルサイトにおける注文の利便性だけに由来するものではない。ポータルサイトの利便性は、下請け企業との関係統合を推進するための一手段にすぎないのであって、注文生産の原則、情報処理ハードウェアの急速な陳腐化に関連する製品の価値減価を阻止するための在庫圧縮を推し進めようとする一手段にすぎない（Kenny, 2000）。一方における需要の捕捉と他方における生産および経営決定システムの極端な合理化との協働作用こそが、このような結果をもたらすのであって、電子管理システムや世界的ネットワークへの参入システムという特性のみがその原因ではない。

以下で述べる最近の二つの事例は、経済パフォーマンスが情報システムの性格と現代的特質によって決定づけられないことを物語っている。多くの経済学者によれば、ウェブは完全に透明となった市場における純粋競争モデルを実現するための理想的ベクトルである。トヨタは、たとえば、ＣＡＤ〔コンピューターによる自動設計〕システムを下請企業と共有して、部品ないし新機能の開発を共同で発展させるために、Covinsint〔アメリカ主要自動車メーカーのインターネットによる電子部品購入のプラット・フォーム〕に参加せずに、一次下請け企業との提携関係を深めている（Shimizu, 1999）。その場合ウェブは、標準製品の価格を伝達するのではなく、デザインや設計図の交換を可能にするのであって、このことが情報財の別の次元を明らかにする。各々の企業はネットワークにおける別のメンバーとの提携によって利益を得るのであるから、この自然的な組織形態は資本主義的企業ではなく、むしろ社会主義的企業、さらにはコミュニズム的企業の理想に近いモデルにもとづく生産者たちの連合体となる。ボランティア的な行為原理に従って開発されたリナックスが、ウィンドウズ独占に対する最も有望な競争者として現れているという事実は、このような見方がたんなる理論的な見方ではないことを意味している。というのも、このような見方はニュー・エコノミーに含まれる現象の一部を説明しているからである（Weber, 2001）。音楽用のＭＰ３で一時期存在していたようなことをコピーする、あるいは海賊版を作るという、いっそうありきたりな瑣末な問題が残っている。ソフトウェアに暗号化装置を提供できる企業にはプレミアムが与えられるが、これらの企業は、世界的空間での取引を保護するために、中期的に受け入れられることになる標準を決定すべく相互に競争している。

ニュー・エコノミーでも通用する伝統的経済原則

こうしたいくつかの事例から、インターネット経済の不確定で不均衡な動態について改めて気づかされる。インターネット・バブルのただ中で生まれた新興ベンチャー企業の事例に言及することは、必ずしも必要ではない。これらの企業の経営者たちは、実際、金融的な管理方法に興味がないので、そしてまた模倣費用がほとんどゼロであるがゆえに、将来性の欠ける組織形態をコピーすることで満足していたのだった。判断力を失っていなかった経営の専門家たちがきわめて適切に指摘しているように、まさしく非理性的な熱気を帯びていた時代に、ニュー・エコノミーによって、企業の競争力と持続可能性を決定する諸要素が配置換えされ、組み直されたにすぎなかったのである。実際、競争圧力の高まり、参入障壁、代用品の登場、供給者や顧客に対する交渉能力といった諸要素こそが、長期的な企業の持続可能性や業績のカギを握っている(Porter,2001)。

結局、広告収入を得て、無料でサービスを提供しているウェブ・サイトは、ニュー・エコノミーの先行きへの信頼が崩壊して堅実な企業がより伝統的な媒体に回帰するようになると、真っ先に危機に陥り、破産する。収入も蓄えておらず、自分たちの顧客あるいは利用者たちについて情報も蓄積していなかった企業は真っ先に、二〇〇〇年三月以後に起こった突然の変化の犠牲者となった。これとは対照的に、最初から、提供するサービスに価格を設定して、忠実な顧客のデータベースを作り上げることを原則としていたＡＯＬのような企業は、ニュー・エコノミーを標榜した他のほとんどの組織形態が崩壊したときにも、高収益を維持できた。かくして、伝統的な経済とともに旧い原則が、オンライン・サービスという新しい領域に拡大されたにすぎないのではないだろうか。

まとめ

以上のような一次的な概括的検討から、後段の議論で展開されることになる一連の教訓を引き出すことができる。

ニュー・エコノミーは、同質的な全体を形成するどころか、製品としての表現は同一でありながら、まったく対照的な技術、戦略を組み合わせている。したがって、情報通信技術が切り開いた将来展望全体が再検討されただけでなく、企業の発展経路が二〇〇〇年三月にバブルがはじけて以来大いに多様化したことも不思議ではない。

情報通信技術が登場したことによって、成熟市場に根ざしている企業に特有の停滞を免れた新興ベンチャー企業にはプレミアムが与えられたようである。しかしながら、純粋な情報財——文書、統計、音楽、映画、株式情報など——の生産と普及は収穫逓増という障害に突き当たる。したがって、不安定性と独占の傾向は情報通信技術に固有の特性である。

費用、市場の諸条件、競争の激しさ、公的規制の性格などの諸構造の多様性を考慮に入れれば、ニュー・エコノミーを代表する標準的組織モデルが急速に現れなかったことは不思議ではない。以前の根本的な技術革新と同様に、情報通信技術の登場は不確実性を弱めるどころか、むしろ強めている。したがって、情報処理費用および情報伝達費用の低下によって予測のもつ誤りがほぼ解消されるであろうというような神話を相対化しなければならない。

3

ニュー・エコノミーのマクロ分析

——情報通信技術のみで説明できない経済成長——

はじめに

情報財の特殊性が認知されるにしたがって、第二章で検討したような組織的・ミクロ経済学的側面がますます重要になる。たとえば、次のように考えている二人の経済学者がアメリカにいる。すなわち「ニュー・エコノミーの主たる効果は、マクロ経済学的というよりもミクロ経済学的なものであろう。なぜならこれらの効果は今後、市場経済の枠組みを形成している所有権、制度的手続き、ゲームのルールに関して大きな変化をもたらすことになるからである」(DeLong et Summers, 2001)。

だが、生産性の回復およびインフレを伴わない異例な長さの景気拡大局面がアメリカにおいて観察されたことによって、マクロ経済学者たちはまず、この変化は成長体制に直接に関係していると考えたのだった。したがって研究と分析は、三つの大きな問題に集中している。第一に、ハイテク部門とその他の経済との間には、いかなる関係が存在するのか。第二に、ハイテク部門は、登場しつつある成長体制の原動力になり得るのか。第三に、情報や知識に関連する新しい資本形態が伝統的な設備財に取って代わり、独自の技術変化の形態に活力を与えていると考えるべきなのか。

ニュー・エコノミーとオールド・エコノミーの関係

われわれの分析はしたがって、実際区別されるべき二つのメカニズムから生じる成長体制に対する情報通信技術のインパクトを考えることである。第一の好循環は、規模の経済、学習およびネットワーク効果といった情報財の固有性に依拠する循環である（図2）。

生産のテンポは異なるし、また技術的な土台も異なっているが、大量生産の中心に位置するメカニズムを再び見いだすのはそれほど難しいことではない。アダム・スミスが明らかにしたピン・マニファクチュアの分業から、T型フォードの一貫組立工程に至るまで、経済史はそのようなエピソードに満ちあふれている。経済史はまさしく次のような貴重な教訓を伝えている。すなわち相対価格が劇的に低下するような新しい財は、経済全体を専有するわけにはゆかない。というのも、諸個人が糊口をしのぎ、衣服をまとい、移動して、健康に留意し、教養を身につけ、気晴らしをしなければならない――これらの活動は、すべて他の産業部門に関わっている――のであって、少なくとも直接的には、同一の技術革命のなかに位置づけられないからである。これは別のセクターに依拠する諸活動、つまり少なくともすぐには技術革命そのものに結びつかない諸活動においても同様なのである。これらの財の大半は、高い技術進歩の対象になっている（農業、超

図2　2つの好循環の結合と成長体制

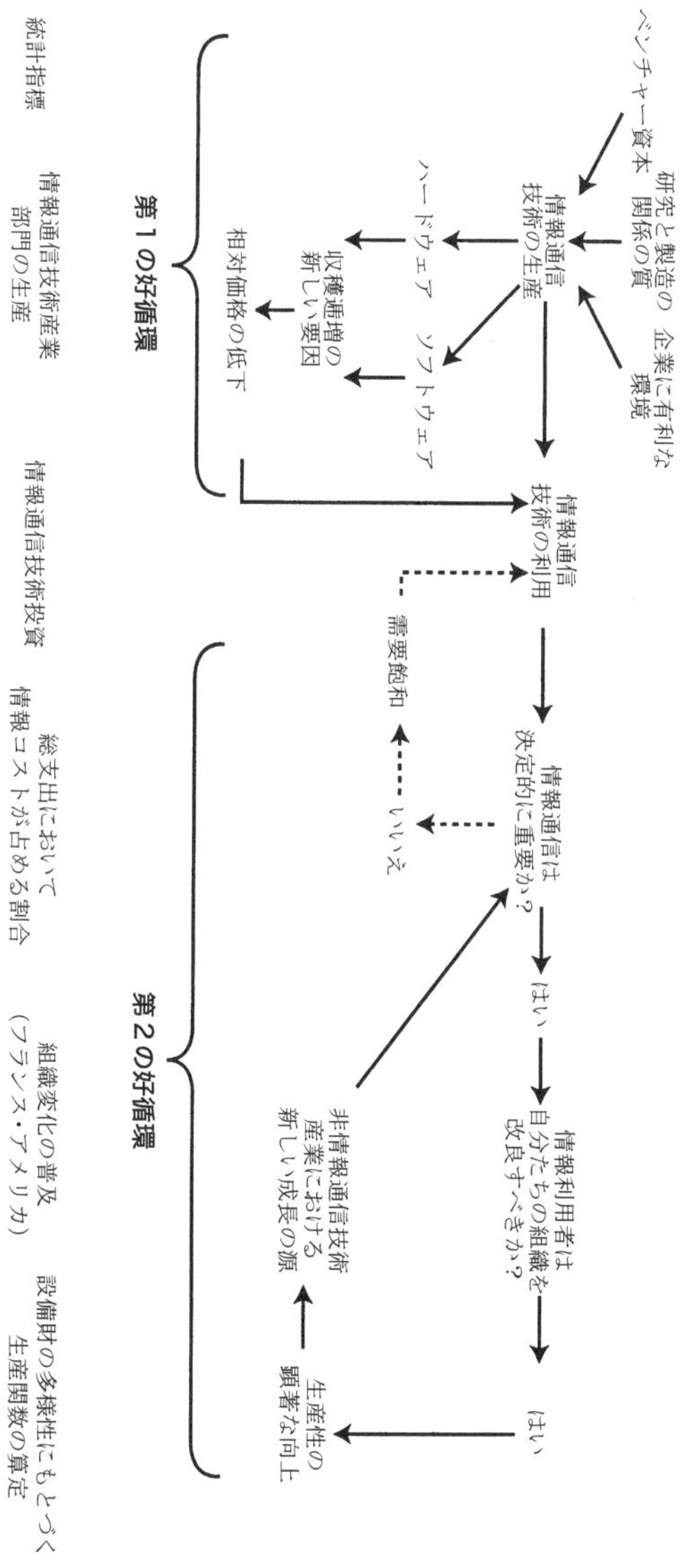
ベンチャー資本
研究と製造の関係の質
企業に有利な環境
情報通信技術の生産
ハードウェア
ソフトウェア
収穫逓増の新しい要因
相対価格の低下
第1の好循環
情報通信技術の利用
需要飽和
情報通信は決定的に重要か？
いいえ
はい
情報利用者は自分たちの組織を改良すべきか？
はい
生産性の顕著な向上
非情報通信技術産業における新しい成長の源
第2の好循環
統計指標
情報通信技術産業部門の生産
情報通信技術投資
総支出において情報コストが占める割合
組織変化の普及（フランス・アメリカ）
設備財の多様性にもとづく生産関数の算定

高速輸送、医学研究、治療、教育方法など）にもかかわらず、陳腐化したと形容される。

ニュー・エコノミーのカギは、情報処理費用の削減によって、伝統的産業の内に第二の好循環が導かれることにある。理念的に、この好循環は情報通信技術の利用、より根本的には、——最大限の透明性を意味する——競争強化に起因する価格低下から始まる。そのようなわけで、多くの研究者は、情報処理関連製品の資本を、生産に使用される建物、機械、人的資本のストックに付け加えることによって、新しい資本概念を構築しようとしている（Askénazy, 2000; Bassanini et al., 2000; Cohen et Debonneuil, 2000; Duval R., 2000; Gordon, 2000a; Greenan, 2001; Jorgenson et Stiroh, 2000; Oliner et Sichel, 2000）。

ニュー・エコノミーの主張者の中心的仮説は単純である。すなわち、情報通信技術の利用が一九九五年以降のアメリカにおける生産性上昇を実現したのであって、ヨーロッパが成長に遅れをとっているのは、とりわけ金融ないし社会の様々な制度的障壁のせいで、情報通信技術の普及が遅れているせいなのである（Rexecode, 2000; OECD, 2001）。

以上のことが意味しているのは、情報のミクロ経済学から技術変化のマクロ経済学への移行であろう。ニュー・エコノミーの概念はアメリカで生まれたのであるから、まずこの国の分析に向かうことが正しい方法である（これは第二章および第四章のテーマである）。その後で、ヨーロッパの特殊性の問題に立ち戻ることになる（第五章）。

未解決のソローのパラドクス

周知のように、アメリカの生産性は一九六〇年代末以降停滞し始める。成長率の低下は第一次石油ショック以後いっそう顕著になった。企業や公的な決定者は、第四章で検討されるようなさまざまな戦略を考案したのちに、一九九五年以降、アメリカ経済全体が情報通信技術によって主導されているという考えに収斂するに至った。実際、時間あたりの生産性の統計によって、生産性の回復を確認しうる。生産性は一九五〇年から一九七二年にかけて年平均、二・六%増大している。生産性増大のテンポは、一九七二年から一九九五年にかけて一・一%へと低下したのちに、一九九五年から一九九九年にかけて二・二%の水準に回帰している。これは、黄金時代〔一九五〇—一九七二年〕と称されることもある時期を特徴づけていた水準に匹敵している（**表5**）。

情報通信技術中心の第一の好循環

生産性のこうした変化を部門別に分解すると、**図3**の二つの好循環に対して興味深い教訓を引き出すことができる。まず、生産性上昇率の回復はサービス部門（一九九五年以前の二〇年間の〇・八%に対して一九九五年以後は一・五%）よりも、工業部門（同様に、二・六%に対して四・

表5　アメリカの生産性の推移と情報関連耐久消費財

アメリカにおける時間あたり労働生産性（1950年～1999年）（年平均成長率、%）			
時期区分	1950-1972	1972-1995	1995-1999
1. 非農業民間部門全体	2.6	1.1	2.2
2. 工業	2.6	2.6	4.6
2.1. 耐久消費財	2.3	3.1	6.8
情報関連ハードウェア	n. s	17.8	41.7
その他耐久消費財	2.2	1.9	1.8
2.2. 非耐久消費財	3.0	2.0	2.0
3. サービス	2.7	0.8	1.5

出所：Gordon, 2000a

六％）において際立っている。さらに、工業部門の内部では、コンピューター関連財の影響を受けて、耐久財生産が明らかに加速度的な増大を示すようになる。一九九五年から一九九九年にかけて、コンピューター関連財は年平均四一・七％の上昇を記録しているが、これは、以前にはっきり上昇傾向を記録していた一九七二年から一九九五年の時期（一七・八％）に比べて、二倍以上である。それに反して、非耐久財の生産では、生産性の傾向的な回復の動きはまったく見られない。サービスの多くが量的に測定困難であるとはいえ、一九九五年以後、サービス部門の生産性はゆるやかにせよ回復した。それにもかかわらず、サービス部門の平均的な生産性の上昇率は、一九五〇年から一九七二年にかけてこの部門で観察されていた上昇率よりも依然として低い（二・七％に対して一・五％）。こうした統計指標から、二重の教訓を引き出すことができる。

ソロー〔一九二四年生、アメリカの経済学者、ノーベル経済賞受賞〕のパラドクス「アメリカの生産性統計を除いて、至る所でコンピューターを見ることができる〔コンピューター時代になったというのはどこを見ても分かるが生産性の統計にはさっぱり証拠がない〕」（Solow, 1987）に関して、部分的な説明の糸口を引き出すことができる。生産性の上昇益が実現されるには、一九九〇年代中頃まで待たねばならなかった。実際、電動モーターの普及が産業の動態に与えた影響がとりわけ示しているように、技術パラダイムの変化からプラスの効果を引き出すには、一〇年ないし数十年という時間のスパンを必要とする（David, 2000）。

これが、ソロー・パラドクスの部分的な説明でしかないのは、情報通信技術は、その他の産業部門に大きく波及せずに、情報通信技術生産部門内部で螺旋状の好循環を開始したからである。サービス部門への影響ははっきりしていたが、ゆるやかであった。その証拠に、一九六〇年代の生産性上昇のテンポは回復していない。これは、いささか驚くべき事態である。というのも、情報通信技術はしばしば、ほとんどすべての生産活動に適用しうるような一般的技術とみなされているからである（Bynjofsson et Hitt, 2000）。したがって、可能となる解釈は、製造業部門の大部分（鉄工業、重化学工業、自動車産業など）にとって生産の情報化は一九六〇年代ないし一九七〇年

図３　生産性回復の多様な要因

1995-1999 年の時期と 1972-1995 年の時期との比較
非農業民間部門

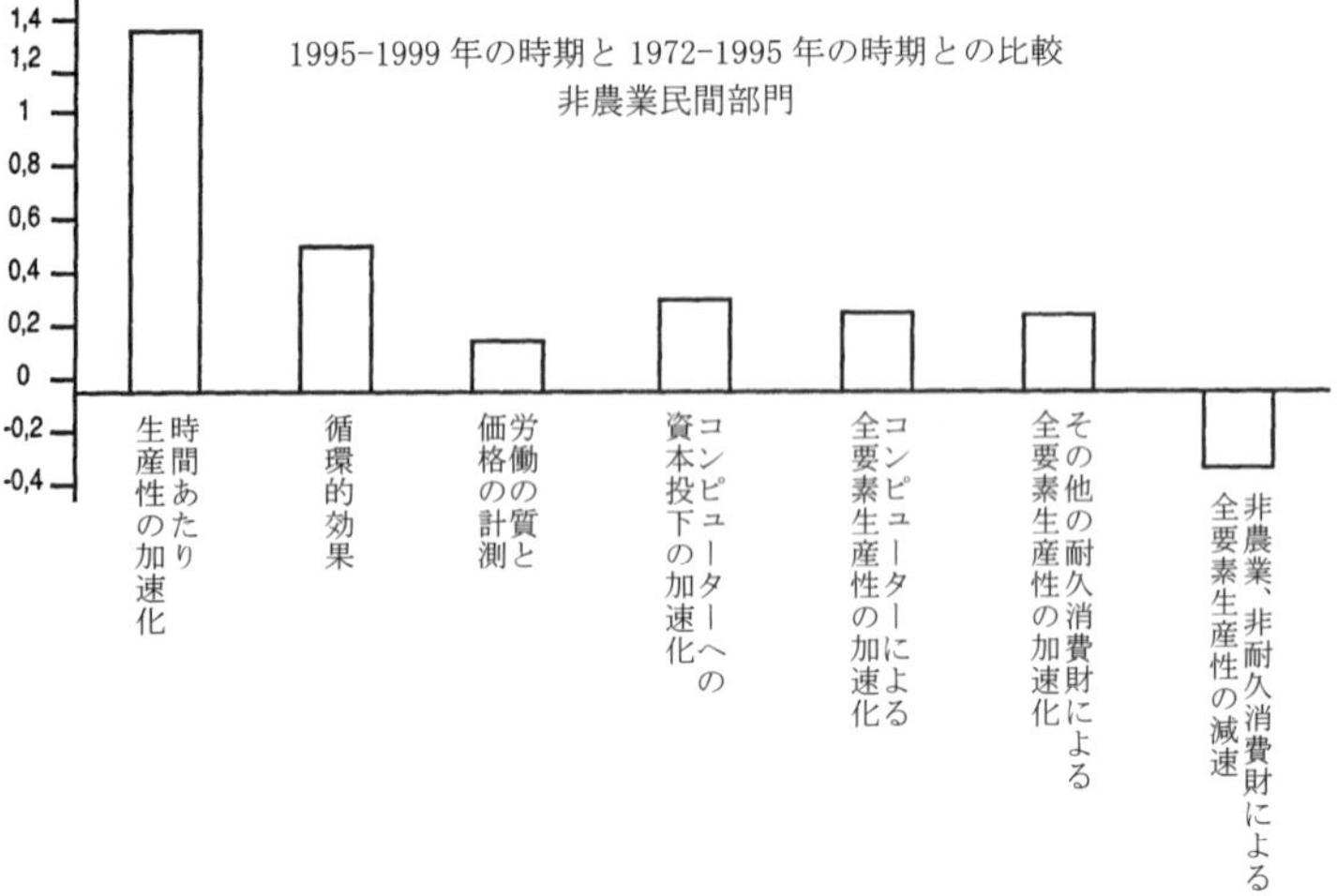

注：1995 年以降の時間あたり生産性の加速化に関する表５と図３とのずれ（1.5 %に対し 1.1 %）は、図３では、1999 年について、３つの四半期が追加されていることによる。
出所：Gordon, 2000b

代からすでに起こっていたということである。逆に、コンピューターとサーバーは、多くのサービス活動（銀行、金融、健康・医療、学術研究、旅行、コンサルタント）にとって、デジタル制御装置、ロボット、生産コンピューターがかつて製造業で果たしていたのと同じ役割を担っているのであろう。

構造的現象か循環的現象か

このような分析をさらに推し進めて、労働生産性の平均的な回復を様々な要素別に分解することによって、情報通信技術の普及がもたらす影響下で、生産性がいかに変化するのかについて検討することができる（**図３**）。

ロバート・ゴードンの分析（Gordon, 2000a; 2000b）に従えば、一九九五年以降の生産性の加速度的上昇に関する未調整データを修正する必要がある。なぜなら、この時期の生産性の増大はきわめて明確であり、そしてまた、いわゆる生産性循環のメカニズムにしたがって、労働者数や労働時間は伝統的に生産の変化に対して遅れてしか調整されないからである。生産性循環という要因だけで、〇・五四％の生産性回復を説明できることになる。

生産性の計量分析方法にしたがうのであれば――参考までに、この場合、生産への各要因の寄与は価格によって測定しうると想定されている――、コンピューター関連の一人あたりの資本増加によって時間あたりの生産性の〇・三三％の上昇を説明することができる。この値に、コンピューター生産における全要素生産性の加速度的上昇分、〇・二九％を付加しなければならない。最後に、その他の耐久財を生産する部門において、全要素生産性は同じだけ加速度的に上昇している。

したがって、情報通信技術によってもたらされるメリットは、次のように特徴づけられる。情報通信技術のもつメリットは、経済のその他の部門に対して期待されたような効果をもたらさないで、根本的に情報通信技術生産部門内部で実現されている。他の生産部門の全要素生産性は一九九〇年代後半に〇・二八％低下している。このような一見したところ不思議な結論を信頼できるだろうか。

一部の分析者がまず指摘したのは、アメリカ経済の「景気拡大の第六年度」における生産性回復を説明するのに生産性循環を援用するのは矛盾しているということであった。というのも、伝統的に、生産性循環のメカニズムは回復期についてでしか生産性の加速度的上昇を説明できないからである（cf. Arvisenet, 2001）。ニュー・エコノミーの概念が登場した根拠のひとつは、生産性の矛盾した変化にあったことを忘れるべきではない（第一章）。一九三〇年代の動きと比較することによって、一九九〇年代の特殊性を確認することができる（**グラフ2**、本書一二六頁）。

長期的視点からみた組織的・制度的変化

生産性の変化に関する第二の批判は、コンピューターと電気通信の結合がごく最近起こったことを強調する。たとえばウェブの商業化は一九九五年以降開始されたのであり、コンピューターと電気通信の結合にともなう全体的な利益が実現されるまでにはなお十年ないし数十年待たねばならない（DeLong et Summers, 2001）。これは、かつての電動モーターから、また、電動モーターが産業組織と生産性に与えた影響が示唆しうることである（David, 1991）。とはいえ、生産の情報化は、すでに一九七〇年代から集権的コンピュータによって始まっていた、と反論することもできる。その場合のモデルとなったのは、ＩＢＭが提示したモデルであった。したがって、情報通信技術の斬新性の議論は、とくにサービス部門や動態的な小企業、あるいはハイテク部門の小企業に妥当することになろう。

第三の批判は、技術変化と組織変化の相互依存を強調する。産業部門別データ（Askénazy, 1999; 2000）、あるいは企業別データ（Brynjolfsson et Hitt, 2000; Bresnahan, 2002）が示しているように、情報通信技術の潜在能力が具体化されるのは、企業の内部組織および企業を取り巻く環境との諸関係が、情報処理費用と情報伝達費用の低下をきっかけにして、再検討される場合である。このような結論は、アメリカやフランス（Greenan, 2001）、さらにはイギリス（Caroli et Van Reenen, 2001）にも妥当する。アメリカ経済の場合、企業のリストラは一九九〇年以後に始まったようであり、リストラの結果得られる利益は、アスケナジーの研究が示しているように、時間の流れとともにますます大きくなっている（図4）。

最後に、企業レベルからマクロ経済レベルに向かう場合、以前の「産業革命」が経済的諸制度、全体の再編成を必要としていたことは明らかであり、技術標準、公共インフラ、教育、さらには信用と税制システムが再編成されたのだった。電動モーターに妥当したことは、マイクロ・コンピューターやウェブにも妥当するはずである（David, 1987; 1991）。インターネット・バブルの崩壊以降における大部分の分析が認めているように、このことは、情報技術全体に妥当する（OECD, 2001a; Guellec, 2002; Pilat, 2001; Zysman et Weber, 2001; DeLong et Summers, 2001）。

根本的な変化を担うと思われている現象をリアルタイムで分析することがいかに困難であるか

をここでも確認しうる。したがって「楽観的」な見方と「悲観的」な見方は、二〇〇〇年三月以降接近することになるにしても、ニュー・エコノミーの将来が、合意の対象とならなかったことは不思議ではない。

生産性上昇は一時的か持続的か

潜在的成長の予測の難しさ

アメリカの生産性が回復した理由を推定する諸研究は、二〇〇〇年から二〇一〇年の動きを予想するために数多く展開された（Bassanini et al., 2000; Brynjolfsson et Hitt, 2000; Jorgenson et Stiroh, 2000; Baily et Lawrence, 2001; Litan et Rivlin, 2001; Fraumeni, 2001; OECD, 2001a, Hansen, 2001）。これらの研究は、一定の変化がアメリカ経済に生じていると判断する点で一致しているが、これらの変化が潜在的成長に対していかなる結果を及ぼすかについてはまったく合意が形成されていない。生産性の動態は一九九〇年代アメリカ経済の動態において中心的な役割を果たしている。実際、生産性の動態は生産コストの低下を実現し、実質賃金の増大を可能にしている。そして、中央銀行は、一九六〇年代や一九七〇年代の拡大局面におけるアキレス腱であった、生産コストによるインフレを抑制する必要から解放されたのだった。つぎに、成長の動態は、生産性上昇が持

図4　生産性回復（年率、%）の必要条件である企業再編成

再編製造業と非再編製造業における全要素生産性の伸びのちがい
（1976年〜1997年）

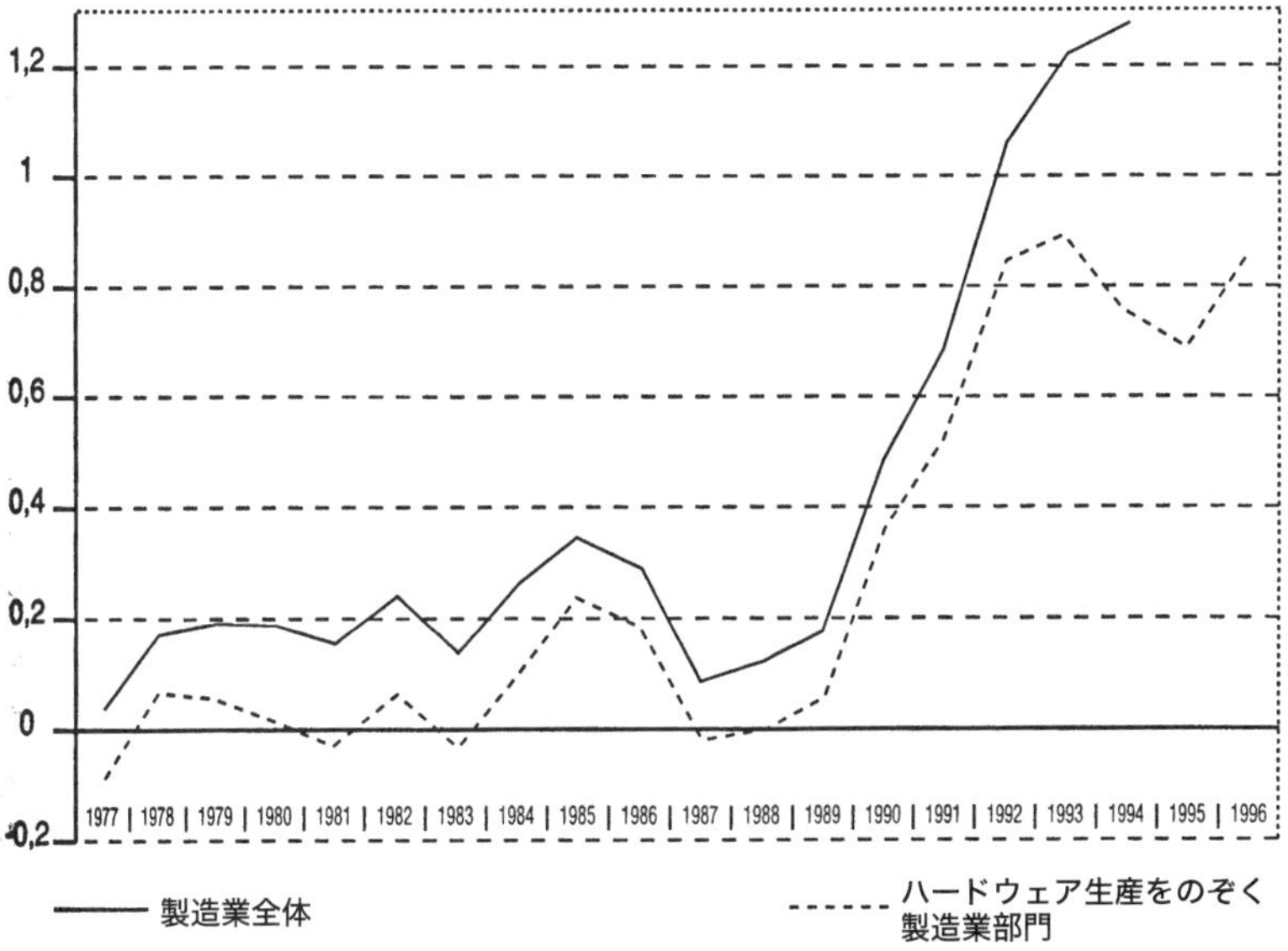

出所：Askénazy, 2000, p. 33.

続的である場合、インフレを加速化させる失業率の閾値をますます引き下げるだけに、準完全雇用への復帰を可能にする。このような観察に立脚して、アラン・グリーンスパンは一九九〇年代末、ニュー・エコノミーに宗旨替えしたのだった（Greenspan, 2000）。現在、われわれに提示されている議論を比較検討すればわかるように、技術変化および就業人口の変化に関わる仮説にもとづいて、潜在的成長を予測することはきわめて困難である（**表6**）。

測定困難なニュー・エコノミーの実態

理論的なレベルでは、情報通信技術から得られる利益を示す主要な指標として生産性が妥当であるかについて疑念をもっている分析者も存在する（Litan et Rivlin, 2001）。情報関連財にとって、生産の測定そのものが問題を抱えているからである。実際、事例研究およびミクロ経済学的分析から次のような結論が出てくる。これらの技術は、不測の事態に対する企業の対応を助ける。したがってこれらの技術のおかげで収益の見込みをうまく最適化することができる。さらに、これらの技術は消費者の選択幅を広げる。そしてとくに、企業と消費者の要望にいっそう適した新しい財の提供を容易にする、と。

こうした論拠は、生産性の指標を形成することになる諸統計のなかに実質的に移転される。コンピューターによるパフォーマンスは、ムーアの法則〔半導体の集積密度（性能向上）は一八〜二四ヵ月で

表６　情報通信技術と生産性の関係

情報通信技術が与えた影響／議論の根拠	プラスの影響	不利な影響
指標の妥当性	生産性が生活水準の上昇可能性を測定する	企業収益と消費者の満足度の方がより妥当である
測定の質	集計的水準では良質。サービスと情報財における過小評価の可能性（Litan et Rivlin, 2001）	推定方法にかなりの程度影響を受ける（ヘドニック指数かそうでないか、中間消費か投資か）（Triplett, 1999）
評価方法	評価方法が相対的に一致している（1995年～2000年）（Hansen, 2001）	生産性と構造変化の双方による影響（Gordon, 2001）
――成長会計分析	1995年以降投資と生産性の著しい加速化（OECD, 2001a）	1995年から2000年にかけて観察された情報通信技術への投資傾向は持続性を見込めるものではない（Gordon, 2001）
――部門分析・個別データ	情報通信技術投資のもつ差別的役割	組織上の変更なくして生産性上昇益なし（Askénazy, 2000 ; 2002）
――国際比較	情報通信技術投資→生産性回復の必要条件（Boyer, 2001b）	代替的に、製品の差別化による成長への好影響
技術史	鉄道、自動車、電気に続いて、情報通信技術が産業革命のベクトルとなる（David, 1991）	情報通信技術はこれまでの産業革命に匹敵しない（Gordon, 2000b）

倍増するというゴードン・ムーアによって提唱された経験則〕に従って、ほぼ一八ヵ月で二倍になるので、情報に関するハードウェアが提供するサービス量の算定は爆発的に増大する。したがって、日常品のヘドニック物価指数〔消費者にとっての製品の質の変化を考慮に入れつつ、企業会計から算出される物価を修正した物価指数〕の助けを借りるのか、それとも生産統計から引き出される物価指数の助けを借りるにしても、情報財を生産する部門のパフォーマンスの測定に不確実性が入り込んでしまう。アメリカの生産性回復においても、このような不確実性が強く存在した(Triplett, 1999)。同様に、ハードウェアの急速な陳腐化が中間消費と投資を分かつ境界線をわかりにくくしている。たとえば会計上の取決めの違いゆえに、アメリカとヨーロッパとの比較も困難になっている(Lequiller, 2001)。これとは対称的に、膨大な情報集合に対する数多くの無料アクセスは、国民経済計算では捉えられていない。かくしてウェブのおかげで情報財の普及から引き出されるメリットは過小評価されている可能性がある。このことは、サービスにおける生産性回復はニュー・エコノミーが引き起こした期待に見合うものではないことを説明している(BRIE, 2000)。

一九九〇年代の分析と中期的展望

一九九五年以後における生産性の加速度的上昇は多様な要因によって説明しうる。しかし、これらの要因を正確に確定するのは容易ではない。とりわけ難しいのは、景気循環による効果と生産性の持続的回復を区別することである。実際、ロバート・ゴードンの手法は循環的要因を過大評価している、と考えうるにしても、一九九五年から二〇〇〇年にかけて観察された情報通信技術における投資の上昇テンポがそのまま二〇〇〇年から二〇一〇年の一〇年間にも維持されるというのは無理であろう。企業は、二〇〇〇年の第三四半期以降観察された景気の減速を前にして、情報関連設備への投資戦略を見直すに至った。既存設備の利用を合理化した方が、設備更新の加速化よりも、収益性を維持しやすい、と企業は判断したのだった。二〇〇一年の第一四半期になって初めて、情報通信技術における投資（ハードウェアとソフトウェア）は、数量レベルで年率六・五％減少した。この投資は一九九五年から二〇〇〇年にかけて、年率二五％増大していた。これはそれ以前の過剰投資に対する修正の兆候である。専門家たちの評価によれば、この過剰投資は、二年間におよぶフル注文に匹敵している（*The Economist*, 2001a, p. 83）。したがって、情報関連設備による人間労働の代替が弱まることを予測しなければならない。それだけでなく、おそらく情報関連設備財部門における生産性の純減退をも予測しなければならない。それほど成長と生産性は短・中期的に関連している。

生産性は一九九五―二〇〇〇年の時期よりも中期的に低下するはずである、と考える三つの議論が存在する。まず最初に、アメリカの生産性の鈍化からより強く感じられるのは、組織改革が必要であるということである。組織改革は、現在まできわめて困難であると判断され、拒否されていた企業や産業部門で実現されなければならない。第二の議論によれば、生産性に焦点をあわせた分析が妥当するのは、標準化された製品の大量生産を延長させた仮説に対してのみである、という考えである。情報通信技術の主要なメリットの一つは、品質と技術革新による差別化を実現しつつ、生産と新需要の充足の同時的実現をいっそう促進することにある（Bresnahan, 2002）。第三の議論によれば——この点について第七章で立ち戻るが——、情報通信技術は、一般的技術であるので、過去における蒸気機関、電動モーター、さらには自動車と同一ではないし、医学の進歩に匹敵するようなものでもないのである（Gordon, 2000b, p. 57-66）。このような意味で、情報通信技術は、もうすでに収穫逓減の領域に属しているのかもしれない。ただし、既に実現済の成果を組み換えることによって、今のところ未知であるが、一連の新しい応用による成果が現れる場合は別である。楽観的な分析者は、現在まで、たとえばコンピューターのパフォーマンスがつねに当初の期待を超えるものであったことを強調している（Delong et Summers, 2001）。

このように、現代経済の生産的土台は最近二〇年間に再構築され、そのことに情報通信技術は大きく貢献したのだが、情報通信技術の成熟化にともなう長期的な潜在力を明らかにするのは容易ではない。生産性回復は持続的か、それとも一時的か。最近のきわめて洗練された計量経済学的研究の結論は、この問題は不可知の問題であると確認することでしめくくられている（Hansen, 2001, p. 127）。ミクロ経済的分析とマクロ経済的な影響との関連を産業部門ごとに分析すると、結論はさらに慎重なものになる。

各部門への不均衡な影響

以上で展開された議論によれば、いかなる産業活動分野にもかかわらず、情報処理費用と情報伝達費用が企業競争力のカギとなることが暗黙のうちに想定されている。だが、このような結論は妥当しないという分析が、インターネットの潜在力の比較分析によって示されている。この分析は、マイクロプロセッサーの製造、パーソナル・コンピューター、金融、運輸、耐久・非耐久製品の流通なども対象としている（BRIE, 2000）。少なくとも三つの構成要因が単位コストの形成に関係している。生産コスト、（ロジスティックを含む）流通コスト、そして情報処理コスト。様々な活動部門のコスト構造は、同質的ではない。したがって、企業のイノベーションをめぐる努力は、付加価値の総計においてその見返りが最も高い諸要因に集中するはずであり、また、最初から差別化されていて、潜在的には対照的とも言いうるほどのやり方を企業は開発するはずである。

サービス活動の中心を占める情報

情報処理に直接関連する活動、すなわち金融や銀行（Betbèze, 2000）、税務管理やより一般的な公共部門（Boyer et Didier, 1998）、保険や健康・医療（Litan et Rivlin, 2001）、さらに、教育方法におけるイノベーションという一定の条件つきの教育（Boisivon, 2000; Goolsbee, 2001）、これらの分野における情報通信技術の影響は当然きわめて重要である。これらの活動は第三次産業に関わっているのに対して、大部分の研究は、かなり以前から情報化に取り組んできた製造業部門をもっぱら研究対象としていた。たとえば、アメリカでは、情報通信技術の装備の七〇％以上がサービス部門で利用されている（Baily et Lawrence, 2001, p. 311）。生産量の測定は多くのこのセクター内部できわめて不完全である。実際、国民経済計算は、一定のケースにおいて一定の生産性成長率を一括して諸要素の総量に適用して、活動総量の指標を計算するにとどまっている。

逆に、原材料の加工費用が決定要因である場合、情報設備を最新世代に取り替えることによって生産性が大きく改善されるかどうかは明らかではない。情報関連素材の生産部門自身はその例外である。この部門は、きわめて特殊な好循環を形成している。ハードウェアの価格低下やソフトウェアおよびアプリケーション・ソフトの増加によって、構成要素ならびにルーティン、プロシージャーに関する一連のスタンダードが普及する。その典型的な事例は、デルであり、さらに、成功期のシスコである。これら二つの企業は、情報管理システムの効率化を図ることで生産と需要の統合を推し進めた先駆者である（Kenny, 2000）。これと同様の良好なスパイラルが、金融市場の電子化を支配していた。つまり、処理速度の改善および取引費用の低下によって、小規模の新興企業による金

表7　電子商取引採用の決定要因の多様性

要因＼部門	繊維	自動車	銀行	旅行業
全体的状況				
経済の世界化	＋＋	～	＋	＋＋
規制	～	＋	～	～
産業構造の影響力	－－	＋＋	～	＋＋
戦略と目標				
競争への取り組み	～	～	～	～
バリュー・チェーンによるコーディネート	＋＋	＋	＋	＋＋
コスト削減	＋	＋＋＋	＋＋	＋＋
品質とスピード	～	＋＋	＋	＋

出所: Desruelle et Burgelman ,2002, p.7.
注）＋、～、－はそれぞれ、各要因による各部門への影響の程度を表現する

融市場へのアクセスが可能になったのである。これは新しい市場の誕生にほかならず、ニュー・エコノミーを支えた企業の資産は、このような市場で売買されたのだった。

eコマースの多様性

第二の比較研究は、ＯＥＣＤ一一ヵ国を対象とする比較研究を通じて、ｅコマースの決定要因とそのありうべき帰結を解明しようとしている。この研究から引き出された結論は、本章のテーマにとってきわめて示唆的である(Desruelle et Burgelman, 2002)。取り上げられる様々な部門――繊維、自動車、銀行、旅行――は、同一の利害関心ないし合理性をもってｅコマースを利用してるわけではない（**表7**）。

まず明らかなことは、情報通信技術を利用すること自体が競争上のメリットであると認識されているのではなく、あくまで、eコマースによって可能となる戦略を再編成したり、練り直すことを通じて、競争上のメリットが生じると認識されている。同様に、世界化への圧力は、それまで国民的土俵で活動していた部門である繊維産業や旅行業にとってのみ存在する。産業別組織が障害となるのは、その産業が完全に独立している数多くの企業から構成されている場合（繊維産業）であり、逆に強力な推進要因となるのは、生産が既に著しく集約され国際化されている、たとえば自動車産業のような場合である。企業組織の同質化を推進する諸要因のなかには、コスト削減と価値連鎖《バリュー・チェーン》のコーディネーションの原則が存在する。ここでも自動車産業は例外的であって、きわめて厳しい競争的な生産に参加していて、品質と市場への対応の速さが決め手となる。だが、eコマースがもたらしうるコスト削減がどの産業部門にとっても同じであるとは限らない。

これらのさまざまな要因は、二〇〇二年に、自動車産業と旅行産業がeコマースのもつ潜在力を大胆に活用し始めたことを説明してくれる。この分析の著者たちは二〇〇五年以降の状況についても将来展望を行っているが、その診断は産業間においてまったく対照的である（表8）。

たとえば、繊維産業のようにほとんど組織化されていない部門では、複数の進化を考えることができる。これらの進化とは、巨大ブランドが推進する垂直的統合の強まりに始まって、同一地域あるいは同一職業において統合された数多くの小企業による調整を確保するような構造の出現

表８　電子商取引が産業組織に与える影響（部門ごとの過去の重み）

部門／進化	繊維	自動車	銀行	旅行業
現在の構図	いくつかの企業による生産チェーンの統合 企業間の大きなばらつき	共通のプラットフォーム・モデル 部門ごとの市場空間	典型的な銀行サービスに焦点を絞った組織 金融・保険商品の多様化／新規参入	伝統的な商品供給の細分化 インターネットで業務を行う企業の出現
2005 年以降のシナリオ	大手メーカーが垂直的統合を強化する 電子取引による中小企業のコーディネーションの可能性	産業全体で市場空間が集権化される e コマースがこうした集権化を促進する	商品の多様化と規模の経済を結合する新しいモデル e コマースが商品の多様化や業務管理の下請けを促進する	伝統的な仲介業の役割の周辺的な見直し→サービスの拡大 電子的プラットフォームが統合された製品を供給する 統合的大企業が出現する可能性

出所：Desruelle et Burgelman, 2002, p. 7.

可能性に至るまでさまざまである。その反対に、企業集中度がきわめて高い場合、一連の部門別市場空間から、多数の参加者や多様な製品を再編し集権化する市場に移行するというシナリオが可能になる。銀行にとっての問題は、顧客に提供される金融・保険サービスの多様化である。この問題は、おそらく、もっぱらネット上で活動する銀行というコンセプトを持つ新規参入者への対応という問題よりも深刻である。ここでも、複数のモデルを考えることができる。つまり、エレクトロニクスが既存銀行の多様化と系列化を助長することもあれば、従来の組織形態とはあまり関係のない独自な状況が登場するに至ることもある。旅行業に対しても状況は同じである。ウェブを集中的に活用できる企業が出現することによって、伝統的な仲介者の果たしうる役割を再検討できるからである。これらの仲介者は、サービスの質を通じて顧客をひきつけることに努めると同時に、統合的なサービスを提供できる枠組みを作ることに努める。その際、統合的な巨大企業の出現も排除されることはない。

情報通信技術生産部門を除けば、生産性上昇益は低水準であり、またパフォーマンスの改善も低水準であることを、こうした部門別の多様性にもとづいて説明することができる。全く同じ仕方で一九九〇年代に産業間の違いが強まったことを説明することができる。

表9　生産性上昇の産業部門ごとのちがい

（年率%）

部門＼時期区分	1985-1995 年	1995-1999 年	1995 年以降の加速化
民間部門	0.88	2.31	1.43
■農業	0.34	1.18	0.84
■鉱業	4.56	4.06	-0.50
■建設	-0.10	-0.89	-0.79
■製造業	3.18	4.34	1.16
――耐久消費財	4.34	6.84	2.51
――非耐久消費財	1.65	1.07	-0.59
■輸送	2.48	1.42	-0.76
――路上輸送	2.09	-0.73	-2.82
――航空	4.52	4.52	0.0
――その他	1.51	2.14	0.63
■通信	5.07	2.66	-2.41
■電気・ガス	2.51	2.42	-0.09
■卸売	2.84	7.84	4.99
■小売	0.68	4.93	4.25
■金融、保険、不動産	1.70	2.67	0.97
――金融	3.18	6.76	3.58
――保険	-0.28	0.44	0.72
――不動産	1.38	2.87	1.49
■サービス	-1.12	-0.19	0.93
――対人サービス	-1.47	1.09	2.55
――対企業サービス	-0.16	1.69	1.85
――医療サービス	-2.31	-1.06	1.26
――その他	-0.72	-0.71	0.01
情報通信技術集約的部門	2.43	4.18	1.75
情報通信技術非集約的部門	-0.10	1.05	1.15

出所：Bally et Lawrence, 2001, p. 3, 表１.
注：フルタイム労働の従業員一人あたり国内総所得の年平均変動率。会計規則は表５と同じではない。

生産性上昇益の大きな違い

アメリカ経済の産業部門別データは、部分的に、生産性上昇益の産業部門ごとのこのような階層化を裏付けている（Baily et Lawrence, 2001）。一九九〇年代後半の生産性の動態について言えば、大規模販売業、耐久財生産、金融、小売業、航空運輸の順になっている（**表9**）。

これらの結果は、利用可能な産業部門別の観察や分析によって裏付けられている（たとえば、Malerba, 2002）。耐久財部門のパフォーマンスは当然のごとく主として情報関連産業によって説明される。大規模販売業・小売業の動態はあまり明らかではない。しかしながら、ジャスト・イン・タイムの普及に関する当初の研究が指摘したように、この管理方法は商業活動に重要なインパクトを与えたのであり、産業活動自体へのインパクトはそれほどではなかった（Greenan, 2001）。商業におけるウェブの利用は、製品コードの標準化、バーコード・リーダーの一般化、在庫管理、インボイス作成、資金調達能力の最適化、といった諸活動を統合することを狙った一連の努力を締めくくることになった。まさしくこれらの要因の同時進化によってこの商業部門の著しいパフォーマンスを説明しうる（Bresnahan, 2002, p. 16-19）。以上のことは、スーパー・モジュール化に関する分析を裏付けることになる。この分析によれば、組織的、技術的、経済的イノベーション全体を――事実上相互補完的に――結合することによって初めて、大量生産のパラダイムから、対応の迅速化、品質、製品の差別化を基盤とする別のパラダイムへの移行が可能になる（Milgrom et Roberts, 1990; 1992)。

寡占の侵食か寡占の構築か

金融について著しい生産性の加速化が確認できるのは、情報が金融仲介活動の中心を占めているからである。金融における情報通信技術の潜在力は絶大であり、電子マネーの普及による一部の活動の自動化によるインパクト以上のものである。さらに、一九九五年から一九九九年にかけての生産性上昇益の水準を見ると、航空運輸が大きな上昇益を実現している。この実現に貢献したのは、航空機の改良のみならず、フライトの乗車率の上昇であり、また、最初は限定的な目的のために構想され、次第に洗練されていった電子予約システムの利用による相互連絡の最適化である (Brynjolfsson et Hitt, 2000)。改めて注目すべきは、こうしたことが、生産性向上の引き金となる根本的なイノベーションではなくむしろ、最初はバラバラであったツールを全体として組み合わせることを狙った手探りの戦略によって実現されたことである。情報処理費用の低下によって、共通のインターフェースを介して、これらのツールは統一され、総合することができる。かくして、航空会社全体の収益性が最適化されるようになる。さらに、確かに競争によって、航空貨物における規制緩和に対応してこの部門に参入した多くの運輸業者はふるい落とされる結果となったが、競争によって、集中・合併のプロセスの結果、最終的に形成される寡占の可能性が完全に消え去ってしまったわけではない。なぜならこの部門には参入障壁が存在し、この障壁が継続的に利益を保証しているからである（Porter, 2001）。こうしたことは、情報通信技術が競争相手の参入を促進し、したがって消費者にとってはプラスであるが、株主にとってはマイナスとなる、利益の将来的な縮小が促進される部門と著しく異なっている（DeLong et Summers, 2001）。

生産性上昇益の水準それ自体は限られるが、それ以前の一五年間と比べれば、大きな上昇益を実現している個人向け、企業向けサービス産業について言及する必要がある。すでに述べたように、サービス生産の測定の困難さという問題のために、この上昇益が過小評価されることもありうる。一例をあげれば、「エンサイクロペディア・ブリタニカ」が製本版から、毎年更新され、基本的サービスについて無料でアクセスできる電子版へと移行したとき、利用者に役立つこのようなサービスの向上は、電子的形態に要する費用の上昇を通じてしか評価されていない。したがって、生産性上昇益の程度を確認できるのは、独立して製品価値を判断できる活動についてのみである。

まとめ

利用可能な多数の分析にもとづいて、一九六〇年代に観察された成長体制と同様に、情報通信技術が、急激で安定した成長体制を担うという仮説は、再検討せざるをえない。たしかに、このような新しい技術の生産部門は強力な収穫逓増と学習効果から利益を得ていて、このことによって、情報財の相対価格の急低下による情報財の急速な普及を可能にしている。

しかしながら、こうした手段を用いて自らの固有なパフォーマンスを改善できた部門はきわめて限られている。その理由は部分的には、企業組織の再編が困難であることにあるが、それだけでなく、とりわけ情報処理および情報伝達の重要性が部門ごとにきわめて不均等であることにも存する。要するに、環境や費用構造の特殊性が存在する以上、情報通信技術の潜在力を活用する相異なったイノベーション戦略が存続することになる。

したがって、情報通信技術生産部門の熱狂と生産性循環の有利な諸効果を結びつけて、生産性成長率の回復を説明し、一九九五年から二〇〇〇年にかけての生産性および成長のテンポをそのままその先へ延長することも間違っているであろう。新しい情報技術はむしろ、まずミクロ経済にインパクトを与え、その後に初めて、長期的に成長体制に影響を及ぼすということを確認すべきである。

本章での以上のような分析は、情報通信技術の普及が可能にした企業戦略の分析に関してすでに提示されている結論を裏付けている。問題は、単に技術的なものであるわけではない。というのも、市場組織、公的規制のタイプ、信用、そしてもちろん資格ごとの雇用に関わる様々な転換が必要とされるからである。それゆえ、大量生産の限界から、ニュー・エコノミーに寄せられた期待の出現に至るまで、アメリカ経済の様々な転換期を再評価する必要が生じるのである。

4

ニュー・エコノミーの系譜

――危機脱出のための米国経済政策と経済理論――

はじめに

まず想起すべきは、大量生産の深化、ならびにその大量消費との同時化を基礎とする成長体制を最初に切り開いたのはアメリカであったことである（Aglietta, 1976）。それゆえ、この国が、他国に先立って、すでに一九六〇年代半ば以降、全体的な生産性の減退を記録したことも驚くべきことではない。この生産性の減退は、既に数多く分析されているにもかかわらず、依然として神秘的な側面を残している（Federal Reserve Bank of Boston, 1980）。生産性のこのような劇的な変化は、成長体制それ自身が危機に突入したことを示している（Weisskopf, Bowles et Gordon, 1983; Boyer, Juillard, 1992）。その結果、生じた障害を乗り越えるべく、多様な戦略が展開されたのだった。

これらの戦略と、これらの戦略が期待された新しい成長体制をもたらさなかった理由を再検討することは、理に適ったよい分析方法である。情報技術主導の成長体制を予測するにあたっては慎重であるべきだろう。二〇〇〇―二〇一〇年のアメリカ経済は、もはや一九六〇年代、一九七〇年代のアメリカ経済とは異なっている。少なくとも、七つの大きな構造変化が生じており、それぞれの構造変化が一九九〇年代の成長体制の登場に潜在的な影響を及ぼしている。技術決定主義の見方はこうして相対化されることになる。

危機脱出の模索――一九七三―二〇〇〇年

二つのオイルショック

すでに数多くの研究蓄積が示しているように、アメリカ経済の不均衡の発端は、一九六〇年代末にまで遡ることができる（Aglietta, 1976; Boyer, Juillard, 1992; 1995）。投資のダイナミズムにもかかわらず、生産性は減退し、所得分配をめぐる緊張は、その場しのぎの通貨政策が引き起こすインフレ圧力によって表面化した。金融の不安定性は、いくつかの大規模な破産と一九七一年のドルの対金平価兌換の放棄によって明らかになった。原料価格、さらに石油価格の高騰が、それまでの高成長を阻止することになる。言い換えれば、そのとき――意外な時期に――、インフレの加速とはっきりした景気後退が組み合わされた。こうした出来事は、一産業部門の問題として、そして（あるいは）過渡的な問題として、とりあえず説明された。すなわち、エネルギー危機のせいであって、いったん調整費用が適切に配分されれば、つまり、消費者がエネルギー価格の高騰分だけ購買力の低下を受け入れれば、経済はかつての成長軌道に復帰するはずだ。こうした期待は、次のような理由だけにせよ、一九七〇年代にはっきり裏切られることになる。というのも、第二次オイルショックが、危機からの脱出のための第一戦略――環境による成長の制約を考慮に入れること——を最重要視するように作用したからである。こうした環境戦略は、その後続くことになる数多くの試みの始まりでしかなかった（**表10**）。

アメリカ経済の多様化と成熟産業の海外移転

アメリカは日本やドイツよりも石油資源に恵まれていたので、エネルギー節約プログラム、そして（あるいは）石油から核へのエネルギー代替の進捗は、他の先進工業国に比べて大幅に遅れることになった。それにもかかわらず、二度のオイルショックは、二重の戦略変化をもたらした。第一の戦略変化は、成熟産業、大量にエネルギーを消費する産業（鉄鋼業）、そして（あるいは）労働集約型産業（繊維産業）が、南の諸国へ生産移転を始めたことである。そうした南側の国は、確かに、たとえばメキシコのように工業化の過程を開始する、あるいは再開始すべく自国の石油地代を大量投資に転換することを望んだ。生産工程の国際化は、この時期以降、加速化される。そして、第二の戦略変化は、アメリカのコングロマリットが、一九六〇年代の成長に寄与した主要な産業における——不可避と判断された——衰退を埋め合わせるために、新産業（エレクトロニクス、サービス産業など）への多様化を押し進めたことである。一九九〇年代に注目を集めることになるモデルがすでに出現している。つまり、先進国は高付加価値、低公害で高熟練技能を要する工業を受け持つのに対して、発展途上国は、大規模資本投資と大量の低熟練労働力を必要

表10　フォーディズムに続く成長体制は何か

体制＼特徴	推進要因	予想される結果	診断の基礎となる指標	実際の障害物	2002年における評価	1990年代の成長に対する寄与
天然エネルギー・資源節約型成長	コストダウン、エネルギー関連イノベーション	収益性および競争力の回復	オイルショックの継続、資源の枯渇	エネルギー価格の上昇の内生的反転	イノベーションならびに資源開発によって資源枯渇の予測は後退	エネルギー価格への弾力性は弱い
国内における多様化、フォーディズム的産業の海外移転	低賃金地帯の探求、国内における賃金規律	インフレ圧力の減少、ＮＩＥＳの台頭	メキシコ、ブラジル、東南アジアのダイナミズム	国内における脱工業化、ＮＩＥＳにおける危機の継起	各国の景気循環がより相互依存的になる	1997年（アジア危機）まで重要
諸市場の自由化と労働のフレキシブル化	労働市場を含むあらゆる市場における競争の強化	労働力の再開発・起業ならびにイノベーションの奨励	規制緩和部門（航空輸送、テレコミュニケーション）のダイナミズム・ヨーロッパを上回るアメリカの成長の進展	不平等の拡大・社会保障支出をめぐる緊張	アメリカ（そしてイギリス）のいくつかの部門（金融、エネルギー）における規制緩和の危機	情報通信技術部門において重要
日本方式の導入・フォーディズム的産業の現代化	規模の経済と製品の多様化との間の相乗効果の復活	成熟産業における生産の再開	1980年代日本の経済パフォーマンス	アメリカ企業の緩慢な適応過程	日本における長期の危機が誤診を立証	主に日本企業の海外移転を通じて
株主価値・企業のガバナンス改革	大企業の経営合理化	投下資本収益の上昇・株主の富裕化	株式の高騰・大規模なリストラ	M&Aは価値を創造すると同時に同じだけの価値を破壊する	モデルの将来性に関する疑問・巨大破産・インサイダーによる違法行為	とりわけ株主的な行動の普及を通じて
情報革命	情報通信技術への投資・競争力の源泉として	急速かつ安定的でインフレなき成長	1991-2000年の成長における長期性と特徴	投機バブルの形成・対外不均衡	生産性上昇の一部は景気循環的な要因にのみ関連する	およそ年0.6～1％の貢献で重要
知識経済	アイデアによるアイデアの生産（ソフトウェア、ロゴ、ヒトゲノムの解明……）	イノベーション・レントの絶え間ない創出による収入の伸び	アメリカ経済が突出している分野	知的所有権をめぐるコンフリクト、国内及び国家間における不平等の増大	21世紀のプロジェクト（ユートピア！）	数量化は難しいが、おそらく重要

とする財の生産を受け持つ。一九八〇年代初めから、このモデルは、フォーディズムの危機からの突破口として提示され、価値実現連鎖の世界化というテーマが出現した。だが、この第二の戦略は、対照的である二つの難題に直面することになる。アメリカは、その結果生じた脱工業化によって、長引く大量失業と不平等の増大に行き着いた。実際、高熟練労働雇用が創出される一方で、団体交渉によって庇護されていたかつての工業労働者は脱落し、さらに、低賃金のサービス産業の雇用が増加したのだった。その後約三〇年間にわたって続くことになる貿易赤字は、この頃発生した。ドルは国際システムの基軸通貨であって、ポートフォリオ投資〔リスク軽減のための分散投資〕が豊富に存在していたので、そのような不均衡は危険なものと理解されてはいなかった。

規制緩和と保守政策

主要な工業活動がアメリカ以外に海外移転されたにもかかわらず、そしてまた、競争から遮断された産業部門への多様化の試みにもかかわらず、アメリカ経済を侵食し続けていたマクロ経済の不均衡は解消されなかった。インフレは高止まりし、失業は持続し、生産性は一九六〇年代のテンポを回復してなかった。それと同時に、ケインズ的政策、またそうした政策の公的ならびに私的な担い手も権威が低下した。とはいえ、高成長期から続く諸制度が当の時代にはそぐわないことは、これらのアクターたちによって認識されていたのである。

最初の変化として、金融政策への取り組みをめぐって転換が起こった。アメリカでは、インフレの持続と金融システムを構成する一部の部門で見られる不安定性を抑制すべく、短期的に経済活動にいかなる結果を与えようとも、物価安定維持を最優先する保守的な中央銀行総裁を体現するような人格が現実に登場した。それゆえ、――政府の政策に関する第二の変化になるが――失業は、労働組合からの圧力、ならびに過剰なまでに大盤振る舞いされた失業手当が原因で機能不全に陥った労働市場によるものとされた。その結果、政府当局が推進したのは、一連の産業――航空輸送、電気、地方公共サービス、テレコミュニケーション――における規制緩和であった。その目的は、寡占利益を減らすことによって生産を増進させる、すなわち雇用を増進させることにあった。しかしながら、最も驚くべき例として、むしろ航空輸送の管制官全員が解雇されることによって、組合勢力が弱体化し、また賃金決定の分権化、個別化が助長された。

かくして、レーガンが打ち上げた保守的なプログラムは、以前の高成長期の核心にあったしくみの反対物である成長概念を拠り所としていた。高成長の核心にあったのは、大量生産・大量消費の進展とマクロ経済の安定化を図るためのケインズ政策との協働作用であった。労働市場の柔軟化と競争原理の復活は、労働者の努力を刺激し、貯蓄を奨励し、投資率を高めるという目的を持っていた。起業家精神に有利な税制が、イノベーションと成長を促進するベクトルとして提示された。

それゆえこの成長体制は、競争の激化によって主導されるはずであった。そして、この成長体制はそれ以前のフォーディズム的成長と断絶していた。というのも、後者では、アメリカ経済の主動力となったのは、生産性上昇益の分配をめぐる妥協だったからである。競争の激化を狙ったプログラムは、共和党大統領の任期中に強力に押し進められたにもかかわらず、一九八〇年代中頃に期待された効果は得られなかった。減税と大胆な軍事プログラムが国家の赤字を大きくしただけでなく、アメリカの工業競争力の喪失は、失業と貿易赤字の存続によって特徴づけられていた。アメリカとは対照的に、日本とドイツでは、経済が競争状況に対してうまく適応していたので、これらの国の制度組織は、アメリカの大企業の経営者のなかにも部分的にせよ好奇心と関心を引き起こした。

このように、競争の復活によって主導される成長の企ては、一連の制度変革を推進したにもかかわらず、一九六〇年代末以来アメリカ経済が経験していた困難を乗り越えるようなモデルには行き着かなかった。したがって、さらに異なる戦略を実験する時期を迎えることになった。

大量生産の近代化——日本モデルの幻影

一九八〇年代は、日本経済の傑出したパフォーマンスと、それよりやや劣るもののやはり好調なドイツ経済が目立っていた。アメリカの企業指導者あるいは一部の専門家は、市場ルートを経由しない調整メカニズムが有効性を発揮しうることを認識していた。この調整メカニズムは、製品の多様化、高品質化もしくは景気変動への素早い対応を追求することによって、大量生産方式の刷新に寄与している。たとえば、反トラスト法を厳格に適用すると、アメリカ企業は研究開発のための企業努力を共有できなくなり、不利な状況に置かれる。競争政策のこうした変化は、一〇年後のアメリカにおいて情報技術産業が登場し、影響力を発揮するようになることと無関係ではない。

実際、一九八〇年代の自動車やエレクトロニクス部門において日本企業のダイナミズムのしくみを突き止めようとする試みがピークを迎えたのは、ＭＩＴの専門家によって日本企業のリーン生産方式〔製造工程全体において系統的にコストを抑えるべくトヨタ生産方式をもとに考案された生産方式〕の名を広く普及させることになった著作が公刊されたときであった（Womack, Jones et Roos, 1990）。リーン生産方式によって、大企業が成功に至るための処方箋だけでなく、二十一世紀における諸国の発展の仕方もわかるというわけである。このような見解は、結果的に、アメリカ型資本主義の優位に対する疑念を引き起こした。すなわち、競争原理によって立つアメリカの制度は、品質とイノベーション、市場への適応を追求して可能になる大量生産の刷新に必要な協力関係の土台を徐々に侵食していたのである。

日本とヨーロッパの多国籍企業のアメリカへの進出、そしてその成功は、登場しつつある成長モデルを示していた。とはいえ、アメリカ経済全体は、部分的にしか変容しなかった。まず、生産の海外移転の成果がはっきりと確認されたのは、自動車ならびに民生用エレクトロニクスの両部門のみであった。その理由は、日本の巨大企業グループが展開した戦略が、たとえば金融やレジャーといった分野では、期待されたような成果を上げなかったからである。つぎに、リーン生産方式の普遍性と考えられたものも実は相対的なものにすぎなかった。その証拠に、二〇〇二年、自動車部門においてさえ、〔この頃まではこの方式を採用したはずの〕アメリカの製造メーカーとその競争相手である日本のメーカーとの間に、品質や生産性の面で格差が見られ、しかもその格差は顕著であった。

実際には、より根本的なレベルでの失望が存在した。アメリカの工業は、ジャパナイゼーション（日本化）によって、戦後の成長に寄与した部門の競争力の源泉を再生できると期待されていた。日本との競争意識とスター・ウォーズ計画の影響が組み合わされることによって、一〇年後のアメリカにおいて情報通信技術産業におけるイノベーションの刷新が生じることを予見した専門家はほとんどいなかった。

株主価値*と金融主導型成長

〔*営業キャッシュフローを資本コストで割り引いた現在価値プラス非営業部分の価値マイナス有利子負債、要するに金融自由化のなかで株式市場での資金調達を強化すべく、株主への利益還元を高めるための指標〕

競争の刺激とは異なる、もう一つの成長戦略が、一九九〇年代に登場した。すなわち、金融革新の長期的な進展、従来の伝統的な銀行と投資銀行との間の垣根を取り払う規制緩和の動き、ERISA法〔The Employee Retirement Income Security Act、企業年金加入（受給）者保護を目的として一九七四年に制定された連邦法〕によるアメリカの退職年金システムの改革は、いずれも、金融資産の大幅な伸びに寄与する変容であった。こうした変容は、ある意味で一九八〇年代に実施された政策の延長でしかなく、この政策によって、金融の規制緩和がアメリカから他の諸国に普及して、ニューヨークを国際的な金融仲介の主要舞台に押し上げようとする動きが助長されたのだった。確かに、金融経済の国際化は、直接投資あるいは輸出による国際化よりも急速に発展していた。

これと並行して、賃労働者は、団体レベルでの交渉力を失ったので、企業業績、とりわけ金融業績によって決定される報酬形態を徐々に受け入れざるを得なくなった。しかも、賃金関係は一連の契約に細分化した。そして、これらの雇用契約は、各個人が担っている様々な能力の性質にしたがって細分化された。諸個人の能力の違いは、企業にとって多かれ少なかれ本質的な意味で重要であった。高レベルの専門職の賃金は、徐々に株価に連動するようになった。社会保障、とりわけ退職年金は民間形態に依存するようになり、多種多様な年金投資ファンドが競争することになった。

これらの構造変化の全体が組み合わされて、独自の成長体制の骨格が明らかになってくる。その成長体制の主変数は、株式資産の相場以外の何者でもない。まず、株式資産の相場という変数は、企業の生産と投資に関する選択を決定し、また価値連鎖全体において、下請関係を通じて企業利潤の安定化、さらにはその増加、また資本の最大化を導くことになる。つぎに、各世帯の資産価値によって、各世帯の金融機関からの借入可能額、および耐久財や住宅の購入が決定される。これら二つの要素を組み合わせることによって、金融主導型の成長体制の可能性を明らかにすることができる（Boyer, 2000a）。アメリカには、株式資産の残高が可処分所得のフローを上回るかぎり、このようなタイプの成長にうってつけの土壌があり、大企業の資産は、流動性の高い市場で容易に譲渡されうる。

企業間の合併・買収、同盟関係――大きいことはよいことだ――のような取引を助長するモデルは、情報通信技術の領域における急速なイノベーションの出現と論理的に区別することができる。このモデルの限界は、二〇〇〇年代初めに明らかになった。クライスラーとダイムラーの合併が例示するように、株主にとっての価値創出を最大化するために企業が行う数々の操作は、実際には市場シェアや収益を下げてしまうのである（Boyer et Freyssenet, 2000b）。また、企業合併は、支配的なポジションが形成されるリスクを誘発したのであり、その結果、反トラスト訴訟が再燃した。要するに、アメリカの資本市場は高い流動性を有しているので、金融権力の直接的な表現である投機の過熱をひき起こした（Orléan, 2000）。

しかも、この時期、技術史における新たな一ページが開かれようとしていた。

成長の主導力とみなされた情報通信技術

株価主導の成長体制が、成熟産業における企業再編を通じて成長の活性化を図ったのに対して、情報通信技術を産業パラダイムの大変動の主動力とみなす考え方が一九九五年以降普及した。情報通信技術生産部門が、成長のエンジンとして登場し、オールド・エコノミーの産業部門の組織モデルの構図を見直すための指針として登場する（図3、本書八二頁）。数多くの研究者にとって、新技術は、電動モーターの導入に匹敵する革命であろうとみなされた。

ある意味で、この考え方は以前の戦略の延長上にある。たとえば、以前の戦略が目指したのは、ジャスト・イン・タイム、ＴＱＣ（全社的品質管理）、チーム労働を組み合わせる日本方式を実施することであった。同様に、新しい金融商品を開発することによって、一九九〇年代半ばに新しい産業革命をほとんど排他的に代表する原動力とみなされた新興企業の資金調達が容易になった。

他方で、この成長体制を特徴づけるのは、次のような二つの斬新さである。まず、イノベーションは、かつては多様な形態としてあって、技術的であると同時に組織的なものとしてあって、部門ごとの多様性を有していると認識されていた。だが、一九九五年以降になると、情報処理や情報伝達に関するあらゆる進歩は、ある全体的なシステムの構成要素であり、また全く新しい組織モデルの登場を意味するものであると見なされた。つぎに、金融業界はコングロマリット型大企業の金融損益に注意を向けるので、自らの評価方法を取りやめて、たとえば、新興企業の現時点の赤字が巨額であっても、パソコンのクリック数が将来収益に関する先行指標になるといった〈インターネット・コンベンション〉信仰を持ち上げた。

これまでの章では、新しい成長体制が依拠している仮説――信仰ではないにしても――を、その確実性、および信憑性を分析した。このように、決して成功しなかった危機からの脱出策を概観することによって、われわれは、ニュー・エコノミーに寄せられた期待を相対化することができる。

過去の過ちを繰り返さない

実際、これまでの分析からいくつかの有益な知見を引き出すことができる。まず、いかなる理念的なモデルも現実化していない。これらのモデルはいずれも単純な因果関係を重視している。ところが、現代経済は、金融、生活様式の進化、企業経営、これらの領域の相互依存の深まりによって特徴づけられている。これは、一次元的決定論ではなく、むしろ同時進化的と呼ぶにふさわしい状況である。

次に、とりわけ、分析者は、分析対象となる経済主体に、自らの理論的構成を支えているのと同じ目的と合理性を付与してしまっている。そして、分析者は、それぞれの経済主体が経験する困難の存在についても認知していない。この困難とは、戦略の長期的結果を予測しうるほどに正確な考えを練り上げる際に経済主体が経験するようなものである。実際、膨大な――というよりも不可能な――経済予測ではなく、むしろ試行錯誤の過程を見ることによって、アメリカ経済を例にして述べられたようなさまざまな考えの長期的な入れ替わりの展開を理解することができる。

最後に、企業の組織様式、法制度、および公的介入形態の変革を目指して経済主体がとる戦略は、危機からの出口をめぐるそれぞれの見解に合致している。その結果、過去の軌跡への依拠が強く現れる。このような見方を採用するのであれば、問題は次のようになる。三〇年来蓄積されてきた組織上ならびに制度上のさまざまな変容は、一九九〇年代末になってひとつのシステムを構築したのだろうか。言い換えれば、もはや考えや考え方ではなく、アメリカ経済に生じたさまざまな変革それ自体が示す現実の方を評価しなおす必要があるが、分析に値する七つの変革が存在する。

製品市場における規制緩和

経済政策の全体的な方向は、アメリカ経済の軌道の説明要因をめぐる議論のなかで大きな重要性を占めている。回顧的に言えば、主要な変化は、その当時重要であると認識されていた変化と同一ではないかもしれない。

グラフ1　全要素生産性成長率（アメリカ）
（1965-1999年）

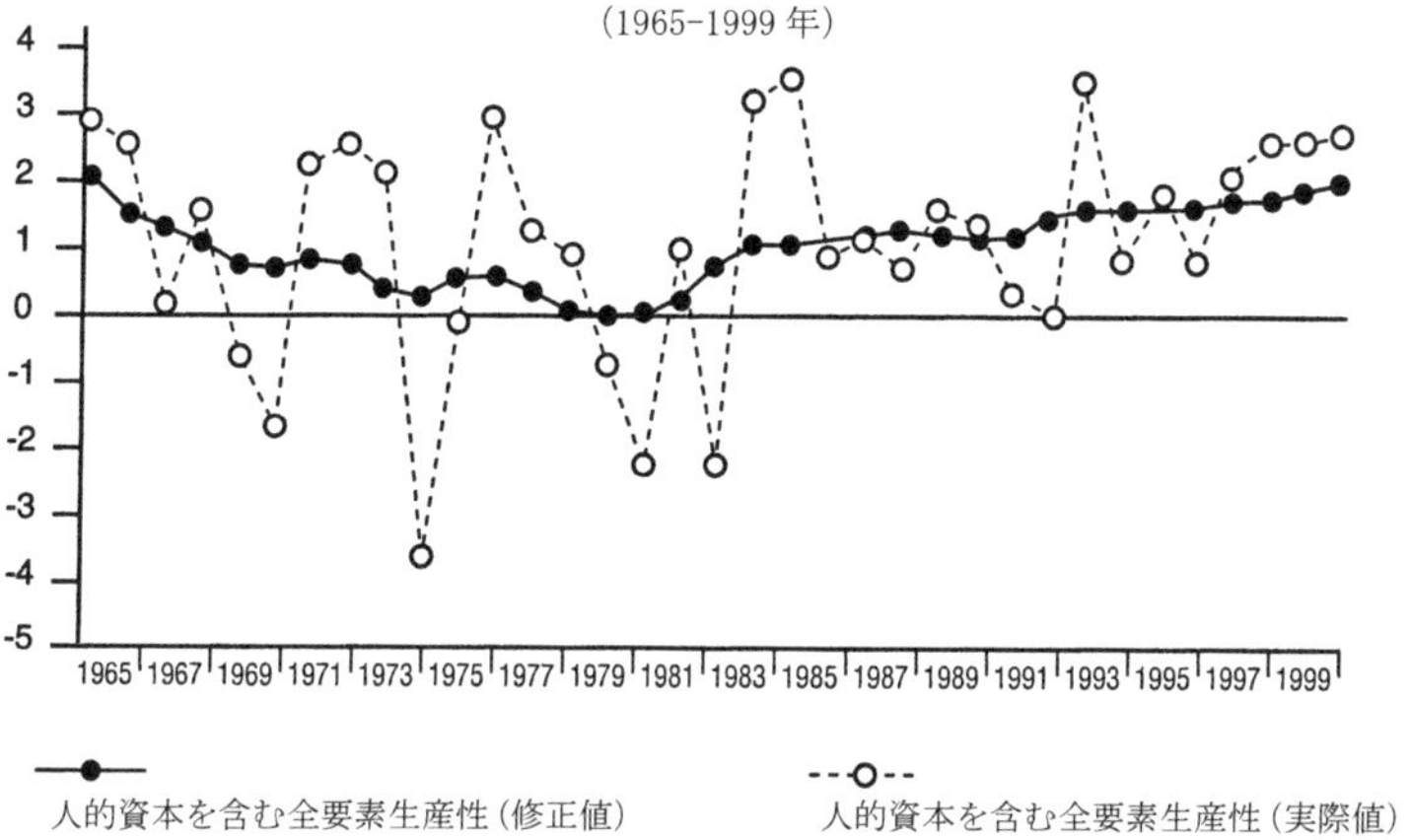

出所：Bassanini, Scarpetta, Visco, 2000, p. 21

レーガン就任時に上昇していた生産性

政府当局がマネタリスト的なインフレの定義に徐々に改宗することによって、経済政策の動向に最初の緊張が生じたのであるが、重要な転換点はロナルド・レーガンの大統領就任時に起こった。そして、以前には公的介入下にあった主要なサービス産業（航空輸送、テレコミュニケーション、社会保障制度の様々な構成要素など）について、規制緩和プログラムが決定された。その目的は、起業家精神やイノベーションを鼓舞することによって、静的・動的な効率性を増進させつつ、競争力を引き出すことにあった。その結果、一九六五年から下落傾向にあり、一九七九年にはほぼゼロにまで低下していた全要素生産性の成長率は、レーガンの大統領就任時から再上昇し始めたのである（**グラフ1**）。

イノベーションの媒介としての競争強化

われわれは、こうした方向転換を、経済政策の完全な方向転換、とりわけ競争政策の根本的な変化と関連づけがちである。しかしながら、こうした単純な相関関係から因果関係のメカニズムを打ち立てることは困難である。しかも、コンピューター投資はすでに一九七〇年代末に加速化している（**グラフ4**、本書一三六頁）。分析のこの段階では、製品市場の規制緩和と全要素生産性の回復が並行して進んだようにみえる。

このような解釈は、アメリカと日欧のパフォーマンスを比較した膨大な文献の中にも散見される。まず、競争の程度が、企業再編ならびに新企業設立の必要条件として、アメリカの経済政策担当局によって明示された（Greenspan, 2000）。つぎに、国際比較統計は、製品市場、とりわけテレコミュニケーション市場の競争の程度をつねに計測していて、製品市場の競争の程度と情報通信技術の普及率との間に正の相関関係があることも指摘された（OCDE, 1999,2001b, Commission of the European Communities, 2001, Institute for Prospective Technological Studies,［IPTS］2001）。

しかしながら、前章までに得た、組織上・制度上の多様な変容の中に存在する相互補完性に関する知見は、アメリカ経済に生じた他の構造的変容を再検討することも必要であることを示唆している。これらの変容は数多く存在し、しかも制度諸形態のほぼ全体に関わっている。

競争的な労働市場

確かに、保守主義反革命、すなわちケインズ主義的な考えとともにニューディール後の労使関係の遺産とも断絶することは、当然賃労働関係そのものに影響を与えざるをえない。

フォード的でない賃労働関係

ヨーロッパ諸国と比べれば、アメリカの労働市場は、外的柔軟性を以前から重用していた。それは、失業によって大きく影響を受ける賃金水準、ならびに地域間、職業間の不均衡となって現れていた。加えて、労働組合組織率は一九五〇年代中頃以降低落し続けていた。この低落の動きを強めるとともに継続させることになったのは、経済政策の新たなプログラム（すでに見たように、このプログラムを最初に体現したのは、航空管制官全員の解雇である）、労働法の変容（州や産業ごとの差別化）、企業経営（個人化の傾向や労働組合の活動抑制戦略の一般化）であった。

失業の広がりや賃労働者の交渉力の分裂によって促進されたこうした制度的変容に鑑みれば、雇用の需給調整の内容がとりわけ一九九〇年代に改善されたことは、不思議ではない（Duval R., 2000, p. 19）。情報通信技術パラダイムの出現によって、技能と資格を融合し直すことが必要になる。労働者を成熟産業から将来性のある産業に再配置するだけでなく、労働契約の分権化と個人化によって、賃金ヒエラルキーの再編成、さらにはその拡張、そして——企業業績そして（あるいは）資本市場による評価に連動した——新たな報酬形態が可能になる。ここで問題となっているのは、競争力や新規雇用創出の必要条件として、ＯＥＣＤのような国際機関が以前から公表している労働市場の諸特徴である。こうした議論は、それ以降始まった生産パラダイムの変容——それは情報通信技術の突然の出現に要約されるものでないにしても——によって補強されることになる。いわば、労働の外的柔軟性と過去の分業形態を不安定にさせるような根本的なイノベーションの普及、これら両者の補完性が観察される（Amable, Ernst et Palombarini, 2000a, 2000b, Gatti, 2000）とともに、とりわけ、フォーディズム時代の国内市場はより微調整的《インクレメンタル》なイノベーションが支配的であることが観測される（Marsden, 2001）。

景気循環のあり方の変化

それゆえ、一九九〇年代のアメリカの景気拡大は、一九九七年まで実質賃金がほぼ完全に安定的であったことによって特徴づけられる。実質賃金は、単位あたりの生産コストの安定を実現するようなテンポで、緩慢にしか上昇しない。単位あたり生産コストの安定を実現したのは、七年間の景気拡大の後に起こった生産性の驚くべき、加速的な上昇であった。こうした生産性の上昇は、かつて一九八〇年代あるいは一九七〇年代の景気循環の際に観察されたものとまったく正反対であった(Zarnowitz 2000, グラフ4、本書一三六頁)。こうした結果は、次のような解釈と整合性を有する。すなわち、賃労働関係の再編成によって、一九九七年までに収益性の回復を伴う成長がもたらされた(Artus, 2002)。拡大局面の継続によって、技術的・組織的イノベーション、とりわけ情報通信技術関連のイノベーションが、生産性の加速的上昇に好影響を及ぼしたのだった。したがって、一九九〇年代の景気拡大局面が異例に長いことは、賃労働関係の変化と生産モデルの変化の相互補完的関係に関連している。

生活様式よりも生産様式を変えた情報化

新技術の登場は、しばしば、アメリカのパフォーマンスの決定要因と考えられ、そこから拡大解釈して、そうした新技術の不均等な普及が、国別の軌道の異質性、とりわけヨーロッパの遅れの原因であると説明された(Cohen et Debonneuil, 2000)。その上、一九九五年以降加速的上昇を見せる労働生産性の逆説的な動き(グラフ2)は、企業の情報化や、コミュニケーションの世界的なネットワークであるウェブの商業的利用の開始としばしば関連させられる。だが、一九六〇年代初めから一九九〇年代末までの情報通信技術の普及を分析すれば、もっと微妙な診断を下すこと

グラフ2　2つの景気循環における実質賃金と生産性の比較

(1991年Ⅰ期～2001年Ⅰ期と1982年Ⅱ期～1990年Ⅲ期)

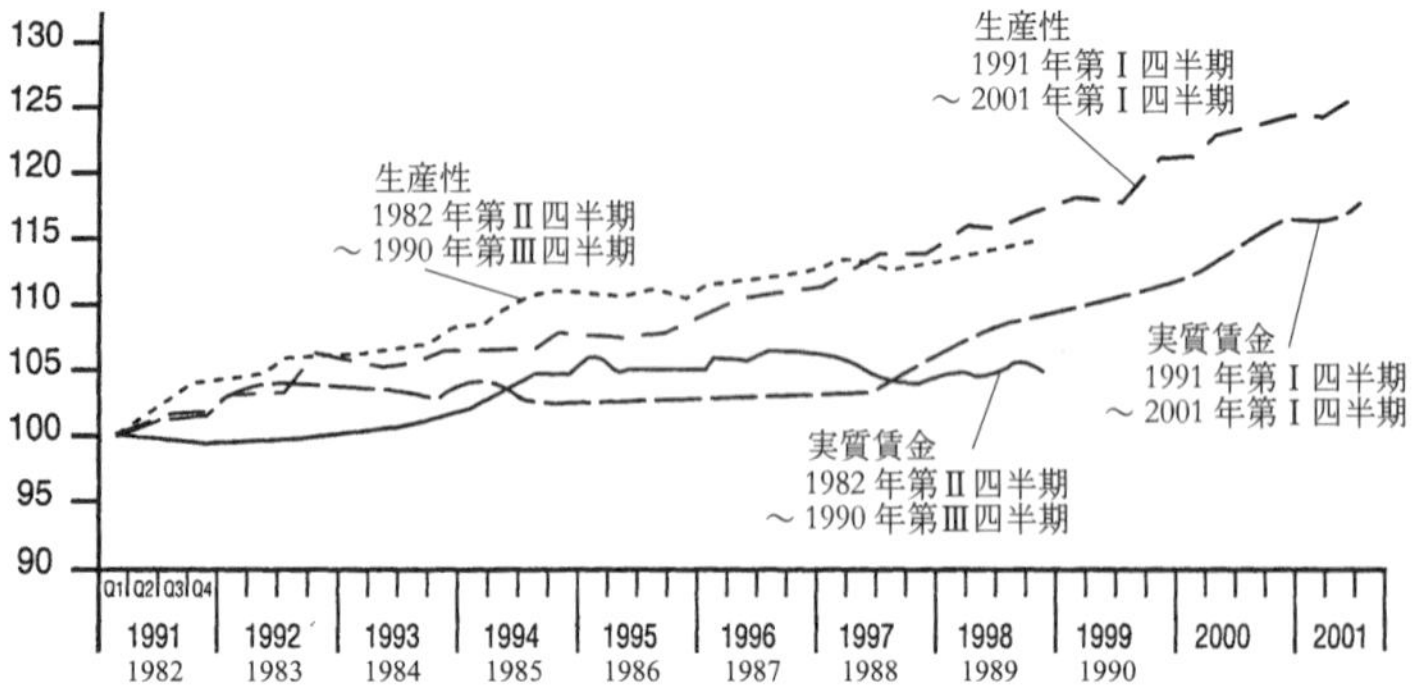

出所: Le ministère américain de Commerce, 2002より計算。
訳注: 2つの時期の景気循環を同一の時間座標に置いて比較している。

ができる（グラフ3）。

長期的趨勢としての情報化

コンピューターのハードウェアやソフトウェアへの投資による企業の情報化は、一九六〇年代初めから始まっている。そして、情報化が加速されたのは、最初は一九七〇年代後半であり、ついで一九八九年以降であった。すなわち、ソフトウェアへの投資が、ハードウェアの購入に取って代わりつつあった。このような流れを考慮に入れると、情報のデジタル化という最近の現象は、長期的な動きの中に位置づけられることを示唆しうる。フォーディズム期のスローン的大企業〔ゼネラルモーターズ（GM）社の社長、アルフレッド・スローンが、一九二〇年代中頃から四〇年代中頃に創出、実施したマネジメント法——全体的統制を備えた分権的経営——を採用した大企業〕は、公的企業と同様に、資金調達、生産、ならび

グラフ3　情報通信技術の専門的利用

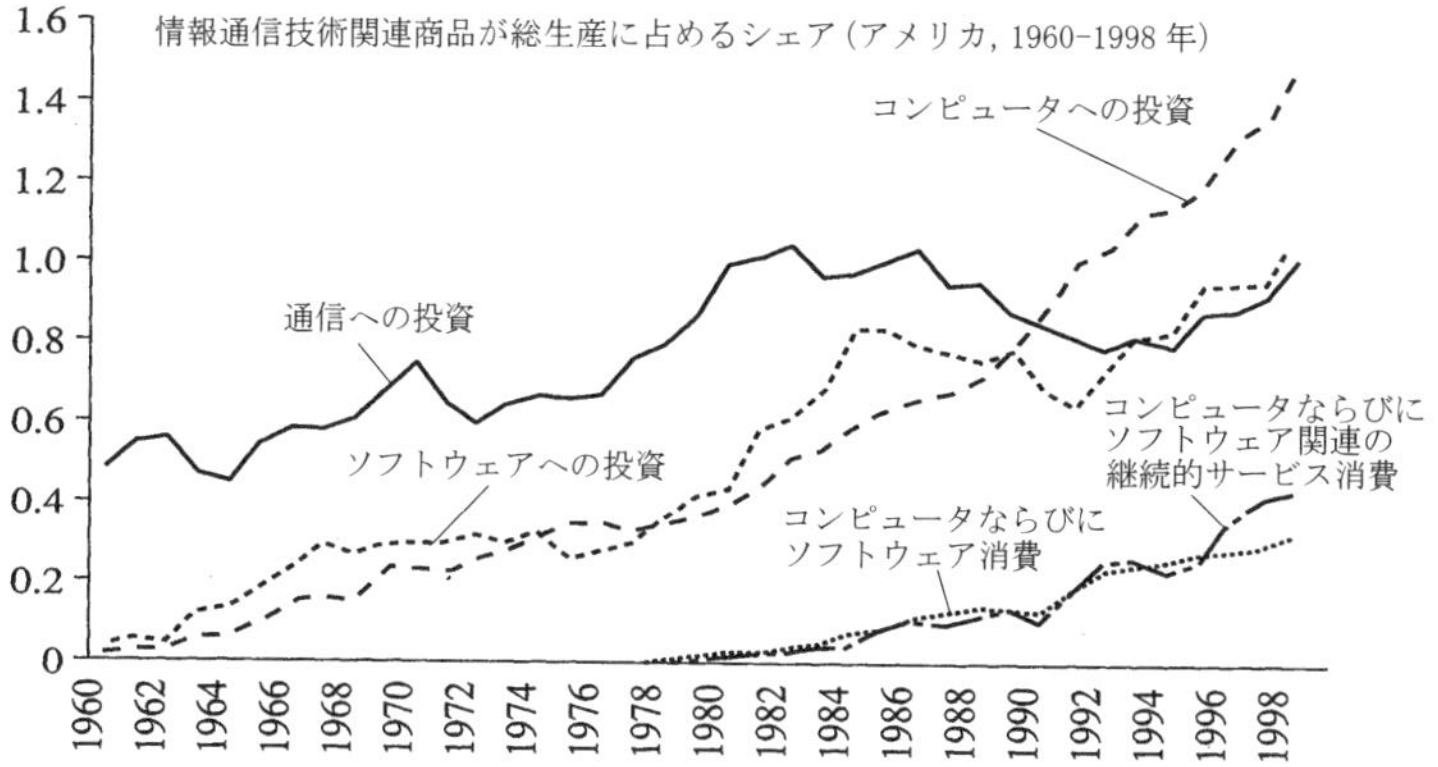

出所：Jorgenson, Stiroh, 2000, p. 137

に増加し、多様化していく大量の財や製品の販売を調整しようとして、情報と決定の回路の複雑さの問題にしばしば突き当たった（Boyer et Freyssenet, 2000a）。

マイクロコンピューターは、このような決定回路を、再編成するために時宜を得て登場した。この決定回路自身、それを行いうる水準の情報処理の上に構成されていた。一九八〇―九〇年代は、前世紀の終わりに、機械投資が建物の生産的利用による資本形成に取って代わった事態と同等の意義を有している（Duménil et Lévy, 2000）。一九六〇年代以来、製造業における設備投資効率は、生産のコンピューター化によって最適化された。一九九〇年代の斬新さは、企業内経営に関わるデータのデジタル化を体系化したこと、さらに、価値実現連鎖における相互連関を標準化したことに求められる。こうした変化は、製造業の活動だけでなく、サービス業の活動の多くにも影響を及ぼすことになった。確かに情報通信技術は、多くの学問分野での研究活動はもちろんのこと、金融、旅行、市場調査に関連するサービス産業にとって根本的かつ決定的な技術である。

消費財ではなく生産財としての情報通信技術

ここで、次の二点を補足しておくべきであろう。まず第一に、規模の経済が大きく作用する通信設備財生産において生産性が大幅に上昇することによって、これら通信設備の数量は大幅に増大したにもかかわらず、それが総生産価値に占める割合は安定化したことである。マクロ経済的に、この現象は、経済の他の領域に対するこの部門の連鎖的なパワーを左右する。

つぎに、フォーディズム的な産業状況とは反対に、消費者による情報財の購買は、一九八〇年代初めに始まったばかりである最近の事象であり、総生産のごく一部を占めるに過ぎない。したがって、情報通信技術が、少なくとも最近二〇年間に関するかぎり、生活様式よりも生産ノルムに大きな影響を及ぼしたという仮説が、よりいっそう裏付けられる。このように、情報通信技術の過剰生産傾向は、技術パラダイムがデフレ的な側面をもたらすこととして現れ、この技術パラダイムのデフレ的な側面自体、中央銀行による強力な反インフレ政策のなかに位置づけられる。これは、輸送手段、家庭の設備財、住宅の大量生産と結びついていたフォーディズム的な技術パラダイムとは異なる斬新さを示している。経済成長が周期的に生産能力不足に陥っていたのは、フォード主義的な耐久消費財への強力な需要がつねに存在したからである。だが、これは、一九九〇年代のレギュラシオン様式ではない。フォーディズム期とは異なる斬新さの第二点は、情報通信技術の関連産業全体が高度に国際化していることに求められる。それまで国内的な枠内で完結していた生産と需要がこうして分断されることによって、経済成長のしくみそのものが変化し、国内空間で形成されるはずだった制度化された妥協の形態をも変化させる (Boyer et Souyri, 2001)。

このような生産パラダイムの変容は、アメリカの特殊性の一面を浮き彫りにする。すなわち、アメリカは、情報通信技術を最初に使用した国であり、また最初に生産した国である。このことは多くのアナリストによって、ヨーロッパが出遅れた要因の一つに数えられている。ヨーロッパでは、雇用に関して情報通信技術生産という新部門創出のプラス効果が現れないのは、財の大部分がアメリカやアジアから輸入されているからである。それに引き換え、情報通信財の普及によるマイナス効果は、そのユーザーたるすべての部門において労働の資本代替という形で感じられることになる (Cohen et Debonneuil, 2000)。

軍縮と情報通信技術の民生利用

情報通信技術は、はたしてイノベーションをめぐる企業の分権的戦略だけに起因して生まれたものなのだろうか。必ずしもそうではない。マイクロエレクトロニクスやウェブの歴史を見ればわかるように、情報通信技術の現在のような普及を可能にした研究に関する資金調達に、公的権力が大きく関わっていたことは明らかである。カリフォルニア州は、国防省経由の公的契約によって資金調達された研究と伝統的に密接な関連を有していた。一九九〇年代を通じて行われた防衛費の削減は、それまでの景気循環には見られない新たな現象であった（Zarnowitz, 2000, graphique 11a)。この変化は二重の影響を及ぼす。

民生利用への方向転換

軍事予算削減という変化は、まず、軍需部門に蓄積された技術力の活用に対して、制約を課すことになる。すなわち、この部門の企業が、かつての大規模な軍事プログラムによってもたらされたイノベーションの民生利用を模索したり、あるいは防衛関連企業に勤務していた専門家が退社して、民間市場に企業を設立するか、あるいは民間市場の企業に参加するようになる。そして日本をはじめとする主要なアジア諸国の躍進によって、反トラスト法の障害が除去され、集合的投資（情報ハイウェイ）への公的融資が実現した。さらに、新市場におけるアメリカ企業のポジションを有利にすべく、研究開発のための努力が共有されたのだった。参考までに、軍事に関わる研究についてこうした連携プログラムを持たなかったヨーロッパは、エレクトロニクス部門の出現に寄与したプログラム——それらは長期間にわたり失敗の連続だったが——を数多く手がけたにもかかわらず、アメリカのような結果には至らなかった（Amable et Boyer, 1993）。

均衡財政復活への貢献

こうした防衛予算の相対的な減少は、同時に、公共支出の増大、そして間接的に財政均衡の復活を助長した。そして、財政均衡は一九九三年に実現された（Zarnowitz, 2000, graphique 11b）。この点について、「クラウディングアウトの理論」を展開できるであろう。この理論は、伝統的に貯蓄と投資の均衡を重視しこの均衡の問題をイノベーションシステムそれ自体において捉える。つまり、財政赤字が減少すると、資金調達コストの低下を通じて、民間企業の借り入れが促進される。実際、大規模な軍事プログラムは、過去において、イノベーションの方向性や強度を多少ともゆがめたのであって、その結果、民生部門への応用と国際市場における企業の競争力は削がれた。これは、一部の専門家が一九八〇年代における日本やドイツのパフォーマンスから導き出した結論である。すなわち、財政支出と研究開発が民生部門への応用に向けて同時に見直されたことは、マクロ経済理論によって検討される短中期的な効果だけでなく、長期的にイノベーションシステムの見直しに影響を及ぼすことになる。後者の長期的な現象を分析することは容易ではないが、アメリカの成長体制を分析する場合、一定の重要性を有している（Amable et al., 1997; Amable,

2002)。

経済政策の新設計

多くのマクロ経済学者が、経済政策の新しい設計のしかたを称賛している（Blanchard et Fitoussi, 1997; Muet, 1995）。かれらによれば、一九九〇年代前半に見られたアメリカのダイナミズムとヨーロッパの不安定という対照性は、経済政策構想における根本的な対立に起因するところが大きい。

財政赤字削減とインフレ抑制的金融政策

アメリカでは、経済政策の立案者たちが一致して、中期的な財政赤字の削減戦略を採用した。その結果、長期実質利子率の変化の見通しが明らかになり、民間部門に対して投資のためのシグナルが与えられていた。他方、金融政策の目標は、インフレを抑制しつつマクロ経済のパフォーマンスを最大化することにあった。そして、景気が後退していれば、景気刺激策が取られた。その際、最も重要な手段となったのは、短期利子率の予防的な変動であって、その目的は、インフレ期待が形成されるのを避けることにあった。したがって、投資、さらに言えば研究開発は、将来予測、実質利子率の緩和、需要の増大に非常に敏感となるので、マクロ経済学者としては、一九九五年以降確認されたダイナミズムもまた、通貨政策と財政政策の運用に起因するとの仮説を正当に主張できると考えられた。

確かに、こうした政策の組み合わせによって、すなわちポリシー・ミックスによって、拡大局面の早期の中断や、ストップ・アンド・ゴー政策〔景気拡張姿勢と景気抑制姿勢を交互に繰り返す政策〕の繰り返しを回避することができた。一九九三年以後の豊富な流動性は、投資や消費の拡大にプラスの影響を与えなかったわけではない（Zarnowitz, 2000, graphique 9b）。したがって、一九九〇年代、アメリカで拡大局面が長期にわたって持続したことは、情報技術中心型生産パラダイムの確立に有利に作用した。

ヨーロッパとの対照性

同じ頃、ヨーロッパの経済政策は、インフレ対策の持続と単一通貨制度に加盟するための国民ごとの収斂戦略によって特徴づけられていた。しかも、財政赤字の削減過程は、ことのほか厳しいことが判明しつつあった。その理由の一つは、ドイツの再統一が財政赤字を深刻なものにし、ドイツ・マルク圏諸国の実質利子率を上昇させたことにある。ユーロの実現を長期的に覆っていた不安定性は、将来への挑戦には有利に作用しなかった。研究開発予算をめぐるアメリカとヨーロッパの大きな格差（Soete, 2001a）は、部分的にこうしたマクロ経済運営の帰結である。かくして悪循環は解消されなかった。それが断ち切られたのは、ユーロの採択と結びついた明るい将来展望がまさしく現実のものとなった一九九〇年代末においてであった。

このように、経済政策とイノベーションの関係は、アメリカの成長体制を評価するにあたって重要である。この点に関して、事実、アメリカ、ヨーロッパ、そして日本の間には、明確な相違が存在する。それゆえ、アメリカの経済政策は、生産性回復のために役立ったとみなすことができる。

金融イノベーションの多面性

もう一つの構造的な変容が、情報通信技術の開花のための、あるいはもっと一般的に知識経済への移行のための必要条件としてしばしば紹介されている。すなわち、金融イノベーションによって、情報のデジタル化の普及を目指す潜在力開拓に関連するハイリスクな活動が可能になった。伝統的な金融システムは、とりわけそれが銀行によって支配されている場合、このタイプの根本的なイノベーションをほとんど助長しない（Amable, Barré et Boyer, 1997）。反対に、資本市場は、特にベンチャー・キャピタルや新市場に関する最近のイノベーションのおかげで、情報通信技術生産の象徴的企業、すなわち新興企業の出現に有利な影響を与えることになる（Amable, Breton et

Ragot, 2001)。

資本市場の深化と流動性

実際、新たな部門が登場するには、二つの条件の結合が前提となる。まず、それら新部門が必要とする専門家を引き寄せうること(アメリカ労働市場の外的な調整によってそれは可能になる)。つぎに、それら新部門が、基礎的投資やイノベーションの初期段階においてしばしば発生する損失のために必要となる資本を集められること。このように、組織の質、アメリカ資本市場の深化と流動性、金融当局の監視は欠くことのできない要件であり、一部の分析者にとって、これらの条件は、アメリカで新技術が享受する競争上の有利な核心を意味する。実際、次のようにまったく不思議な相関関係が存在する。一九八〇—九八年の工業株価のダウ指数は、情報技術への投資増大と緊密にリンクしている(**グラフ4**)。反対に日本では、日経平均株価が情報通信技術への投資に追随していない。一九八〇年代に始まった金融バブル崩壊の影響はその後一〇年間のうちには完全に克服できなかった。そのため、企業のイノベーション努力が存在したにもかかわらず、その実現は阻止された(Boyer, 1999)。

グラフ4　情報通信技術の普及と株式市場の推移

（アメリカと日本の対照性）

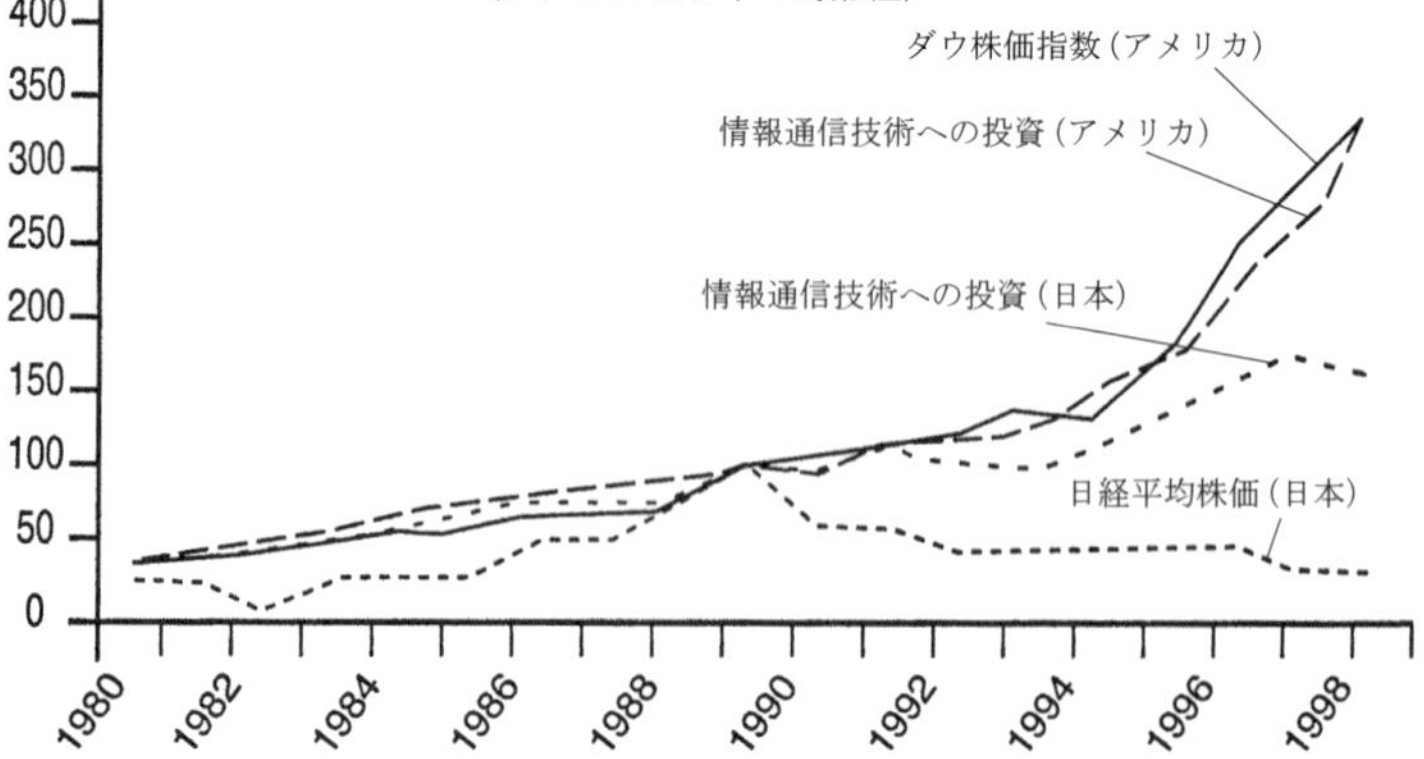

出所：«Délégation européenne au Japon», 2000 より計算。

新技術への過度な期待にもとづく投機

以上のことと並行して、情報通信技術が切り開いた新しい展望によって、投機の動きが生じた。このような投機は、たとえば鉄道ブームのように情報通信技術と同じようなイノベーションが生じた歴史的時期に特有のものであった。理論的にバブルの存在を確実に診断することは不可能であるが、金融の専門家（Shiller, 2000）や、インターネットあるいは情報通信技術の専門家（Perkins et Perkins, 1999）は、バブルの存在を確実視していた。なるほど確かにマージン率は以前に比べて非常に高い水準に達し、一九九〇年代の拡大局面が続いているにもかかわらず、高いマージン率が維持された（Zarnowitz, 2000）。こうした例外的な変化は、中長期的に続くと予想され、利益増大の楽観的見通しを招き、その結果、配当対株価比率はかつてないほど上昇した（**グラフ5**）。

グラフ5　1996-2000 年の金融バブル

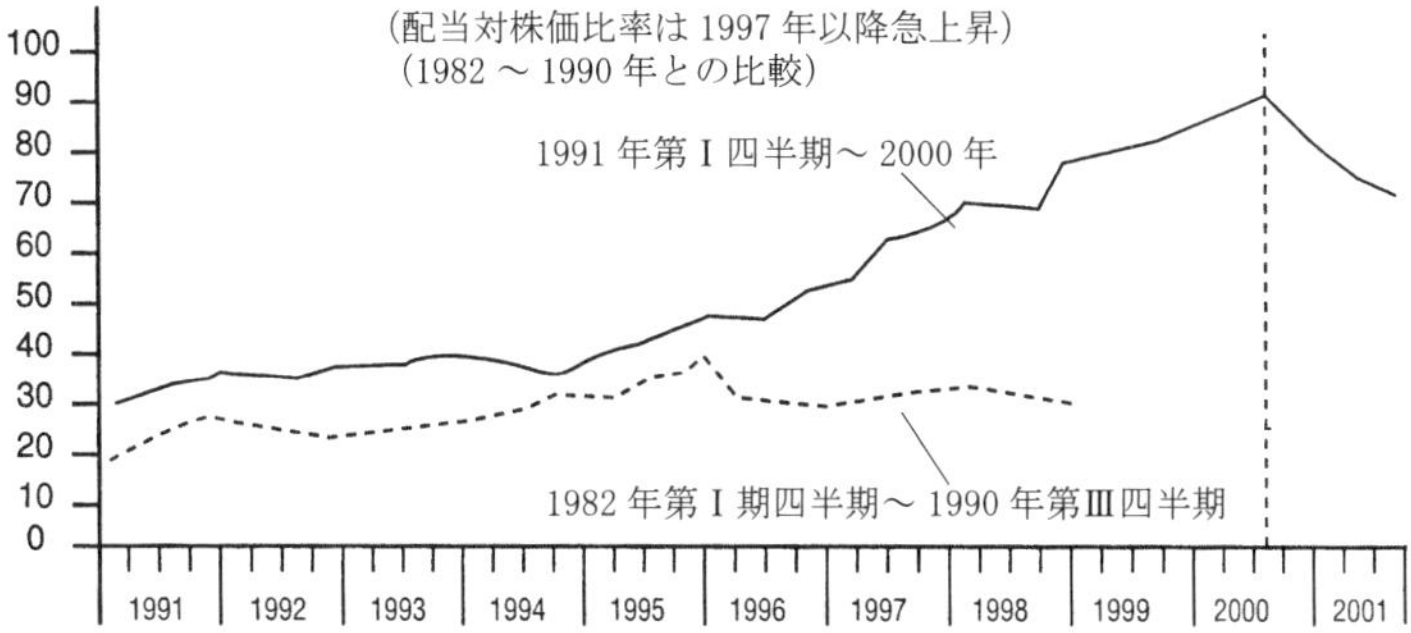

出所：CDC, 2000 より計算。

二〇〇〇年三月のナスダック市場上場株の急下落以来、資本市場が投機バブルを支えていたことが徐々に認識されてきた。投機バブルは、一九九七年、金融政策の責任者達によって不合理な繁栄であると非難されていた。以前と全く同様、投機の沈静によって多少とも景気は後退するにしても、だからと言って、新技術の普及によってアメリカ経済の生産構造が変容しなかったわけではない（DeLong et Summers, 2001）。マクロ経済上認識しうる変容の事実が依然として論争の的になっているにしても（本書第三章）、アメリカの成長体制が一九六〇―七〇年代の成長体制に収斂しつつあるということはありえない（Boyer et Juillard, 1992）。全要素生産性は大きく低下する可能性が高いのである。

国際化とアメリカ国内経済の連動

最後に指摘されるべき構造的な変容によって、アメリカ的な専門化とアメリカの金融システムのもつメリットが情報通信技術への国際的な需要の高まりと結合されている。次のような、二つの主要な変容が生じた。

家計貯蓄率低下を相殺する資本流入

アメリカの成長体制の構造について、最も新しく、かつ重要な特徴が大きな意味を持った時期は一九九〇年代後半であった。それは、アメリカの成長体制が広く国際経済に開かれているという事実である。さらに加えて、貯蓄、投資均衡の条件次第で、世界規模での金融仲介におけるアメリカの例外的な地位が根本的に決まってくる。さらに、一九九〇年代を通して、おそらく株取引の過熱と関連している資産効果（Duval, 2000）のために、家計貯蓄率は低下し続けた。民間部門の貯蓄率の低水準での安定性に関わるこうした動きは、ヨーロッパやアジアから流出した貯蓄によって埋め合わされた。ヨーロッパが示していた穏やかな成長の見通しとアジア危機の帰結が、アメリカこそがニュー・エコノミーの舞台であるという広く抱かれた信念とまったく同様に、一九九五—九九年にアメリカへの強力な直接投資をもたらし、その結果、アメリカの貿易赤字が深刻化したのだった（Zarnowits, 2000, graphique 15)。

アメリカの情報通信技術支配

いわゆる中小国と称される多くの国々にとって、たとえばアルゼンチンがそうであるように、国際化は国家的戦略を選択する際の制約、それも往々にして大きな制約となる。その反対に、ヘゲモニー国としての恩恵を享受しているのが、アメリカである。情報通信技術生産の発展そのものが、アメリカ市場のダイナミズムと高度化に見合ったものであるだけでなく、当該製品の輸出、すなわちこうした情報通信技術力を装備する力を持ち合わせていないすべての国々への情報通信技術製品の輸出にも見合っている。ここで指摘しうるのは、情報通信技術の普及と国際化の深まりの関連である。すなわち、成長体制に関する理論的分析は、閉鎖経済という条件のもとで便宜的に議論するのに対して、現実には諸国の広い開放性と相互依存が、新しい情報財の需給均衡の進展に重要な役割を果たしている（Council of Economic Advisors, 2001)。このことは、ヨーロッパや日本に比べ、アメリカにとって有利な金融介入についてもいえる。つまり、ドルならびにアメリカの証券取引所の国際的な役割は、アメリカの情報通信技術生産部門のダイナミズムに影響を及ぼさなかったわけではない。

アメリカの制度設計を輸入すべきとする改革論

このように、アメリカ経済の歴史が示しているのは、きわめて特殊な制度諸形態の構図である。すべての制度諸形態は重要な変容を遂げている。それら制度諸形態が全体的に見直された結果、一九九一―二〇〇〇年の持続的な成長回復が実現したのだった。したがって、ニュー・エコノミーの数多くの観察者は、市場の論理によって大きく支配されたアメリカの制度的枠組みこそが、ハイテク主導型成長体制の必要十分条件であった、と結論づけた。実際、アメリカ経済は、インターネット・バブルがはじけた後でさえ、依然としてあらゆる分析にとって必須の参照基準でありつづけている (Castelles, 2001, Cohen et Debonneuil, 2000, Commission of the European Communities, 2001)。このような数多くの論稿を要約すれば、以下のような三段論法になる。

① ヨーロッパおよび日本を凌駕するアメリカのマクロ経済パフォーマンスは、情報通信技術主導型成長体制の産物である。

② アメリカの成長体制は、必要不可欠条件として、一連の独自な制度諸形態を有している。製品市場および労働市場の規制緩和によって、企業は、新たな技術的発展への適応を実現するはずである。ベンチャー・キャピタルならびに新たな金融商品の発展は、オールド・エコノミーから

ニュー・エコノミーに資本を移転させるという役割を担っている。財政支出の引き締め政策、インフレ抑制的な金融政策によって重視されるのは、通貨安定のもとで、民間企業のイノベーションへのインセンティブを維持することである。最後に、ＷＴＯ（世界貿易機関）やＩＭＦ（国際通貨基金）が中枢をなす国際システムは、生産物の交易だけでなく、資本収支の安定性の実現を究極の目的としている。というのも、この国際システムはグローバル化しているわけではないにしても、当初から国際化されているからである。

③　したがって、遅れをとった諸国はすべて、アメリカと同じ制度配置へと向かう構造改革に取り組むべきである。もちろん、場合によっては地域の状況や諸国の伝統に即した適応はいくらか可能である。

まとめ

情報通信技術主導型成長体制なるものは、結局、一九九〇年代末のアメリカに出現したのだろうか。本章で取り上げた諸分析によれば、二〇〇〇年初めにまだ支配的であった楽観主義を相対化することができる。

まず、そうした見通しは、危機からの脱出に関する将来展望の長きにわたる変遷のなかに位置づけられるべきである。これらの将来展望は、ある単純な原則の上に成り立っていて、その原則を確実に適用すれば、力強い安定的な成長の回復が保証されるというわけである。一九七五年から現在まで数多くのヴィジョンが登場してきたが、それらはいずれも期待されたような模範的な形では受け入れられなかった。実際には、それぞれのヴィジョンは、個別現象を理論化し、敷衍したのであって、個別現象と経済活動や金融活動以外の領域との相互依存性は考慮されることがなかった。

つぎに、そしてとりわけ、アメリカのフォーディズムの成長体制を支えた制度諸形態のほぼ全体が、変容し、ある場合には根底から変化してしまった。したがって、まず何よりも分析せねばならないのは、これら制度諸形態の接合関係であると同時に、持続可能な成長体制を実現するのに必要な制度諸形態の相互補完性と適応性である。

最後に、日本やヨーロッパで一九九〇年代を通じて累積された不均衡を乗り越えるための必要かつ十分な制度とは何か、という問題に答えるには、アメリカのケースを検討するだけでは不十分である。そのためには、イノベーション、生産性、成長、そして雇用、これらの好循環を再生しうる原理を一般的に定義することが重要である。

5

ニュー・エコノミーの国際比較

――米国モデルは唯一のモデルではない――

はじめに

一般的に言って、経済成長の好循環に参入するための経済的・制度的決定要因をいかに説明すべきだろうか。さしあたり、三つの方法を取り上げることができる。第一の方法は、アメリカの例から出発しつつ、産業部門別分析――個別データであればいっそうよい――を行うことにある。ここで確認しておくべきことは、情報通信技術の活用が企業組織の再編成と関連している場合でも、情報通信技術の利用が果たす役割は、きわめて差別的である、ということである（Askénazy, 2002; 本書第三、四章）。第二の方法は、ミクロ経済学に依拠した理論モデルを構築することにある。その理論モデルにもとづいて、ある特殊な二つの制度の結合が、企業の側に、制度の相互補完性すなわち、すぐれたパフォーマンスを示すような組織的選択を引き起こすか否かが検討される(Amable, Ernst et Palombarini, 2000a, 2000b)。そのようなアプローチは、専門的であって、しかも現在のところ研究途上の段階にあるので、本書では取り上げられない。

それに対して、ここではもっとも単純にして明快な方法が取り上げられる。以下の三つの問いを順番に検討することによって体系的な国際比較を行うという方法である。まず第一に、アメリカが一九九〇年代後半に成長の好循環に入りえた唯一の国であるというのは正しいだろうか。第二に、情報財の利用と生産の程度は、成長体制に参入するための絶対不可欠の条件であろうか。第三に、アメリカ以外の諸国がアメリカと同様の特徴を有する場合、これらの諸国はアメリカと同じような制度と組織形態を有するのだろうか、それとも、それらの制度と組織形態は、アメリカと根本的に異なるのだろうか。

国際比較

この第三の方法の妥当性を検証するには、ＯＥＣＤ各国がアメリカ的構図からどれほど隔たっているかを単に比較するのではなく、一九九〇年代のアメリカのマクロ経済パフォーマンスについて一般的な定義づけを行うことが重要である。

ＯＥＣＤの枠内で統計指標全体をまとめた研究がある（Scarpetta et al., 2000; Guellec, 2000; OECD, 2000b, 2001; Pilat, 2002）。その研究の結論によれば、登場しつつある成長体制の妥当な定義は、研究開発努力の強化と全体的な生産性の引き上げとの好循環の存在に立脚する。この全体的な生産性の引き上げは、それ自体潜在的成長を回復させるための土台である。それらの指標のなかで、全要素生産性の動きと研究開発費の伸びという二つの指標を取り上げることによって、興味深い構図を描くことができる（**グラフ6**）。

グラフ6　各国の研究開発と生産性との関係

（1980-1990 年から 1990-1998 年）

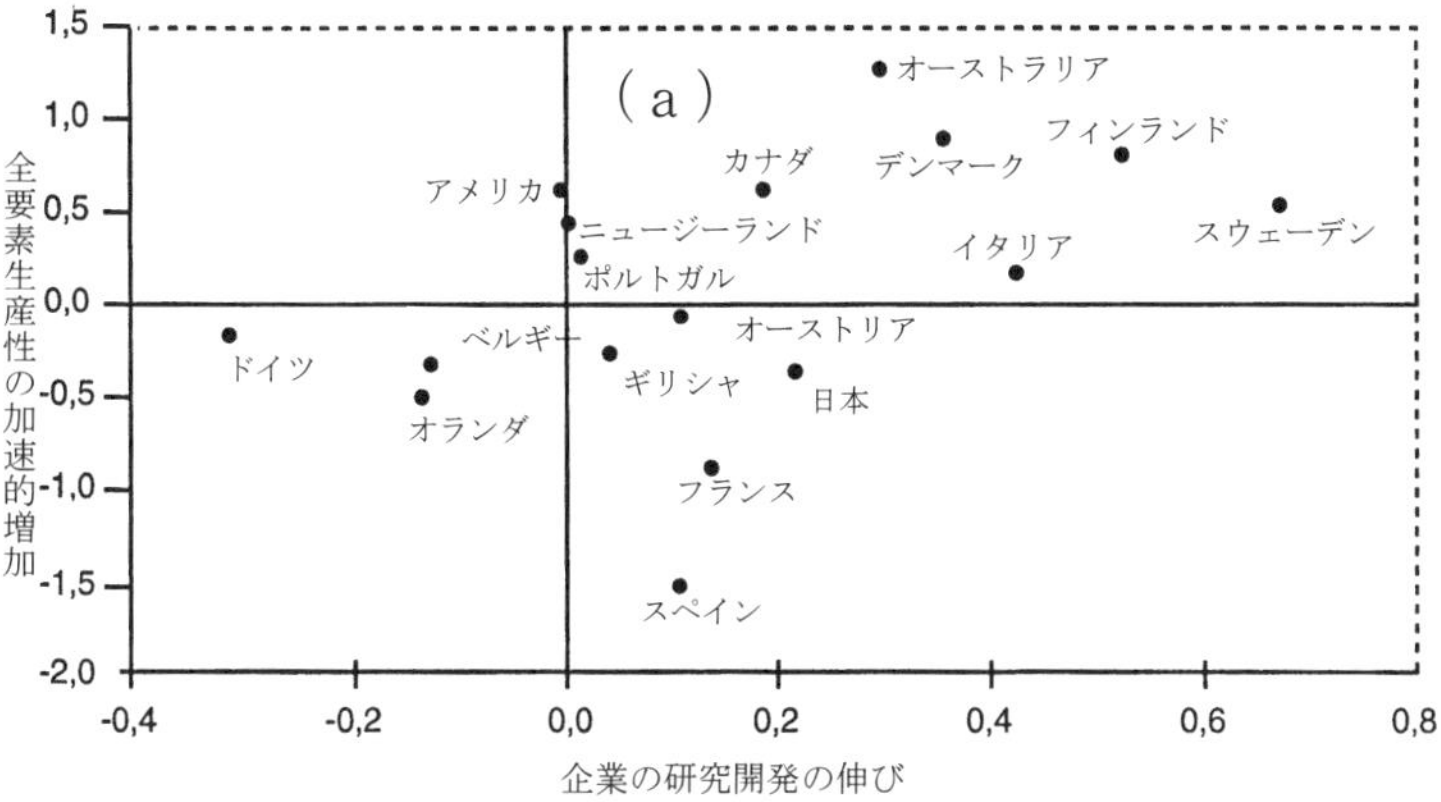

(a)　「成長の好循環」の実現可能域

出所：Bassanini, Scarpetta et Visco, 2000

北欧諸国のすぐれたパフォーマンス

新しい成長体制はアメリカ経済と結びついているので、**グラフ6**の第一象限の上限にアメリカが位置することが予想される。だが、意外なことに、北欧諸国（デンマーク、フィンランド、スウェーデン）、あるいはアングロサクソン諸国（オーストラリア、アイルランド、カナダ、ニュージーランド）全体、そして意外なことに、南欧の一国（ポルトガル）が、少なくともアメリカと同じパフォーマンスか、いくつかの国はアメリカのパフォーマンスをはるかに上回っている。確かに、スカンジナビア諸国、たとえばフィンランドは、知識経済と社会的連帯の維持をうまく両立させているように見えるのに対して、北アメリカでは、デジタル・ディバイドの社会不安を引き起こしかねない情報通信技術の影響下における社会的不平等の拡大をめぐって論争が起こっている。それゆえ次のような疑問が生じる。これらの多様な諸国ははたして同一の経済戦略を有していて、同一の制度的構図に従っているのだろうか。

成長を規定する諸要因の比較

この問題を明らかにするため、以前の私の研究（Boyer, 2001b）では、ＯＥＣＤ諸国について限定的な観察結果にもとづいて質的分析方法を適用することが試みられた。というのも、多様な代替的仮説の妥当性を十分に照合できるような網羅的ケース・スタディが存在しないからである。また、観察結果は、きちんとした計量経済分析を行うには、量的に不十分である。しかも、唯一のモデルがすべての国々を支配しているのではなく、われわれの目的は、複数の成長体制が共存しうる可能性を検出することにある。

ブール代数分析を用いた独自の、しかし単純な方法によって、諸変数の他の組み合わせを引き出すことができる。そして、諸変数をこのように組み合わせることによって、質的二項変数が限定された一定の結果を導くことができる。国際比較分析におけるこのアプローチのメリットは、歴史的かつ社会学的な研究において示されている（Ragin, 1987,1994）。

この方法を具体的に示そうとすれば、成長を規定する諸要因全体に対して、各国がいかに位置づけられるのかを示す表を作成せねばならない。一九六〇年代のフォーディズム的成長と同様に、諸国の平均以上に投資するだけで十分なのだろうか。あるいは、成長の遅れという単純な事実によって、成長の違いを説明するキャッチアップによる差異を生み出しているのだろうか。さらに、情報処理がきわめて重要になったので、情報通信技術の活用を制御すれば、OECD諸国の平均を上回る成長が保証されるのだろうか。

この方法を適用することによって、興味深い結果を引き出すことができる。本書第四章の末尾で述べたようなニュー・エコノミーに関する三段論法の大前提は、先のOECDのエコノミストによって収集された入手可能なデータと照らし合わせれば、正しいことがわかる。確かに、情報通信技術は一九九〇年代の成長体制を形成している。だが、アメリカだけが情報通信技術を開拓したのではなく、アメリカのパフォーマンスの優位は自明ではない。

制度的構図の多様性

この方法に従って、先の三段論法の第二命題を検証することができる。第二命題では、競争と金融の論理によって支配された制度構造と新しい経済成長体制が一対一の関係で結合されている。したがって、ニュー・エコノミーの制度的構図を理解するためには、きわめて特殊なアメリカ経済ではなく、社会民主主義的な小規模開放経済の方が分析の中心に据えるのに適している。もっともこれらの小規模開放経済の世界経済における重要性、国際関係における役割は、いずれもアメリカと同等ではないが。

知識経済の特徴づけ（OECD, 1999）と新しい成長体制の特性（Scarpetta et al., 2000）に関するOECDの研究プログラムによって、研究、イノベーション、教育、金融、そしてマクロ経済パフォーマンスの指標、つまり主要国のイノベーション・システムの多様な構成要素に関する統計データが集められている（Freeman, 1987; Nelson, 1993; Lundvall, 1992; Amable, Barré et Boyer, 1997; Amable, 2002）。先に述べた手順（一定のマクロ経済の結果を得るための制度的条件は何か）に従って、これらの要因を整理し、階層化することができる。

高成長の条件

一九九〇年以降、成長の加速化を記録した国々は、二つの異なる構図の中に位置づけることができる（Boyer, 2001b）。

社会民主主義モデル対シュンペーターモデル

まず、デンマークとオランダは、一般的にすぐれた教育水準、そしてライフサイクル全体にわたる職業訓練に対する全般的にきわめて高い努力によって特徴づけられる。これは、知識経済の社会民主主義的な平等主義的モデルに参入するための二条件である。この成長体制において、労働市場の規制緩和は必要条件として現れていない。知識と情報は区別すべきことをここで強調しておかねばならない。知識とは、個人や組織が過去における、とりわけ科学的な進歩にもとづいて分析して、そこから有用な、そして（あるいは）有益な財を引き出すことのできる能力に関わっている。これに対して、情報とは、デジタル化された変数の蓄積過程とその処理過程に関わっている。その場合、ソフトウェア、あるいはサイバネティックス〔生物・機械を含めた通信・制御に関わる統一的科学〕型の過程がしばしば活用される。確かに情報の経済は知識経済を促進しうるが、情報の経済が知識経済への到達を機械的に導くわけではない。

つぎに、オーストラリア、アイルランド、アメリカで確認できる構図は、労働市場の規制緩和と理科系の人材育成の強化が結びつけられる。これは、シュンペーター的モデルと言えるだろう。このモデルは、経済のダイナミクスにおいて根本的なイノベーションが果たす役割を強調していて、市場タイプの経済ダイナミズムにおいて、イノベーションに関する大きな進歩に応じて人材と資本を再配置する手続きを市場の論理に委ねているからである。

製品市場の規制緩和という共通点

一方でのオランダ、デンマーク、そして他方でのオーストラリア、アイルランド、アメリカという二つのグループには、製品市場の規制緩和という共通の特徴が存在する。この動きは、世界的レベル（WTO、OECD）でも、あるいはヨーロッパレベルでも、国際機関による努力目標の一環となっている。EUにおける単一市場の深化は、規制緩和によって競争力を強化しようという繰り返し実施された努力と結びついていた。その成果は、レギュラシオン理論に依拠する研究者が主張した仮説の有効性を承認している。その仮説によれば、一九八〇―一九九〇年代に出現した成長体制において競争形態が原動力としての役割を果たしたのだった（Petit, 1998）。ロナルド・レーガンに続いて共和党の大統領たちがアメリカで繰り広げた保守的政策の目指すシナリオを想起せざるをえない。国際比較によって、アメリカの最近の経済史における結論を確認することができる（**グラフ1**、本書一二二頁）。

必要条件でない労働市場の規制緩和

そして、保守的なプログラムの基礎となっている理論的論理にもとづいて、製品市場における競争の復活は労働市場の極端な規制緩和と強く結びつけられていた。企業が、競争の激化あるいは情報技術の潜在力ならびにその制約のために再編成される必要がある場合、労働者の企業間移動がいっそう強まるというのは、きわめて示唆的ではないだろうか。

ブール代数分析のメリットは、労働の規制緩和が成長のための必要条件ではないことを示している点にある。このような否定的な結果は、国際機関の分析が、労働に関する規則や慣習といった制約の軽減と関連すると言われることの多い外的柔軟性を重視していることによって説明できる。だが、イノベーションの効果による雇用の再編成は、絶頂期の日本経済のように、大企業内での内的流動性によって行うこともできれば、公的機関の多様な介入によって行うこともできる。スカンジナビアやフィンランドのような小規模開放経済では、公的機関による介入が、労働者の再技能形成を含んでいることがある。

したがって、情報通信技術によって開かれた展望に見合って労働の流動性を組織化する方法は、複数存在することになる。成長を助長するこうした複数の構図が存在する以上、一九九〇年代のマクロ経済パフォーマンスを支えていた制度をいっそう体系的に分析する必要がある。

アメリカ的構図は模範か特殊か

一九九〇年代のアメリカ経済を唯一の参照基準として取り上げねばならないとすれば、高成長の出現は、次のような構造的特性の結合を前提とすることになる。まず、大量のベンチャー・キャピタル、ならびに新技術を適用した企業の株式価値を決定しうるような新しい資本市場の創設、これら二つが、情報通信技術によってもたらされる根本的なイノベーションのための資金調達に必要とされる。続いて、製品市場の規制緩和による競争促進、ならびに労働の流動性と人件費に関わる制約の緩和が、需要と生産要素をオールド・エコノミーからニュー・エコノミーへと配置換えするための条件となる。

労働の抽象化が情報通信技術によって強化されるかぎり、初等教育の質と生涯教育の程度は、知識経済発展のための必要条件である。一部のアナリストによれば、新しい成長体制では根源的なイノベーションが重要となるのに対して、大量生産の成長体制においてはそうではない。大量生産の時代には、とくに漸進的なイノベーションが重要であって、実際、それらは品質や製品の差別化について、要するに、付加価値的なものであった。が、いまや、研究システムの質、そして研究システムと企業の関係の強さが重要となり、そこでは、もはや伝統的な財の生産において企業内に蓄積された能力だけでは不十分となる。

これらすべての点にわたってアメリカ経済は最善の道を示しているように見えるのであって、ニュー・エコノミーに関する大量の研究は暗示的に、あるいは明示的に次のような方程式を仮定している。

ニュー・エコノミー＝
ベンチャー・キャピタル＋新市場＋規制緩和＋労働の柔軟性＋最新かつ高水準の教育制度＋
高水準の研究システム＋研究システムと企業の関係強化＋起業家精神を促進する組織

これらの多様な構成要素を質的変数によって特徴づけることによって、またブール分析の方法を適用することによって、とくに情報通信技術関連の新技術を諸国が利用できるような制度的構図の単一性に関する仮説が否定されることは、おそらくきわめて意外な結論である。というのもこうした仮説は世に広く受け入れられているからである。

制度的構図の多様性とハイブリッド化

一九九〇年以降、全要素生産性の加速的上昇、そしてＧＤＰに比例して企業が研究開発を増大させた効果、生産性指標が平均以上に伸びている諸国に共通するような特徴は何であろうか。七つの諸国がこのグループに該当するが、アメリカ経済が象徴するような唯一の構図に従っているのではない。

知識の社会化に立脚する社会民主主義諸国

社会民主主義諸国の構図は、一般的な教育水準の高さ、職業教育の充実、コンピューターの導入による最新の教育方法、さらにはアカデミックなシステムや研究センターと企業との間の緊密な協力関係、これらの諸要因に依拠している。平均すれば、所得のうち大部分は、教育やソフトウェア、およびその他の知識伝達媒体に当てられている。ある意味で、この構図は、ニュー・エコノミーに付与された特徴に合致している。なぜなら、知識の広範な社会化が公共投資によって組織化されているからである。リナックス〔OSの一種〕は、こうした知識経済の先駆的な産物でありうる。したがって、市場は、支配的な調整形態ではなく、むしろ国民的土台で制度化される協力そのものが根本的に重要であることがわかる。社会民主主義体制にしたがう北欧三カ国が、このグループに入ることになる。

知識の私有化に立脚するアングロサクソン諸国

これらの諸国とは対照的に、規制緩和の経済は、知識の進歩の私有化を目指している。特許や知的所有権の保護は、確かに、最高の学歴と才能を持つ者がイノベーションによる利益の大部分を保持するための手段である。きわめて流動的な労働市場が、各労働者の能力、企業の需要、そして経済情勢全般を考慮して、定期的に、労働者の報酬を評価する役割を果たす。労働市場によるこのような取り込みは、製品市場における競争が、情報財の価格を著しく下落させる傾向にあるという事実によって緩和される。したがって、消費者は、シュンペーター・パラダイムに特有の創造的破壊の過程において雇用から排除されないかぎり、イノベーションの進展の恩恵を享受することになる。

フォーディズムを飛び越すポルトガル

新技術による第三の加速的なキャッチアップモデルも制度的構図として可能であって、この構図に従って、大量生産のフォーディズムモデルにおいて当初遅れをとったにもかかわらず、あるいはそうした遅れのおかげで、好循環を強めることのできる国が存在する（ポルトガル）。経済成長の遅れ自体が、急速なキャッチアップをもたらすのではない。私的、公的双方の経済主体が、新しいパラダイムへの参入に必要な組織や制度を作り上げるために、自らの戦略を相互調整する手段を持っていることが重要である（Rodrigues, 2001）。この構図は、経済史の教訓と合致している。その結果、ロストウ（Rostow, 1965）の有名な発展段階論は否定される。そして、ガーシェンクロン（Gerschenkron, 1962）の提示したキャッチアップモデルを採用することができる。さらにはテクノロジーとイノベーションの社会的吸収能力を発展の原動力とする見解（Abramowitz, 1986）を採用することができる。要するに、大規模な雇用保護は、この成長体制の参入の妨げとはならない。これは、市場メカニズムを信頼する諸国に典型的な第二の構図とは対照的である。ブール計算にもとづく質的分析に従って、このアプローチの利点を考えてみる。このアプローチは、構図が多数存在する可能性を否定せず、かつ、進行中のメカニズムの単一性を仮定する計量経済モデルの確立をただちに招くものではない。データ分析によって、構図の複数性を裏付けることができる。伝統的な計量経済学が成長体制の単一性を仮定するのであれば、ミスが生じる危険性は高い。たとえば、同一の影響が、ある構図では不利に作用し、別の構図では有利に作用することがある。そうであっても、応用計量経済学の伝統的な表現によれば、「異常な」結果ではない。より広範な研究は、仮説や用いられた手法の変化と比較してこれらの構図が安定していることを検証している（Boyer, 2001b）。

標準モデルの普及ではなく、ハイブリッド化

このような構図の複数性の仮説は、最良の構築物からのたんなるズレとして構図を分析するような支配的な見方を否定する。こうした見方は、各領域（イノベーション、信用、労働、教育）における最も効率的な制度と実践を組み合わせることによって獲得されるものなのであるが、むしろ、対照的な複数の構造が共存しうる理由を説明してくれるのは、制度の相互補完性の概念なのである（Amable, Ernst et Palombarini, 2000a; 2000b; Amable, 2002）。さまざまな考えと実践が、国

から国へと流布している（Kogut, 2000）が、そっくりそのままの形での普及はむしろ例外である。通常、それは、ハイブリッド化の過程、すなわちローカルなシステムの制約や都合に対して制度と組織が順応する過程なのである（Boyer, Charron, Jürgens et Tolliday, 1998）。

こうした過程は、独自の構図に行き着くのであって、この構図は、模倣しようとした構図とも異なるし、ハイブリッド化以前に支配的であった元の構図とも区別される。このように、国際化は、いくつかの構図を消滅もしくは崩壊させるがゆえに、収斂が生じたかのような印象を与えると同時に、地域的な特殊性とハイブリッド化の深化によって、多様な構図を生み出すのである（Berger et Dore, 1996; Boyer et Souyri, 2001）。マクロ経済学的な見地から得られたこうした結果と同じことが、ミクロ経済学の企業組織論でも、最近、議論されている。確かに、二つの制度形態が相互補完的でありうるという見解は、経営手続きに応用されたスーパー・モジュラリティ理論の延長上に位置づけることができる。すなわち、複数の経営手続き（たとえば、カンバン方式〔ジャスト・イン・タイム生産システム〕とＴＱＣ〔トータル・クオリティ・コントロール、全社的品質管理〕の組み合わせ）の相乗効果によって、単一の手続き以上のパフォーマンスをあげることができる（Milgrom et Roberts, 1990; 1992）。

この分析枠組みは重要な意味を持っている。われわれは、一方における企業レベルでの組織モデルと他方における経済全体にわたる制度を分離して、それぞれ最適なものを選択して進んでゆくことはできない。現在の均衡の範囲内で、パフォーマンスは確かに悪化しているが、それも補完性が新しい均衡の近傍でしか作用しないからである。それゆえ、一連の制度の変容を同時にしかも急速に試みねばならない。だが、それは、戦争や大危機による破壊の後といった例外的な状況を除いて可能ではない。

情報通信技術の利用と生産

アメリカの例は、マイクロプロセッサー、サーバー、コミュニケーション・ソフトの生産に特化することによって、収益が増大したこと、さらに、そのことが全要素生産性を顕著に上昇させたことを示している（Gordon, 2000a; 2000b; Oliner et Sichel, 2000）。だが、同時に、ユーザー部門の根本的な再編成を伴わなかったので、生産性上昇益は期待通りではなかった（Askénazy, 1999; Greenan, 2001）。国際比較のメリットは、アメリカのケースを相対化して、情報通信技術の生産が、その利用よりも重要であるか否か検討できることにある。

情報通信技術の普及とその生産は無関係

まずはじめに、情報通信技術の利用度は、その生産量と大きく異なることを指摘できる（グラ

グラフ7　情報通信技術の生産と利用の関連性

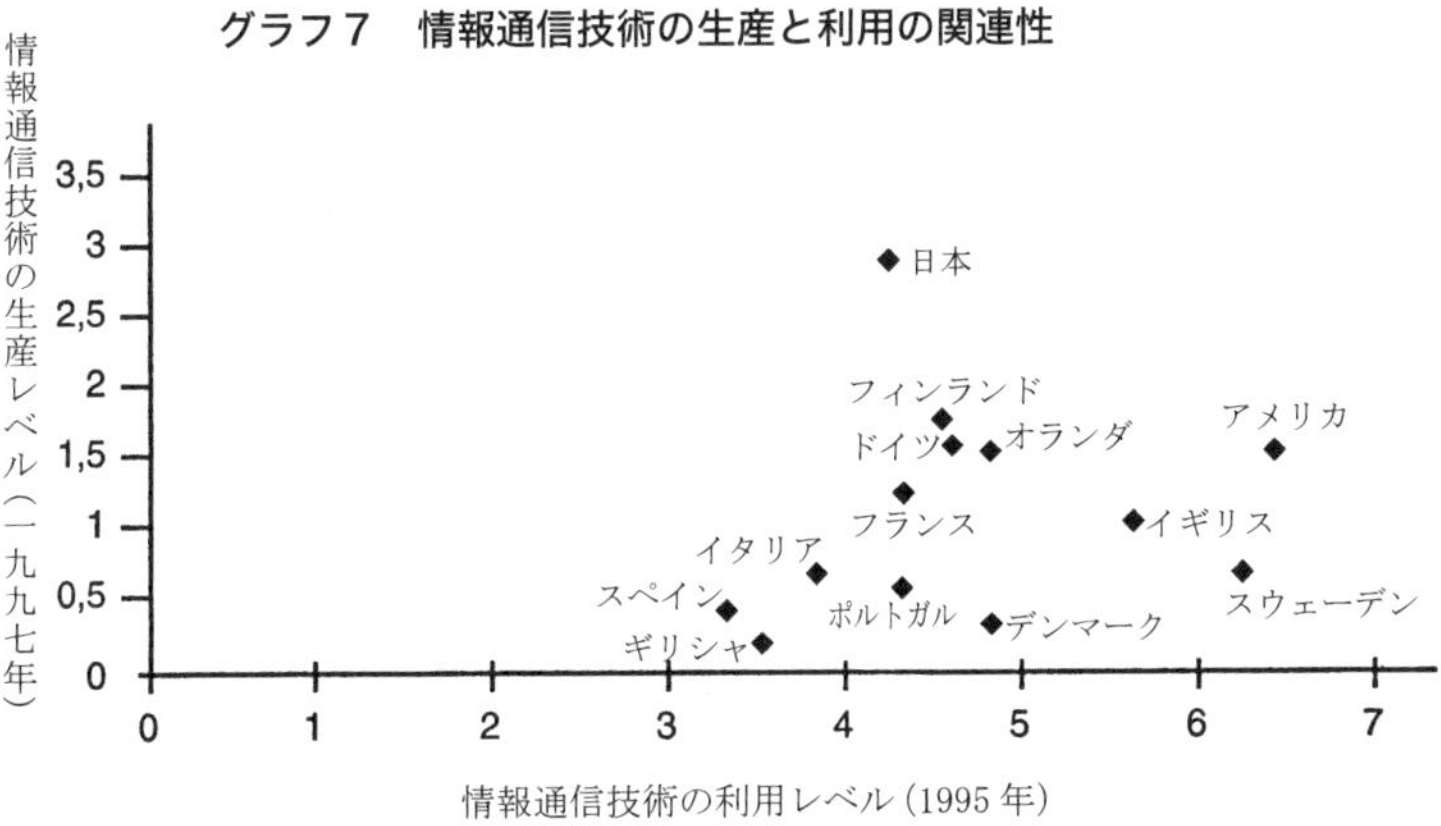

出所：OECD, 1999, *The Knowledge-Based Economy* の統計データより作成。

フ7）。この事実をもって、アメリカのケースをさらに相対化することができるし、さらにその生産の支配が、情報通信技術の急速な普及の必要条件であるという仮説を否定することができる。この相関関係の欠如以上に、制度的構図の多様性を明らかにすべくすでに活用されたブール代数分析の方法は、先行の諸章で展開されたテーマを再検討すると同時に、はたして生産が、新しい技術パラダイムや経済パラダイムに参入するための必要条件であるか否かを確認することを可能にする。

まず、平均的な情報通信技術の生産を上回るようなパフォーマンスは技術主導型成長体制への参入にとっての必要条件では*な*い。あえて再言すれば、この成長体制を定義する三つの条件がある。第一に、全要素生産性が平均を上回っていること、第二に、一九八〇年代に比べて、全要素生産性の伸びが高いこと、そして第三に、生産関連の研究開発支出に関する企業努力が増大していることである。先進国では、コンピューター化された設備財の生産ではなく、その利用と安価な通信コストの結合こそが、新しい成長パラダイムに参入するための必要条件であることが確認されている。研究開発の支出額をキー変数とする通常の方法に反して、唯一の統計指標によってイノベーションのダイナミズムを推計することの困難性はこうして確認しうる。

エンジン効果を持たない情報通信技術生産

製品市場の規制緩和は、確かに一九九〇年代に成長の加速が確認された二つの構図に共通する特徴であるが、情報通信技術の生産についてはそうではない。そうした結果が堅固だとすれば、それはコミュニケーションおよび情報部門が、一九六〇年代に建設業、公共事業、家庭用耐久消費財の大量生産が発揮したようなエンジン効果を必ずしも持っていないことを意味する。将来性があると有望視されているコミュニケーションおよび情報部門を持たない国々も、成長に関して必ずしも不利益を被っているわけではないのである。

雇用のパフォーマンスに関しても同じことを指摘できる。一九九〇年以降に雇用の改善が見られた四つの構図（詳しくは、Boyer, 2001b を参照）のうち、三つの構図において、情報通信技術の生産はその特徴的な要因ではない。キャッチアップ過程にある国々が含まれる第四の制度的構図は、むしろ脆弱な情報通信技術部門によって特徴づけられている。このような結果は、次のことを知ればわかるように、不思議ではない。アメリカでさえ、先の一〇年間に最も多くの雇用を創出したのは、ハイテク部門ではなかった。家庭向けサービス、健康、企業向けの最新サービスこそが最大の雇用創出部門であった（Boyer et Didier, 1998）。

こうした結論が得られたことは、もちろんブール代数分析の手法を選択したこととかなり密接に関連している。国ごとに区切られた分析方法を採用すれば、そして少なくとも暫定的にせよ、成長や失業を規定するモデルの単一性を仮定してしまえば、むしろ逆の結果が得られるだろう（Amable, 2002, pp. 15-17）。つまり、成長に好影響をもたらすのは情報通信技術生産であるという結論となろうが、だが、この計量経済学的推定は、きわめて脆弱なものであることが明らかになる。失業に関しては、情報通信技術生産のダイナミズムと失業の増加が正の関連をもつことになるが、これはかなり直観に反する結果である。ただし、シュンペーターに触発された諸研究（Aghion et Howitt, 1998）に従って、情報通信技術部門におけるイノベーションが速すぎるテンポで進展した結果、既存勢力破壊のテンポがユーザー企業のパフォーマンス改善のテンポを上回ることが認められる場合は、両者は正の関連をもつのであるが（Aghion et Bloom, 2002）。

まとめ

このように、一九九〇年代に力強い成長体制を再現できたＯＥＣＤ諸国の経済は、そろって、情報通信技術を徹底的に活用していて、しかも、その活用は規制緩和と通信費用低下によって促進されている。その結果、アメリカ的構図は、二重の意味において相対化される。まず、情報通信技術生産において支配的な地位を占めることは、好ましいことであるにしても、必要条件ではない。続いて、そしてとりわけ、社会民主主義的な小規模開放経済は、不平等をごく小さい範囲にとどめつつ、教育の質とその普及、生涯にわたる職業教育、企業と大学研究所との協力に基礎を置く制度のおかげで、アメリカと全く同レベルのパフォーマンスを示している。

ニュー・エコノミーの地理は、シリコンバレーに限定されない。この地理は、独自の制度的構図を発展させているスカンジナビア諸国から、必要十分と評されるアメリカとは対照的な構図をとる諸国にまで広がっている。同様に、労働市場の分断や柔軟化、ベンチャー・キャピタルや新しい市場が、新技術主導型成長体制への参入に必要であるという支配的な見方も相対化される。ある意味で、アメリカ経済こそ特異であり、一九九〇年代においてもそうなのであって、他国の経済がアメリカという標準モデルから逸脱している、というわけではない（Boyer et Souyri, 2001）。

アメリカ経済の特異性を示す別の証拠として、アメリカ経済が、まず二〇〇〇年に株式市場において、そして二〇〇一年に景気そのものにおいて、いち早く反転を記録したことが指摘できる。一九九〇年代を通じて持続した力強い拡大局面が急転した原因こそ、好況局面において気づかれることのなかった主要な構造的要因を浮き彫りにするのである。

6

ニュー・エコノミーの崩壊

——ＩＴ神話と金融バブル——

はじめに

経済学者たちの分析は、アメリカの成長局面がどれほど持続するかについて資本市場に支配的であった楽観論に時として従っていたように思われる。実際、ヨーロッパや日本の指導者たちの任務は、シリコンバレーの成功をもたらした制度と組織形態をできるだけ速やかに輸入することにあったのではないだろうか。この間に、二つの大きな出来事が生じている。一つは、二〇〇〇年三月のナスダック市場の急落であり、もう一つは、二〇〇〇年第三四半期に始まるアメリカ経済の大幅な失速である。この失速は、二〇〇一年の第三・四四半期の景気後退のリスクを生むことになる。

このような景気の急変を前にして、数多くの分析者たちは狼狽した。だが、構造分析、歴史分析、そして前章における比較類型分析にしたがうことによって、拡大局面だけでなく、突然の景気調整についても重要な手がかりを得ることができる。大半のOECD諸国において、生産構造、社会構造、金融構造がもはやフォーディズム期から継承した構造と似通っていないことは、疑う余地がない。だが、ニュー・エコノミーの概念は不適切であることが判明して、二〇〇一年の間にこの言葉自体が急速に消滅を余儀なくされた。しかし、このことは、過去と決定的に異なる断新さだけで定義する危険を犯す説明や理論には不可避な宿命ではないだろうか。

ニュー・エコノミー崩壊の五段階

二〇〇〇年三月のナスダック市場の下落は、インターネット関連企業の設立とそれら企業の速やかな株式上場の停止を意味している。ナスダック市場の下落をきっかけに、金融業界は、新技術の資金調達をめぐる融資審査の基準を見直すことになった。だが、急激な景気反転のリスクは当初はほとんど話題にされなかった。それほど、耐久消費財（住宅、自動車、コンピューター）を購入し続けるアメリカの家計の安定感に依拠した成長のダイナミズムは大きかった。家計消費が、一九九〇年代の経済成長体制において重要な役割を果たしたことは周知の通りである（表5、本書八〇頁）。

二〇〇〇年一一月以降認識されることになるアメリカの急激な景気悪化は、二〇〇〇年第三四半期に実は始まっていたが、最良の評論家たちさえも驚かせるほどのものだった。当初、石油価格の高騰による購買力低下やアメリカ大統領選の行方の不確実性のように何らかの外的ショックが悪化の原因とされがちであった。だが、より慎重な分析によれば、アメリカ経済の急激な悪化は、きわめて内生的な現象であり、レギュラシオン理論が現代的に鋳直しているアナール歴史学派の主要な教訓の一つ〔「どの経済もその構造の危機を迎える」〕を正当化している。好景気から先行きの不安、さらに景気の急変に至る過程は、連続する五つの局面からなっていて、同様の数多くの歴史的な出来事に共通する論理に従っている（図5）。

第一段階――ハイテク生産メーカーの利潤→ニュー・エコノミー信仰の正当化

ニュー・エコノミーという表現は、次の三つの観察をつなぎ合わせてできたことを想起できる。まず、組織的モデルとしてのシリコンバレーのダイナミズムの確認、つぎに、ナスダック型新市場によって実現される流動的な資金調達、そして最後に一九九五年以降に観察される生産性の上昇である。金融業界は、こうした状況において、企業の将来性は、オールド・エコノミー型企業ではなく、情報通信技術の多様な部品やそこから派生する応用技術を利用する新興企業のなかにあることを確信する。その結果、資本は、十分な利益を上げている伝統的な部門から、将来性はあっても平均すれば赤字である部門に移動することになる。

だが、金融業界は、この時期こうした事態について不安を抱いていなかった。というのも、金融業界は、ネットワーク経済の標準的な特徴をそこに見出していたからである。ネットワーク経済ではまず巨額の初期投資を行う必要がある。そうすれば、市場シェアに続いて利潤シェアの制覇が可能になる。市場シェアや利潤シェアの水準がいっそう大きくなることを期待できるのは、

図５　ニュー・エコノミーの生と死

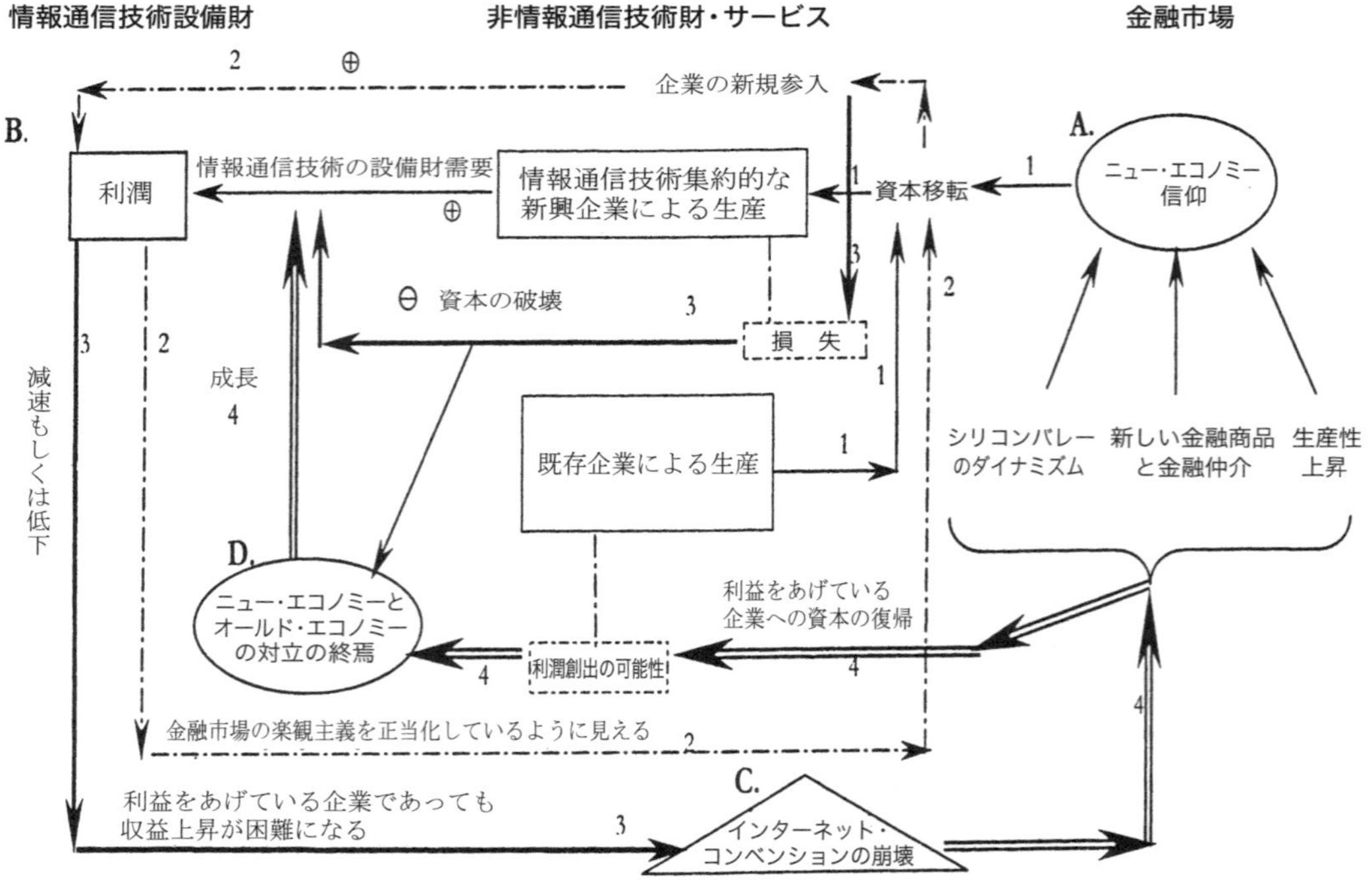

情報通信技術設備財
非情報通信技術財・サービス
金融市場
企業の新規参入
B.
利潤
情報通信技術の設備財需要
情報通信技術集約的な新興企業による生産
資本移転
A.
ニュー・エコノミー信仰
資本の破壊
損　失
成長
減速もしくは低下
既存企業による生産
シリコンバレーのダイナミズム
新しい金融商品と金融仲介
生産性上昇
D.
ニュー・エコノミーとオールド・エコノミーの対立の終焉
利潤創出の可能性
利益をあげている企業への資本の復帰
金融市場の楽観主義を正当化しているように見える
利益をあげている企業であっても収益上昇が困難になる
C.
インターネット・コンベンションの崩壊

マイクロソフトならびにパソコンＯＳに関する同社の優位が示すように、寡占、さらには準独占状態が現実化するからである。情報通信技術の生産部門が好収益をあげていなかったら、このような楽観論は、五年近くの間広まらなかったであろう。シスコ、インテル、そしてもちろんマイクロソフトは、将来性の高いと思われる新興企業にとってモデルとなっていたようである。

分析者は、これら新興企業の組織の堅固さ、そしてさらにこれら企業の将来性については、あまり注意深く観察していなかった。なぜなら、かれらは、そうした新興企業の特殊性を確信していて、最も早く設立された企業が市場全体を支配しうるので、ベンチャー・キャピタルから預託されたファンドを手早く支出しなければならないからである。かくして金融機関は、多くの資本を消費し、事実上その資本を破壊してしまうような野心的な企業家に優先的な位置を付与することになる。あたかもインターネット・コンベンションが、設備財を利用して行われる最終消費財生産の収益性に関する厳密な分析を省略し（Porter, 2001, pp. 63-65）、資本市場と情報通信技術の設備財生産部門を直接に結合しているかのようである（**グラフ4**、本書一三六頁）。

第二段階――市場シグナルのゆがみ→投機の熱狂→構造的に将来性なき企業の大量参入

このような状況において、大半の新興企業の実際の収益性と市場の出すサインの間にズレをもたらすことになるさまざまな企業行動が展開されることになる。これら新興企業は、それほど巨額の資本を必要とせずに容易に参入できる機会を狙う。その場合、投資プロジェクトがニュー・エコノミーという錦の御旗の魅力的なスローガンにとにかく合致していればいいというわけである。まず、金融機関は、申請され、また出資されることになる投資計画がどれほど現実的で、どれほど重要であるかについてほとんど不安を抱かない。なかには、逆説的な見方に従う金融機関も存在する。現在の損失は、将来の利益であるがゆえに、損失の増大は好ましいシグナルであり、将来の利益は大きくなるに決まっている、というわけだ。

実際、専門家は、収益性を重要な基準とみなす代わりにたとえ製品が現在原価割れで売られていても、重要なのは需要の伸びだと考えることになる。さらに、インターネット企業の価値を決めるのは、取引全体や売上全体以外に、マウスのクリック数であるため競争によってサイトユーザーの無償原則が普及する。それゆえ、インターネット企業は、広告収入に頼らざるを得なくなる。広告収入が、伝統的な媒体からネットへと移動している理由は、ニュー・エコノミーがオールド・エコノミーに完全に取って代わることを市場の担い手たちが確信していることにある。

情報通信技術部門の賃金関係自身、金融経済化の影響を受けることになる。事実、賃労働者は、ストック・オプションと引き換えに、かなり低めの賃金を受け入れている。ストック・オプションの株式市場での大幅な価格引き上げを見越しているのである。さらに、ハイテク部門の数多くの企業は「創造的」な会計処理を実践しているが、これはまったくささいなことではない。これは、たとえば、過去の投資支出を会計処理しないことを意味する。その結果、固定費用が莫大で、既存企業と同様の戦略に従って新規企業が参入できるので価格が下降しているような経済における損失を隠蔽できる。

賃労働者の報酬の一部がストック・オプションによって相殺されているので、コスト自体が過小評価される。こうした会計上の処理にも関わらず、損失が、ほぼすべての新興企業において累積しているのに金融機関や金融当局がこのことに不安を抱かないのは、市場のシグナルそれ自体が、ニュー・エコノミーの輝かしい未来への全面的な信頼によって完全に歪められるからである。

ニュー・エコノミーの第二世代の企業家たちには、あまり有能ではなく、誠実さに欠け、大規模な開業パーティを開くだけで、その後、製品を市場に出すことなく破産してしまうような者もいる。これらの企業家が被った損失が増大する一方で、コンピューター、サーバー、ソフトウェアの注文、ならびに情報システムのコンサルティングの注文は増大することになる。したがって、情報通信技術関連の設備財の製造企業の利益は急増する。この利益の急増こそ、第二段階における、ニュー・エコノミーの将来性への信頼を正当化してしまう。つまり、投資の決定に際して、しっかりした融資基準を用いるようなきわめて慎重な戦略よりも「ポンジ金融」(一九二〇年ボストンで起こった不正な無限連鎖講(ねずみ講)――最初の投資者が、かれらの後に続いた投資者の資金から引き出された莫大な配当金を直ちに受け取る――事件の当事者、チャールズ・ポンジの名による。これは、その現代版である。ねずみ講との違いは、投資参加者を補充せずに、ポンジ・システムが取引の信憑性にのみ依拠している点である）がはるかに優位しているのである。

この時期に、業界の大多数の人びとは、携帯電話会社の価値は、顧客数に、二〇〇〇年初めまで増加し続けた料金を掛けることによって評価されると考えた（フランステレコム社がオレンジ社を買収したときの加入者一人あたりの料金は五万フラン＝七六二二ユーロであった）。これは、インターネット・コンベンションに合致したやり方である。別の例として、イギリスにおける第三世代携帯電話のUMTSライセンス売却時の競売原則を挙げることができる。競売では、ライセンス価格が高騰する。潜在的なそれぞれの競売参加者は、収益性が高い市場から排除されることを恐れるし、逆戻りできない不安に襲われる。その際、競売の勝者によって支払われた価格を事後的に正当化するのに十分な、価値あるサービスをユーザーが最終的に得られるか否かを自問するような経済主体や評論家はきわめてまれである。

第三段階——新興企業の損失累積↓資金調達の限界↓ハイテク投資の急減

ある意味で、景気の急激な悪化は避けることができなかった。ニュー・エコノミーは、好景気の時期にあっても、最も基本的なレベルにおいて、総じて資本を生み出すよりも破壊していたのだった。投資もまた、安定した企業よりも収益性の低い投資先に向かっていき、安定した企業も、企業に対し、各期ごとに企業利益を増大させ、資本を節約させるような株主価値の冷酷な論理に従わざるをえなかった。この構造的な不安定性は、まず資本市場に現れざるを得なかった。ナスダック市場の相場はアメリカ経済の付加価値全体を吸収するような水準まで上昇して、法外な利益水準を予想させた。つまりナスダック市場の株式相場は、企業の基本的な価値を表現していなかったのである（表11）。

金融業界がこのような不協和音を認知するのは、将来性の高いとみなされていた新興企業が、損失の増大にも関わらず、改めて再融資を申し出るときである。原価割れでの販売は、古臭いと評される商法では、いわゆる伝統的な経済に属する企業にとって卑怯な競争だとみなされているが、確かにニュー・エコノミーにおいては一般化している。この基準を適用すれば、アマゾン・ドット・コムはどうなるのか。

したがって、われわれは、最も脆弱な新興企業の活動が突然失敗し、ニュー・エコノミー出自の多くの企業の株価が暴落しても、もっともだと考える。サーバーやコンピューターへの投資ブームが萎んでいくのは初めは徐々にであるが、それは自動車や住宅、旅行、レジャーの販売によって、あるいはまた健康および教育を引き受けることによって発展するオールド・エコノミーが電子設備財を購入し続けるからである。これらの矛盾したそれぞれのパワーの存在が、インターネット・バブルが破裂した二〇〇〇年三月から、バブル崩壊が収束した二〇〇〇年第三四半期までに

表11　ニュー・エコノミーを支える関連新興企業株価の長期的な不安定性
(1999年6月11日現在の価格／単位100万ドル)

企業名	資本金	収入	予想される将来収入	推定売り上げ高成長率（%）
eコマース				
Amazon. com	17100	816	22339	94
Barnesandnoble. com	22960	85	2952	103
E*Trade	8800	350	3832	61
eBay	20800	75	10869	170
eToys	5060	30	6610	194
Priceline. com	13600	84	7106	143
コンテンツ				
America Online	107700	4190	70348	76
Broadcast. com	3760	28	3275	159
CNet	3340	66	2909	113
Lycos	3660	109	3187	96
Yahoo	27600	259	24037	148
サービス				
CMG	8380	148	5474	106
DoubleClic	3520	89	1859	103
ソフトウェア				
Healtheon	5630	57	2452	112
Inktomi	4460	40	1942	118
Real Networks	4270	76	1859	90
テレコミニュケーション部門				
At Home	14241	252	9302	106
Global Crossing	22100	602	14435	89
Qwest	31600	2940	20641	48
Rhytms Net Connections	4070	1	2658	368

出所：Perkins et Perkins, 1999, annexe C, pp. 247-251.
注：株価が30億ドル以上の企業のみ。

表面化することになる。

シスコのように競争力を有する企業は、二〇〇〇年第二四半期に、自社のサーバーに必要な部品を先物取引で購入しようとしていた。それはこの企業の幹部が、売上が毎年倍増すると予想していたからである。だが、突然受注高は減少したわけである。確かに企業は、投機の過熱によって生じる株主配当の支払いを避けるべく、同一設備に対し多数の注文を出していた。かくして莫大な利益が損失に転化する。金融業界は、二〇〇〇年一一月に情報通信技術企業の利益を一九％の成長と予想していた（*The Economist*, 2001a, p. 84）が、二〇〇一年五月には全体で一一％以上、利益は下落した。調整の動きは夏にまで及んで、二〇〇一年八月にはマイナス二〇％になった（*The Economist*, 2001c, p. 56）。二〇〇〇年三月から二〇〇一年春にかけて、ＳＡＰのような情報通信技術分野におけるきわめて安定した企業は、「利潤をあげているニュー・エコノミー企業」と自らをＰＲすることで安心していた。しかしながら、その後の四半期において、予期せぬ事態が生じる。設備財需要を過剰に見積もり、それゆえ未曾有の利益を上げていた企業が損失を計上することになる。このことがきっかけとなって、インターネット・コンベンションの見直しのみならず、ニュー・エコノミーが引き起こした変化についてより現実的な評価がなされたのである。

第四段階――ハイテク部門の過剰蓄積の表面化↓他部門の慎重な経営による過剰蓄積の影響の緩和

この時期以降、投機を過熱させた諸要因は、そのまま景気の急落の原因となった。景気の急落は、ニュー・エコノミーに近ければ近い部門ほど、その影響は深刻であった。まずこの時期になると、株式市場の下落とその不安定な動きによって、金融部門において投資減退と雇用の減少が生じる。そして、株式のポートフォリオが下落して富が失われる結果、家計消費が減退する。しかも、かなりの家計は多額の借金を抱えている。つぎに、他部門の企業は、需要の伸びはきわめて穏やかで、またいかなる好況局面もいずれは反転することをかなり以前から知っていたので、この時期に投資を抑え、雇用削減を実施した。さらに最終需要の下落を抑制したのは、二〇〇一年初頭にアメリカ新大統領が発表した減税によって補強された財政管理関連の自動安定化装置〔ビルト・イン・スタビライザー、財政自体に備わっている国内景気を自動的に安定化させるプロセスのこと〕であった。

逆説的であるが、古臭いと定義される成熟部門の特徴が景気の安定化にある程度貢献しているのである。不況を、国民経済計算改定後のＧＮＰ（数量ターム）が二四半期連続で縮小することであると厳密に定義するのであれば、アメリカ経済は二〇〇一年を通じて不況には陥っていなかったことが、二〇〇二年一月には判明した。確かに、部門レベルでいえば、以前の過剰蓄積が進行していただけに、景気はよりいっそう大きく減速したが、短期利子率の急速な低下が自動車ならびに住宅に対する世帯需要を支えたので、これらの伝統的に高い評価を得ている部門が景気の持続に貢献したのだった。

ニュー・エコノミーがアメリカ社会全体を掌握したと言うには程遠いのである。ニュー・エコノミーとは、全体的に見れば、成長体制とレギュラシオン様式の全体に巨大な影響を及ぼすような構造変化の一構成要素でしかなかった。

第五段階――生産性革命の不在→典型的な過剰蓄積危機

ここでは、非金融企業全体について、利潤率の動きならびにその諸要因を検討することが問題となる。情報通信技術の利用が生産性の目ざましい回復と結合していれば、この動きに伴って、実質賃金の上昇にもかかわらず、単位当たり生産コストは安定的に推移したはずである（**グラフ2**、本書一二六頁）。このようなことは現実には起こらなかった。GDPに占める利潤部分は、一九九八年にピークを迎えた後、下落した。この下落は、二〇〇一年に起こった急激な成長の減速に先立っている（**グラフ8**）。アメリカ経済が、潜在的労働力不足に陥ったことから、皮肉の意味を込めて、産業予備軍の枯渇というマルクス主義のメカニズムに言及する分析者まで現れた。産業予備軍の不足によって、一九九〇年代末以降、賃労働者に有利な所得分配が現実化することになる（Artus, 2002）。

それほど重要でないとはいえ、資本が価値的に幾分悪化したので利潤率は下落している。周知

グラフ８　1998年以降の利潤低下

アメリカのＧＤＰに占める非金融企業の利潤シェア（%）

出所：Artus2002, p. 2 と DRI データ。

のように、アメリカ経済のパフォーマンスの一部は、一九八五年以来、資本の節約に由来する。資本の節約は、株主価値の擁護という名目で、金融業界による企業コントロールを通じて実現していた。実際には、経済の資本構造は鈍く悪化している（グラフ9）。それに対して、一九九七年以降、情報通信技術関連設備財の相対価格の下落を受けて投資数量は急増している。ここでも、情報通信技術の潜在力を高めるための企業再編が行われていないために、生産性の増大や一九九七年に達成した高い収益性の維持することが実現されていないことを改めて理解しうる。

　このように、二〇〇二年のアメリカ経済の状況に関して、二重の意味で矛盾した特徴を示す。なるほど、アメリカは、金融システムの柔軟性によって、情報通信技術部門を競争相手国よりもはるかに先んじて発展させることができた。それと引き換えに、アメリカでは、投機バ

グラフ９　資本構造の悪化

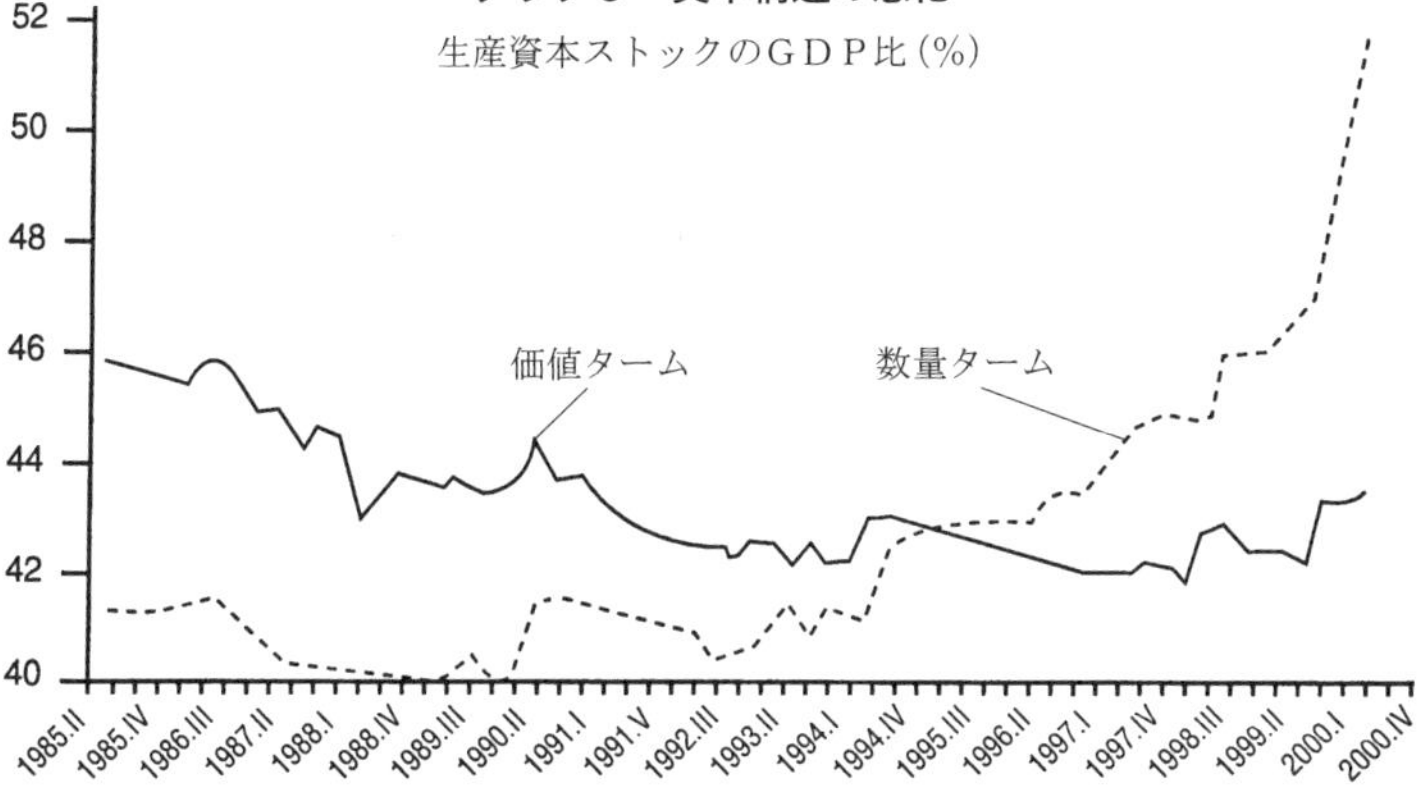

出所：Artus2002, p. 2 と DRI データ。

ブルが起こったが、それは二〇〇二年初めの時点で、まだ完全には終わっていない。伝統的な産業は、インターネット企業の生産減少にともなう調整局面に際して、緩衝材の役割を果たした。だが、そうした伝統的産業は、現在まで、インターネット企業の製品を有効に活用できていないので、利潤は上昇しなくなっている。

景気の変遷をもたらす要因はきわめて複雑であるので、それは二〇〇一年九月一一日の事件の結果にそれほど左右されるものではないことに留意する必要がある。確かにこの事件によってニュー・エコノミーに寄せられた期待の見直しと結びついた信頼損失が増幅されて、根本的な不安定が一時期支配した。が、この要因は、二〇〇二年一月、アフガニスタンにおけるアメリカ軍の成功ならびにアメリカ本土でのその後のテロの抑制によって一掃されている。

こうして、新しくてしかも複雑な相互依存関係が作用することによって、アメリカにおいても、金融・財政政策の運営に不確実性が生じる（Lordon, 2001a; 2001b）。民、官双方の指導者たちは、徐々に出現している新たなレギュラシオン様式を理解し、制御しなければならない。このレギュラシオン様式は、まず情報通信技術部門において、そしてつぎに他の部門全体において起こるはずの危機や企業破綻の累積という衝撃に耐えうるだろうか。経済政策は、金融システムを安定化できるだろうか。

歴史の教訓を無視する危険

三つの教訓

こうした連鎖を観察することによって、三つの教訓を引き出しうる。第一に、危機は、企業の舵取りや消費者の決定のために、的確な情報を伝達し、社会化するメリットを持つ市場機能の阻害が原因とされることが多い。金融危機はとりわけ第三世界において起こると予測する人たちがいる。実際、危機は、一九九八年ロシアで、二〇〇〇年トルコで、二〇〇一年アルゼンチンで生じた。だが、驚くべきことに、アメリカも金融バブルの破裂を回避できなかったのである。その主たる原因は、これまでになく高度化された市場によって伝えられたシグナルが誤った性格を有していたことにあった。

第二に、皮肉まじりに認めざるをえないが、利潤の新たな源泉の発見者であるシュンペーター的起業家世代が先導しているとみられた状況は、好況、不況に関係なく、資本の大量破壊に至った。ちょうどこの時、企業組織の基本原則は株主のための価値の追求であると確認されていたことを考慮するなら、これはいっそう当惑せざるをえない事態である。つまり、資本の過剰蓄積は、現代の資本主義制度によっても排除されていないのである。最後に、ニュー・エコノミーは、ある時期、成長体制のレベル自体で自己実現性する予測の一例として認識されていた(Boyer,2001a)。だが、その後明らかになっているのは、現代経済の相互依存性は、それを理解するにはあまりに多面的かつ複雑なので、シリコンバレーとナスダック市場を結合するだけでは、経済組織や社会関係の新たな構図を実現するには不十分である、ということである。

金融や生産システムの歴史を回顧することで、数多くの経済主体には苦痛を伴うことだが、こうした教訓に学ぶことを促し、危機の程度を軽減できたはずである。

繰り返される投機の過熱

歴史的に見れば、大きな金融バブルは、新しい時代が幕を開けるという確信から生じるのであり、過去においてそうした確信は、新たな領土へのアクセス（パナマ運河）や新技術（たとえば鉄道)、あるいは新組織形態(大型預金銀行、株式会社)とともに生じた(Kindleberger, 1978)。かつて預金者は、自らの投資の収益とリスクについて慎重に推算したのに対して、収益性はなるほど確かに高いが、客観的に見ればこれまでのものに比べて不安定であるこうした新たな利潤の源は、最も用心深い者まで飲み込んでしまうような熱狂を引き起こす。

この段階で、諸個人が市場に参入してくるのであるが、かれらは、製品やそれに対応する技術的進展に関して、あらゆる点で玄人ではなく、メディアや噂、間接的な情報から、高利潤がほぼ保証されていると聞きつけた者であるに過ぎない。このような状況においては、その道に明るい専門家たちにとっても、相場が完全に非現実的なレベルに達していることを確信していても、投機的バブルの動きを持続させることが理に適うことになる。次の二つの例が、この認識のズレを理解するのに役立つであろう。一九九九年秋、テレコミュニケーション産業のフランス人経営者はこう明言した。「市場は、アシニャ紙幣〔フランス革命期に没収された聖職者の財産を担保に、一七八九年から一七九六年にかけて発行された不換紙幣〕を必要としている。」テレコミュニケーション部門の株価に示された株式市場の現実ばなれした性格をこれほどうまく表現することはできない。投機の過熱はほぼすべての国々に広まっていた。二番目の例は、インターネット市場に設備財を供給している企業の幹部が発した次のような感嘆の声である。「企業は大量にシャベルを売っているが、金《きん》塊を探す人びとは、シャベルの購入に見合うような鉱脈を見つけるだろうか。」この発言のなかには何ら非合理性はなく、その反対に、ここに資本市場がビジネスの舵取りにおいて果たす決定的な役割が示されているのである。

だが、何の情報ももっていない人びとが株式市場に参入して、現実に株価を左右するようになるので、株価の持つ情報としての意義は低下してしまう。情報と市場価格とのこうした不一致は、ジョン・メイナード・ケインズが企業価値と市場価格の評価に導入した対立的関係を反映しており、資本市場の安定性を左右する。一部の分析者は、ある時は強気、またある時は弱気なヴィジョンを交互に生みだすべく資本市場を実質経済から持続的に乖離させてしまう連鎖的因果関係を明確に記述している（Orléan, 2000)。

あらゆる点から見て、以下のように考えざるを得ない。すなわち、日本的生産方式のおかげで日本は世界レベルでの経済的支配を実現できたという信仰を中心にして一九八〇年代に既に観察されていた連鎖関係が、今度はニュー・エコノミーという動きの前衛であったアメリカの資本市場において考えられるようになった。ナスダック市場の相場が投機バブルを反映していることを確信をもって立証するのは不可能だと、一九九〇年代にしばしば断言されていた。アラン・グリーンスパンでさえ、非合理な繁栄の危険を告発しても受け入れられなかったが、一九九八年以降、次のように明言している。中央銀行よりも市場の経済主体の方が企業の発展の見通しにより通じているので、相場が極端であり、金融が危険な状態に陥っていると断言することは決してできない、と。

将来性なきダイナミズム

こうした極端な立場に対抗して、コミュニケーション技術の専門家たちが、インターネット・バブルの存在を、その崩壊以前に明確に診断していたこと（Perkins et Perkins, 1999, pp. 247-251）を想起すべきである。一九九九年末の株式相場における推定利潤成長率を計算すれば、それだけで、大半のニュー・エコノミー企業の異常行動のテンポがわかるというものである。毎年の利潤成長率は、アマゾン・ドット・コムが九四％、ｅＢａｙが一七一％、プライスライン・ドット・コムが一四三％、バリュー・アメリカならびにＡＯＬはそれぞれ七七％、七六％という異常なテンポであった。ヤフーの売り上げ伸び率は、一四八％と推定されている（表11、本書一七八頁）。だが、それ以降、ほとんどの企業の相場は、暴落している。なかには巨額の赤字で倒産した企業（たとえば、バリュー・アメリカ）もあったが、創設者は、自分の持株を転売できたので、合法的に大金を手に入れることができた。かれらの持株の転売先となった企業の中には、ニュー・エコノミーという大きなチャンスを逃したくないと考えてしまった大企業も含まれる。

以上は、資本市場の効率を最初から前提としない金融の専門家たちの結論でもあった（Shiller, 2000）。かれらは、インターネットから生じたバブルとその危険を最初に公的に断言した人びとである。かれらの見解はアメリカ連邦準備銀行総裁によって取り上げられることになった。後者が金融に対して微妙な立場にあるのは、彼が金融の後見人であると同時にその虜でもあるからである（Blinder, 1998）。また、とりわけ、かれらは、基本価値と市場価格との間に累積したズレを証明するために的確な議論を展開している。

歴史的先例による解明

一八七〇年から現在までのアメリカの株式市場の変遷をたどることによって、二つの意外な結論を得ることができるのは、大変興味深い（Shiller, 2000）。その一つは、配当と株式相場との関係であり、もう一つは、各期首における配当対株価比率を考慮に入れた一〇年ごとの収益率の変遷である。

長期的に見れば、配当と株式価値は、一八七〇年から一九二八年までともに諧調的に上昇するが、最初のズレが一九二九年の危機で生じる。一九六五─六六年もまた、株式価値は、基本価値に対してピークを記録しているが、そのズレは、一九七〇年代末に消滅している。最大のズレは、一九八五年以降、さらに一九九七年以降に現れている。株式相場は、成長率に従って急上昇するが、その程度は、過去において観察された配当と相場の乗数係数ともはや無関係であるほどであった（Shiller, 2000, p. 186）。このような動きが長続きすることはますます困難になるはずであった。

バブルの合理性を説明する理論によれば、バブルは確かに存在しうるが、一〇〇%の確率で破裂を余儀なくされる（Blanchard et Watson, 1984）。

配当対株価比率を用いる測定はきわめて不完全である。また、ナスダック市場よりも投機的でないとみなされている、スタンダード・アンド・プア社によるアメリカの一部上場上位五〇〇企業の株価指数を検討するだけでも配当対株価比率が一九九五年初めから一九九九年末の間に二倍になっている（**グラフ5**、本書一三七頁）。つまり、このことによって前例なき株式収益の回復を確認することができる（**表11**、本書一七八頁）。

株式の急変を予見することは確かに容易ではない。株式の急変は、往々にして、偶発的な出来事や、（あるいは）「チャート主義者」たちが事後的にのみ見つけうる臨界値を超えることで生じるからである。ここでも、アメリカ市場の金融史がきわめて示唆的である。配当対株価比率が到達した高水準は、それに続く数十年における株式資産の収益性を示す好指標になっている（Shiller, 2000, p. 11）。だが、一九九九年の値は、一九〇二年、一九二九―三〇年、一九三七年、一九六五―六六年の急変時に見られた値の近傍にある。シラー（Shiller）やアンソニー・パーキンスとミカエル・パーキンス（Perkins et Perkins）が現実における市場の急変を事前に予言していたことを改めて強調する必要がある。

こうして、ニュー・エコノミーは、それに先立つ過去の株式高騰と同程度のインパクトをもつ株式市場の熱狂の新しい例を意味することになる(Kindleberger, 1978)。こう位置づけることは研究者や分析者にとって、たとえば波乱含みで、とりわけ不確実な状況下において活動する新興あるいは成熟企業の価値を正当に評価するためにオプション理論〔オプション取引における利益の理論的確定〕にもとづく分析ツールを発展させることにつながる(Jacquillat, 2000)。いずれにせよインターネット・コンベンションがそのような理論が類似的になることはありえない。

技術パラダイムと経済の関係

イノベーションとは何か

シュンペーターに示唆を得た理論が再び流行した結果、産業革命についての単純な機械的な見方が広まった。シュンペーターの解釈に従えば、高成長、つぎに不況、あるいは少なくとも経済的な減速、これらの段階が交代するのは、利潤、したがって投資を周期的に再活性化させる根本的なイノベーション群に対する反応としてである。デジタル革命も、蒸気機関、鉄道、電気、そして自動車によって推進された諸革命に続く論理のなかに全く当然のこととして位置づけられる。しかしながら、こうした表面的な規則性は、おおまかなものでしかない。たとえば、コンドラチェフがその存在を仮定した長期波動も、上昇、下降双方の局面の長さはきわめて多様であることがわかっている。また、過去の技術的進歩によって切り開かれた軌道を原則として踏襲しないことこそ、とりわけ根本的なイノベーションの本質である。イノベーションとは、未来予測への挑戦なのである（Lesourne, 2001）。

この点について、より分析的なアプローチによって、技術的・生産的パラダイムの概念を分断せねばならない。すなわちそうしたパラダイムを生み出すイノベーションの性質に従って、またケースごとに、生産、輸送、加工、そして情報伝達の各コストの減少にかかわりうるような最適な応用分野において正確に分析せねばならない。一時代を画すとされる主要なイノベーション（**表12**のなかで、それぞれの基準に従って選び出されている）をこのように分析すると、企業組織、経済制度、当該分野での広がりは、事例ごとに大きく異なることがわかる。ニュー・エコノミーは、パソコンからウェブを経てeコマースに至るまで、さまざまな段階にわたる一連のイノベーションに分解できる。歴史的な展望によって、いくつかの興味深い観察を得ることができる。

発明とイノベーションを混合する技術決定主義の強まり

まず、情報通信技術は、その名が示すように、もはや機械やエネルギーが人間労働の代替をすることとはもはや関係ないのであって、コンピューターや情報管理の問題を取り扱っている。この単純な事実は、情報通信技術関連の生産性増大がいかなるものになるかについて、電動モーターという先例から機械的に推定することを禁じている。とはいえ、電動モーターについても、あるいは情報通信技術についても、これらの財の新しい生産部門で、生産性と生産の好循環が始まる。すでに述べたように、コンピューター、続いてサーバーの生産における生産性上昇は、事実、T型フォードがその当時達成したような成功例を彷彿とさせる（Raff, 1988）。

つぎに、ニュー・エコノミーの始祖を知りたいのであれば、電信の発明にまで遡る必要がある。電信こそ、たとえばヨーロッパの異なる資本市場に同時性を持たせるような、最初の半同時的な情報伝達手段ではないだろうか（Vidal, 2000）。それゆえ、資本市場間の密接なつながりと相互依存は、インターネットによって新たにもたらされたわけではない。インターネットは、すでに一世紀以上も前から存在していたそのような相互依存を深めたに過ぎない。無数の派生的イノベーションをもたらした技術的あるいは科学的な前進を確定するのであれば、次の五つが挙げられる。電気、内燃機関、分子化学、情報とレジャーに関わる技術（電話、ラジオ、テレビ……）と結びついたイノベーション群、そして水道と公衆衛生のインフラである（Gordon, 2000b）。

テレコミュニケーションとパソコンとの結合から生じたイノベーションが、六番目の大発明であると定義することができる。進化、ならびに同時進化のメカニズムが作用するかぎり（Bresnahan, 2002）、こうした技術の将来について初めから研究することは、きわめて困難である。電子メールは、ある意味で、電話、そしてファクシミリのおかげですでに多様化していたやり取りの延長に

表 12　情報通信新技術の歴史的傾向

イノベーション／インパクト	鉄道	発電機（ダイナモ）	電信	自動車（T型フォード）	電話	通信販売	コンピューター	マイクロプロセッサ・パソコン	ミニテル	ウェブ	eコマース
イノベーションの特徴											
マージナル／ラディカル	ラディカル	ラディカル	中間	ラディカル	中間	マージナル	ラディカル	中間	中間	ラディカルから中間へ	マージナル／中間へ
部門内／一般的	部門内	一般的	一般的	部門内	一般的	部門内	一般的	一般的	部門内	部門内から一般的へ	部門内から一般的へ
生産方法／製品／組織	製品と生産方法	製品と生産方法	生産方法	製品と生産方法	生産方法、次に製品	組織	生産方法、次に製品	製品	製品と生産方法	生産方法と製品の双方	生産方法と組織
各コストへのインパクト											
生産コスト	直接的な効果なし	大きな低下	効果なし	大幅な低下	直接的な効果なし	弱い間接的効果	フローの最適化による間接的効果	サービスを除いて直接的効果なし	直接的な効果なし	直接的な効果なし	間接的かつ弱い効果
輸送コスト	大幅な低下	事後的低下（電気機関車牽引）	効果なし	中期的に大きな効果	効果なし	弱い効果	弱くかつ間接的な効果	効果なし	直接的な効果なし	直接的な効果なし	物流への間接的効果
情報伝達コスト	ほとんど効果なし	即時的効果なし	著しい低下	効果なし	偏向的な低下	弱い効果	わずか	規格化への動き	コストダウン	著しい低下	コストダウン
情報処理コスト	効果なし	効果なし	効果なし	効果なし	目立った直接的効果はなし	弱い効果	計算能力の拡張	コストの累積的低下	コストの緩慢な低下	規格化を通じた間接的な寄与	規格化を通じた低下

イノベーション / インパクト	鉄道	発電機（ダイナモ）	電信	自動車（T型フォード）	電話	通信販売	コンピューター	マイクロプロセッサ・パソコン	ミニテル	ウェブ	eコマース
経済へのインパクト											
企業組織	全国規模での市場を対象とする大企業の形成	作業場における変化	電信部門以外での弱いインパクト	現代的企業のモデル（フォード、GM）	他の備品への容易な接続	増大する競争を通じた調整	情報サービスとの接続	現在よりも分権化した経営	ミニテル経由でのサービスへの接続	ポータルサイトへの接続に加えて新興企業	増大する競争を通じた調整
経済制度	国内空間の構築	技術ノルムおよび電気工の養成	資本市場の同時化	新たな賃労働関係の登場	技術ノルムおよび公企業による独占	配送企業の新形態	公共サービスによる優先的利用	競争および賃金関係の変化	ほとんど効果なし	知的所有権の不安定化	競争法と諸個人の権利
経済地理	地域の新たな二極化	工業地域の変容	世界規模でのコミュニケーション網	自動車による都市への人口集中	電信の延長	部門内へのインパクト	明白なインパクトなし	インパクトなし	ある程度の分権化	情報生産財の新たな供給	マージナルで弱いインパクト

すぎない。このことに関して、一部の企業家たちは伝統的なコミュニケーション手段とインターネットとの間の選択を行うために、コスト計算、効果計算を行った。その結果、差しあたり、運輸仲介業がもたらしたようなはっきりした競争上のメリットがインターネットによる節約によって生じているわけではないことがわかった（Gomes, 2001）。フランスでは、ミニテル〔一九八二年フランスでサービスが開始された家庭向けコンピューターネットワーク。ミニテルが普及していたことでかえってフランスでのインターネットの普及は遅れた〕へのアクセスは、ごく少数の部門や企業にしか経営上の影響を及ぼさなかったように思われる。こうした診断を、暫定的な仮説としてウェブに対しても広めることができる。イノベーションの発明者、そして時に未来学者の間でしばしば見かける仮説によれば、技術的に優れていて、科学上の新しい諸原則を取り込んだ方法や製品のすべては暗黙のうちに経済的な成功を含意しているが、この仮説は否定される。というのも、ネオ・シュンペーター主義の研究者が十分指摘しているように、この仮説は発明とイノベーションとを混同し、イノベーションをその技術的内容にのみ限定しているからである。しかし成功はしばしば、新市場の創設にともなう組織上の変容、派生的イノベーションが同時的に生じることによって実現されるのである。もちろん、ワクチンや薬といった健康に関わるイノベーションを除かなければならないが、商業上の成功に直接につながるような発明の例はほとんど存在しない。ニュー・エコノミーが提起した問題は、技術決定主義の誘惑に対して慎重である必要性を想起させてくれるのである(Smith et Marx, 1998)。

この点に関して、ミニテルが、ウェブ、そしてeコマースにどれほど先んじていたかを改めて強調できる。なるほど確かにミニテルのシステムは階層的であり、ネットワークのなかでの相互取引は不可能であり、フランス国内に限られていた。だが、概念的には、すでに試験の申込に必要な書類や電車切符購入の標準化、紙媒体記録の電子ファイル化、郵便輸送の代替を実現していた。他方、電話、続いてファクシミリが、配送の電子化とみなされるような変化の口火を切っていた。そうした変化の上に、ミニテルは一定の成功を収め、そのことによってウェブの時間的な特徴を先取りしていた。すなわち、初めは熱狂的に、その後、この新しいメディアの試行が行き渡ると、より慎重に利用されるようになった。

だからといって、大学の運営も、フランス国鉄の運営も同様に、ミニテルによって一変したわけではないことを認めざるを得ない。すなわち、集団的サービス運営を行う大きな組織においては、情報や意思決定の回路をフラットにできるかどうかにすべてが依存している。これはまさしく、新たな情報技術によって開かれる潜在力に応じた組織作りを模索している企業が抱える問題ではないだろうか。アメリカ（Brynjolfsson et Hitt, 2000, p. 37）やフランス（Greenan, 2001）では、意思決定が分権化されているだけに、いっそう情報通信技術をうまく実践している。

したがって、情報通信技術の影響は、官民双方における大組織の改革の可能性によって大きく左右される。競争や反復される危機によって、民間企業や民間組織はこのような方向に誘導される。その反対に、その大部分が情報の生産者であると同時に利用者である大規模な行政機関において、民間組織の改革に見合う手続きは未だ整っていない（Lorentz, 2000）。こうした理由で、フランス大蔵省内の二つの部局に帰属する情報システムの合併が困難となっていることは、情報通信技術およびそれによる行政機関のコスト削減効果から得られる利益が現時点では潜在的であって、しかも不明であるということを物語っている。

eコマースの斬新性と新旧流通経路の相互補完性

商取引の歴史は、eコマースという、頻繁に議論された問題を有益な形で明らかにしてくれる。eコマースに関する統計的資料がきわめて不確かであり（Fraumeni, 2001, p. 319）、その将来展望はさらに不確かである（Desruelle et Burgelman, 2002）。企業と消費者との直接取引が急増した後、業界はむしろ、より大規模なシェアを占める企業間取引の電子化に熱狂しているようである。デパート、そして通信販売の誕生によって、その当時は伝統的な商取引の消滅が予感された。デパートにせよ、通信販売にせよ、これらの新たな商取引形態は、市場全体を征服することができなかったが、それもデパートと通信販売は、厳密な経済的視点に立つと、特殊な製品あるいは顧客に対してのみ有効であり、それゆえこれらの成長は、市場を完全に征服する以前に一定のところ

表 13　伝統的な取引からｅコマースまで

製品のタイプ	標準財	標準財	標準財	情報財
支払い形態	預金通貨、紙幣	電子マネー	電子マネー	電子マネー
取引形態	伝統的市場	対面	電子的取引	電子的取引
配送形態			実際の物流	ネットでの配送
市場空間		電子市場でのオークションの可能性		
インフラ		ウェブの利用		
取引のタイプ	伝統的取引	電子マネーでの支払い	部分的なｅコマース	全面的なｅコマース

出所：Bar, 2001, 図 2-1, p. 33 を加工。

で落ち着いたのである。

理論的な理由にもとづいて、新たな市場形態が、古い市場形態とのせめぎあいの中で直面する障害を説明できる。実際、すべての市場は、製品の明確な定義、取引システム様式、支払い方法、配達形態、取引時間と場所の同期化、これらすべてを結合するものである。これらの手続きを首尾よく実施するために必要なインフラもそこには含まれている。そうだとすると情報通信技術はどのような変化をもたらすのだろうか。一連の部門別研究から得られる知見を体系化した比較研究が示すように（Bar, 2001）、一部の財の内容と、取引に関わるさまざまな手続きがその影響を受けている（**表13**）。これによって、ｅコマースがもたらした斬新さについてよりよく理解できよう。

ここでのイノベーションは、支払い形態に関するものではない。というのも電子マネーは、さまざまな銀行や金融機関の相互連関を通じて、一〇年以上も前から発展しているからである。ウェブも、暗号化やセキュリティに関する措置によって銀行システムも提供しうるようなインフラを発展させたにすぎない。それに対して、一番の斬新さは、相当数の需要とそれに見合う供給を集中化することによって、バーチャルとは言わぬまでも、非物質的な方法で取引を組織しうる可能性をもたらした点に関わる。こうして市場参加者の性質と市場が確立する場所が、変容し、そのことによって価格水準も変容せずにはいられない。一部の農業関連製品の競り売り市場の組織化は、需給間の仲介様式の変化が、交換から生じる利益の分配に抜本的な影響を及ぼしうることをすでに示している（Garcia, 1986）。しかしながら、大部分の標準財市場では、取引の諸項目について合意されたのちに財を配達する役割は、物流が担う。おそらくこのような理由から、伝統的な財の売上高が一定の水準を越えた後には、eコマースの大手企業は物流専門業者と提携を結んだのである。

最も根本的な斬新さは、純粋な情報財（ソフト、文書、データ・バンク、映画、音楽等）に関わっている。実際、配送はそれ自体ウェブを通して行えるので、情報通信技術が、根本的に新しい市場形態を作り出す可能性を持つが、この市場形態の将来性は、本書の第七章で言及するように、きわめて特殊な条件を前提としている。だからといって、この新しい市場形態が他のあらゆる市場形態に取って代わると結論すべきではない。情報財が個人家計のほぼ全額を占めるという、現在の社会慣行や発展様式下ではありそうもない仮定は想定できない。

以上の分析によって、二〇〇一年に起こった事実の確認をより確固たるものにできる。すなわち、マウスのクリックが、たんなるレンガとモルタル造りと侮辱的に形容されたハードだけの店舗の必要性を決定的に排除してしまうと信じたのちに、専門家たちはこれら新旧の流通経路の強固な補完性に気づいたのだった。つまり、クリックとモルタル万歳。もっと分析的に言えば、どの専門家も確認していることであるが、アマゾン・ドット・コムのような企業による流通は、かなり画一的に、販売諸地域に倉庫を分散させることを前提としている。こうした流通は、スーパーマーケットへの供給に必要であった業務や倉庫係の業務とは異なる性質のものである。要するに、資本投資は、単に魅力的なサイトを開発するために必要な投資よりも莫大な負担が必要となることがわかる。こうして、一連の学習過程、試行錯誤の過程が始まるが、こうした学習や試行錯誤は、eコマースが最も効率的な市場の形態であって、それゆえいかなる製品についても先行する市場形態に必然的に取って代わるというのとは対極的な考えにもとづいている。

イノベーションと競争力の源泉の多様性の忘却

サイバースペースだけに言及する程度の単純なニュー・エコノミー神話（Colyle, 1999: Kelly, 1998）は、それゆえ、株式相場、そして景気の急変とともに衰退せざるをえない。すべての企業が、生産資本、あるいはネットワークの組織化と構築への投資に関して、回収不能のコストを抱えることになり、したがって、企業向け需要の全体が過度に縮小すれば、最も経営の順調な企業でさえ、赤字を計上してしまう。デルが、二〇〇一（会計）年度の第二四半期に、一九九三年以来初めて売上高を一%減少させたことはまさしくこのケースに相当する（*Le Monde*, 2001b）。それまで、テレビ、メディア、テレコミュニケーション企業の成功とアメリカの景気拡大局面の力強さは相伴していただけに、経済情勢の転換は、当然、そうした企業の組織モデルの強みと弱みを再検討させせることになった。

このように、一九九〇年代にアメリカ企業は、一九八〇年代に欠点なきモデルと評されていた日本企業が遭遇した問題から教訓を引き出せなかった。日本においても、アメリカにおいても、金融バブルの崩壊によって生じたのは、需要の急変、あれほど繁栄していた工業部門企業の累積損失、そして銀行経営における不良債権の山積であった。その戦略とそれまでの企業組織様式の限界が、こうして明らかになる（Dirks, Huchet et Ribault, 1999）。透明性が高く、有効な監視下にあると評価されていたシステムが、実際には、コントロールする側とされる側との贈収賄と共謀にもとづいていたことまで明らかとなった。エンロンの破産は、こうした評価や認識の急激な変化の見本である（*The Economist*, 2002c）。

ある程度抽象的に言えば、根本的な技術的あるいは組織的イノベーション、株式価格の高騰、融資の増大、成長地域における不動産価格の急騰、これらの事実を結びつける連鎖関係はどこでも類似している。だが、諸レギュラシオン様式の全体は差別化し続けるので（Boyer et Souyri, 2001）、一九九〇年代のアメリカ経済と一九八〇年代の日本経済を決して同一視することはできない。さらに、日本が経済面では長期間にわたってほぼ停滞状態に陥り、政策面でも無力であるのとは対照的に、アメリカはリバウンド力と国家介入の威力を発揮している。この点について、二〇〇一年九月一一日に受けた脅威が強力な景気対策を喚起したのであって、逆説的であるが、ニュー・エコノミーに寄せられた期待がもたらした過剰蓄積の危機克服に貢献したのだった。

最後に、生産構造の長期的変容に関する分析に依拠して、新たな主導産業の出現時によく見られる幻想的な考えを退けることができる。このような考えによれば、成長モデルは、この主導産業部門の戦略によって全体的に支配され、この部門が製品販売と模範的な組織によって経済全体を制覇する、そして他の諸部門は消滅したくなければ、この主導部門を模倣せざるをえなくなる、ということになる。事実、ダウ・ジョーンズ株価の対象企業が、ナスダック上場企業のスタイルを真似ようとした、そして（あるいは）、新興企業の設立を奨励する一時期があった。だが、産業革命の長期の歴史は示唆的である。新たに出現した成長体制の成功は、多くの場合、事後的にしか確認されないような根本的なイノベーションが生み出す間接的でしかも往々にして予期しえないような数多くの効果の重なりに依拠しているのである。

たとえば、農業技術の革新は、労働力を工業へと移転させるのであり、それゆえ、ある部門における技術的イノベーションは、内生的に、相対価格の低下に伴うプラス効果を通じて他部門の発展をもたらす。同様の相互作用は、フォーディズムにおいても観察された。都市の生活様式を支える財（自動車、家庭用設備財など。しかし、住宅は通常含まれない）の相対価格が急速に低下すると、購買力は、他のカテゴリーの財やサービス（レジャー、健康、教育、旅行）に向かう。そうした財やサービスは、多くの場合、生産性を上昇させることが難しい。その結果として、主導産業部門は、予想した市場シェアを達成することができない。なぜなら、規模の拡大と相対価格の低下とは相伴って生じるのであり、最終的には、生産性の伸びは小さいものの、需要が堅調に維持される部門において雇用が増大するからである（Baumol, 1986）。

「情報革命」の行く末は、まさにこのようではないだろうか。したがって、あえて予測するのであれば、情報技術はすでに企業経営様式や家計消費の中に組み込まれているという仮説を立てざるをえないだろう。情報技術の普及は、かつての大量生産財の普及を上回るテンポで進んでいる（Lewis, 1999, p. 307）。確かに各経済主体は、新技術をよりよく活用する方法を習得せねばならない。だが、将来の成長様式は他の諸部門、すなわち高度都市化社会における生活の質を事実上支配する部門（レジャーや教育、健康）によって決定されることになる。このことは、その社会が豊かであり、この先数十年における大問題の一つが人口の高齢化であればいっそう真実味がある。

社会の高齢化は、専門サービスの創設（Petit et Soete, 2001）と、さらには恐らく、医療の発展に伴う新世代のイノベーションを必要とするからである。

次の成長体制は、情報中心的ではなく人間中心的な成長体制ではないだろうか。以下の諸章でこのテーマを展開する前に、暫定的な結論を述べておこう。

まとめ

一九九〇年代に登場したはずの成長体制の長所、そしてとりわけ弱点を指摘することは回顧的な分析を終えた今、より容易になる。

まず第一に、きわめて楽観的な将来展望が、情報通信技術の生産部門のダイナミズムにおいて決定的な役割を果たしたうえで、株式相場を押し上げ、過剰生産能力をもたらした。こうした相場の急上昇、過剰生産能力のテンポは、経済の他部門による情報通信技術関連の設備やソフトの効率的な利用のテンポを上回っていた。一九九八年以降の利潤率の下落と二〇〇〇年以降の生産性上昇の減速は、何十年にもわたって展開すると予想された成長体制が実は未完に終わったことを想起させる。これこそ、本書の故意に挑戦的なサブ・タイトルであるニュー・エコノミーの解剖の根拠である。

第二に、累積された不均衡は、一九九七年のアジア危機に反応して生じたアメリカへの資本流入によって一時期隠蔽されていたが、まず、インターネット関連企業の株価に関する金融バブル崩壊によって、つぎに情報通信技術部門における生産の急落によってそれぞれ明らかになり、最後に危機は経済の残りの部分に広がっていった。逆説的であるが、オールド・エコノミーは、ニュー・エコノミーよりも高い安定性を示すので、景気が急激に減速しても、型通りの景気後退となっては現れない。これは、経済成長のあらゆる原動力を、主導部門とみなされる唯一の部門に還元すべきではないという重要な教訓である。

だが、楽観的な好況期とそれに続く悲観主義の時期を単に外的に並列すべきではない。実際、制度上、組織上、そして技術上のさまざまな変容が同時に進行中であり、またインターネット・バブルの崩壊がニュー・エコノミー神話をふるいにかけ、そのほとんどを破壊している。それゆえ、最終的に成長体制を形成することになるさまざまな相互依存関係を重視するような構造分析に再度取りかかる必要がある。

7

ニュー・エコノミーとは何だったのか

――技術と経済の歴史分析――

はじめに

本章では、アメリカ経済がこの二〇年間に経験した諸変化の最も一般的な側面について全体的な評価を行う。

情報の処理や伝達に貢献している技術全体について、今日どのような特徴づけを行えばよいのだろうか。先進諸国の生活様式は、移動可能な情報関連機器の登場によって一変させられることになるのだろうか。労使関係、金融システムの機能、さらに企業間の競争維持を方向づける諸制度は根本的に変化するのだろうか。コンピューターとインターネットへの適応度による境界線にしたがって社会的不平等は強まるのだろうか。情報技術が実現する流動性の強まりによって国家の権限は著しく制約されるのだろうか。最後になるが、このような新しい事態は、南北格差に、そして一般的に言えば、最貧諸国の経済発展の可能性にどのような影響を与えるのだろうか。

本章では、これらの問題を考察するが、だからと言って、これらの困難な問題のすべてに対して一般的な解答を与えることができるわけではない。金融市場が交互に見せた熱狂とその沈静化、それに続く悲観主義とその克服、これらについて従来よりも妥当な評価が可能になのである（**表14**）。現代経済の構造そのものが一九六〇年代ないし一九七〇年代とはもはや根本的に変容していることは疑いない。将来の成長のいくつかの原動力に関して展望を示すに先立って、現在進行中の相互補完的な動きを評価しておこう。

情報通信技術の役割の過大評価

情報財のもつインパクトを評価しなおすことは、これらの財が生活様式の変容に対してと同様に企業のパフォーマンスに対して果たす役割を評価しなおすことに関わっている。

情報財の財としての性質

一つの方向に収斂しつつある諸現象のありようが全体としてこのような見直しを正当化する。まず最初に、株式市場の動きは、メディア、情報通信、テクノロジー関連の株式から手を退き、景気循環を通じて相対的に安定した需要から利益を得る企業（農産物加工業、余暇、健康など）の株式に向かっている。ナスダック市場のような新市場がダウ株価よりも激しい落ち込みを経験したことは、このような株式市場の動きによって説明されうる。同時に、金融の専門家たちは将来性の高い新産業を求めて、例えば薬品産業に目を向けているが、この分野でアメリカ企業は強い競争力を発揮している（Sachwald, 2000）。いわゆる成熟産業の企業はかつて無視されていたが、

表 14　ニュー・エコノミーの見込と現実

分野＼時期	1990 年代における見込	2002 年現在での実現	長期的に予測可能な影響
ニュー・エコノミーの内容	相互依存的な産業部門の全体	情報通信技術の生産に関わるサブ部門ごとの軌跡の大きな相違	情報通信技術および関連サービスの新しい用語集の出現
生活様式と需要	大きな変容	個人向けコンピューターの需要の当初の低下	所得の一定かつ安定的な部分
技術パラダイムと生産性	以前の産業革命と等価	企業組織の再編とノルム・制度の適応には時間がかかる	情報通信技術は一般的技術だが、根本的技術ではない
企業の組織モデル	根本的に新しいモデル 柔軟性の増大 予測の誤謬の縮減	以前のモデルの再評価 莫大な固定費用に関する硬直性 ニュー・エコノミーの企業の失敗の批判	複数のモデル 組織モデル全体の再編成 情報通信技術よりもむしろ経験と良識
経済制度	標準的な制度設計 規制緩和 労働の柔軟性 ベンチャー・キャピタル	電信の規制緩和は必要だが、アメリカ資本主義の他の特徴は採用しない	アメリカ的制度の普及というよりもむしろハイブリッド化 多様性の復活 在庫管理への不確かな影響——資本市場におけるリスクの波及によって危機の頻度が高まる
マクロ経済 景気循環 成長体制	生産構造の柔軟性と正確な予測による景気循環の終焉 生産性の急速かつ持続的な成長の可能性 情報通信技術の決定的役割	突然かつ大きな景気後退 1990 年代よりも後退 情報通信技術における過剰投資の考慮	徐々に、そして（あるいは）緩慢に起こりうる影響 情報の安全、知的所有権の問題
社会的効果	デジタル・ディバイド効果による不平等の悪化のリスク 失業は非熟練による 情報通信技術の専門家の人手不足	社会民主主義諸国におけるイノベーションに関連する連帯と利益（そしてリスク）の分配 アメリカの好景気の末になると、不熟練者に対しても雇用が存在する 2000 年以降、情報通信技術の専門家でさえ解雇が始まる	同質的な教育水準と情報通信技術への教育内容の適用によって社会的不平等は限定される 教育期間の延長、生涯教育、必要な技能の産業部門別の多様性 発展途上国の専門家との結合の可能性、国別の教育課程の採用

現在では株価の高い収益性を発揮している。

情報通信技術の生産者が発見したのは、競争メカニズムの力強さであり、あらゆる製品は急速に普及し、イノベーションの効果にしたがって価格は急速に低下する。それだけでなく、こうした価格低下は過去から受け継いだ過剰生産能力によっても引き起こされる。ニッチ市場〔隙間市場〕と思われていたところで、マージン率は一九九〇年代に比べてはっきり低下している(DeLong et Summers, 2001)。情報財の利用者については、以前に購入した機械の合理的な利用に努めるようになり、とくに情報システムのセキュリティと統合における情報財使用を重視しているが、この分野は、二〇〇一年にあらゆる情報関連産業で生じた停滞と無縁であった(*The Economist*, 2002a, p. 10)。一般的技術である情報通信技術はほとんどの部門に波及している。それゆえ「企業はこれらの技術を活用せずして生き残ることができないが、しかしこれによって企業に固有な利益を得られるわけではないだろう」(Poreter, 2001, p. 78)。

このようにして、イノベーション、成長そして競争力のさまざまな源泉が認知されることになる。理論的なレベルでは、情報経済(Varian, 2000)、ネット経済(Curien, 2000)、そして知識経済(Foray, 2000)、これらの区別が可能である。この点については第八章で言及するつもりであるが、学校教育と生涯教育の質の確保とその普及こそ技術変化と組織変化を十分に活かすための土壌であることを再発見するのはこの文脈においてである(Krueger et Lindahl)。

成熟産業としての携帯情報財産業

少なくともヨーロッパで大きな成功を収めている携帯電話、より一般的に携帯情報財（ノートブック型パソコン、ナビゲータ装置など）は、GSM〔第二世代携帯電話方式のひとつ〕からUMTS〔ヨーロッパの第三世代携帯電話方式〕への移行にあたって大きな期待が持たれた。だが、この期待は二〇〇一年に裏切られ、こうした財への需要は、新技術供給者の期待に見合うほどではないことが明らかとなった。興味深いことであるが、ヨーロッパのいくつかの政府はインターネット・バブルの最中にもかかわらずUMTSのライセンス規定よりもはるかに下回る価格ダウンを承認したのだった。このことは技術的困難ばかりでなく、巨大な投資に見合うだけの商業的収益性をめぐり不確実性が存在することを示している。こうした携帯情報財普及のロジスティック曲線はすでに衰退段階に入ったのかもしれない。そうだとすれば、これらの産業は成熟産業に仲間入りをすることになる（Lewis, 1999）。したがって一九九〇年代の状況をそのまま延長して、生活様式のすべてが電子化されるとの予測にはリスクが伴うのである。

最後になるが、情報通信技術部門における雇用の予測は下向きに修正されている。国際化の進展は、まず先進諸国にとって好ましい結果をもたらすが、携帯電話、パソコンさらにマイクロプロセッサの生産が低賃金地域に海外移転されることによって過剰生産が現実化すると、一転して先進諸国にとりハンディキャップになってしまう。こうした生産の海外移転は、ハイテクで、しかも製造工場をもたない企業（ファブレス企業）という新興の経営スタイルの神話に従っている。先進諸国の情報通信部門における雇用は、二〇〇〇―二〇〇一年にかけて重要な転換点を迎える可能性が極めて高い。

三大神話の終わり

情報通信技術への信頼は別の点からも見直されている。これらの信頼は情報通信技術に多大の美徳を付与する点で共通している。あらゆる経済主体の予測能力を改良したり、景気循環を縮小したり、場合によってはそれを排除したり、最後には経済をその物質的基盤から、すなわち自然資源の制約から解放することまでが言われている。

情報の伝達手段とその内容とその解釈の混同

一九九〇年代半ばには、情報通信技術によってリアルタイム情報が実現し、企業は中央集権的な意思決定が支配的であった重工業的管理法の旧弊を避けられるようになるという認識が強く持たれていた。ニュー・エコノミーは、新古典派的な合理的期待ではないにしても、いわば完全に予測可能な領域を生み出したことになる（Abraham-Frois et Larbre, 1998）。デジタル経営を理想的に体現していたはずの企業が――シスコ、デル、そしてある意味はマイクロソフトを含めて――二〇〇〇年から二〇〇一年にかけて深刻な問題に直面したことは、それ自体こうした信仰終焉を促した。情報回路の技術的な質は、必ずしもそこで伝達され蓄積されるデータ分析の質を伴うわけではない。情報理論の古くからの教訓によれば、もし質のよくないデータが挿入されれば、そこから引き出される結論には誤謬が生じる。それにとどまらずこうした情報は不適切な、すなわち間違った分析枠組で扱われることさえありうる（第八章参照）。

さらに、情報の蓄積と行動にとって有益な知識とが混同されたのだった。多くの人びとが伝達手段と伝達内容を、そして、その内容を、さらに具合のよくないことに、その内容の解釈と取り違えている。逆説的であるが、既存の企業の方がニュー・エコノミーの企業よりも対応が素早かった。というのも既存企業は好況のあとに景気が反転することを経験的に体得しているからである。したがって必要なことは、企業に寄せられた需要の増大予測を当てにすることではなく、むしろ必要な経営手段を身につけることである。情報通信技術の需要予測がそうであったように、新技術関連企業への需要は、予測の上では強く、安定的であって、景気循環からまったく独立した動きをするものなのである。

必然的に起こる景気循環は無くならない

こうした経営をめぐる一見したところ自明と思われている新しい臆見《ドクサ》は経営コンサルタントが利益を得つつ広めているものであり、その広まりはマクロ経済レベルでも正確に観察できる。全員ではないにしても、かなりの分析者が、かつてない長さのアメリカ経済の景気拡大を目にした結果、景気循環の終焉という結論を出すにいたった。この結論は、一九二九―一九三二年の大恐慌の前夜である一九二〇年代にも抱かれたことのある幻想であり (Heffer, 1976)、最近では一九七〇年代、すなわちケインズ主義者が経済活動の決定要因を完全に支配し、景気循環を排除できたと思い込んだときに抱かれたのと同じ幻想の繰り返しである。

二〇〇〇―二〇〇一年にかけて生じた景気の反転がわれわれに想起させたことは、企業間競争によって主導される経済体制はほとんど常に過剰投資を招くに至り、一定の景気停滞ないし後退――累積的な不況ではないにしても――を通じての調整局面を必要とするという事実である。もちろん累積的な不況に関しては、それが実際に起こる可能性は、現代経済のレギュラシオン様式が有する自動安定化装置によってきわめて低いものになっているが (Boyer, 2000a)。

完全には非物質化しない経済

力学装置とコンピューターとの比較が、情報のフローがやがてエネルギー交換、そして素材加工に代替するのではないかという予測を生みだした。このことはたしかに純粋な情報財については妥当するが、現代経済のなかで交易される財のすべてに妥当するようなルールではない。同様に、供給側のきわめて高い柔軟性と国内産業に課せられる国際的なレベルでの全生産者との競争関係が、通貨金融政策が保守的な中央銀行によって運営されているのであればなおさらに、コストプッシュインフレの要因をすべて根幹から排除するとも想定されている。このようなインフレの終焉に関わる予測は一見根拠をもつようにも思われる。というのも、二〇〇一年の景気後退は、原油価格の高騰にもかかわらず、一九七三年、一九七九年の石油ショックを特徴づけたようなスタグフレーション（景気後退下での物価上昇）を伴わなかったからである（Maurice, 2001）。さらにそれぞれの社会は固有の構造を有するため、フォーディズムという独占的レギュラシオンに特徴的であったインフレの強まりは金融主導型経済においてはもはや規則的現象ではなくなり(Boyer, 2000a)、むしろマネタリズム反革命以来、例外的現象となっている（Aglietta et Orléan, 1982）。

　だが、インフレ圧力は株価のうえに（Orléan, 2000 ; Pollin, 2000 ; Shiller, 2000）またニュー・エコノミー企業の集中する地域の不動産価格のうえに出現した。これが皮肉なことに思われるのは、ニュー・エコノミーはむしろ自然素材という制約からの解放に向けて新たな一歩を画したと考えられていたからである。しかるに、原油価格が上昇したことやシリコンバレーで実現した利益の一部が不動産部門に移されていることは、リカードゥ・モデルの長所を思い出させる。つまり地代というカテゴリーが情報通信技術に関連する収穫逓増の時代にはっきりと復活しているのである。マニファクチュアに固有な収穫逓増の動態と、自然資源の枯渇性にもとづく収穫逓減という障害との間で均衡点が移動するような成長理論が再び注目されている（Kaldor, 1981）。

技術決定主義の誤り

この一〇年間の変化は、デジタル・ディバイドは不可避であるというもう一つの神話を弱めている。すなわち情報通信技術をうまく制御できなければ不平等の温床になるような格差を規定する新たな境界線を生み出すのではないか、という神話である。このような不平等の技術決定主義は学問的な分析に耐えうるものではない。

技術よりも家族・学校・文化的制度的遺産・税制による格差

最初に強調すべきは、こうした新しく起こりうる不平等の形態は、現代社会の不平等の根源として元々あるさまざまな要因に追加されることになる点である。経済的資本の家族内移転、諸個人間の競争と能力形成において学校が果たす役割、社会的正当性の概念、税制の平等性の程度、そして集合財と公共サービスへのアクセスの程度、これら社会の組織的特徴はすべて不平等の発生、持続ないし消滅に対して決定的な影響を与えている。

第二に指摘されるべきは、アメリカ経済が景気拡大の終わりを迎えたとき、熟練労働者の人手不足が起こって、企業は不熟練労働者に関心を向けるようになっていた。結果として、雇用できないと思われていた労働者がまず不熟練雇用に採用され、好景気が持続するに応じて技能の再訓練も行われた。したがって、一九七〇年代以降深まっていた所得の不平等が一九九〇年代半ば以降弱まるにいたった（Pontvianne, 2001）。

デンマーク、フィンランド、スウェーデンのように情報通信技術活用の修得と——場合によっては——その生産が進行しつつ、アメリカよりもはるかに不平等の程度が低い社会民主主義諸国についてここで立ち戻る必要はないだろう（本書第五章参照）。最後に、技術の根本的イノベーションが企業の組織形態や経済制度を不安定にするといっても、その逆の関係もまた同様に妥当するということも忘れるべきでない。というのも、現在の制度的・政治的構造（North, 1990）によって規定される制約や動機こそがイノベーションの方向や程度（Amable, Barré et Boyer ; 1997）を決定づけ、一般的技術の応用をも決定づけるからである。

実践的なレベルについて言えば、プログラマーや情報システムの専門家になることはおそらくハードルの高いことであるにしても、コンピューター言語の読み書きが最低限でき、最低限の算術能力さえあれば、コンピューターの開発システムによって、きわめて複雑なソフトの利用も容易になっている。したがってデジタル革命が平等性についてどう影響するかという問題は、相対化され、見直される必要がある。つまり情報通信技術は不平等を生み出すというよりもむしろ現代社会に元々生じていた不平等を増幅する意味を持っているのであるが、しかしこれらの不平等も学校制度や社会保障あるいは税制によってある程度相殺されうる。

地域間、国家間格差

最後になるが、デジタル・ディバイドは必ずしも豊かな先進諸国と貧しい周縁諸国を単に対置するわけではない。シリコンバレーは、台湾、インド、中国、その他の途上国といったかつては後進国であったり、あるいは現在後進国とみなされている地域出身の専門家たちを必要とした。次の段階で、かれらの多くは自分たちの会社を立ち上げ、アメリカと自国という、二重のネットワークを利用して、それまでシリコンバレーに集中していた活動の一部を海外移転したのだった (Saxenian, 2001)。

かくして、こうした頭脳流出は、最初は、これらの知能を育成した後進諸国にとって損害であるが、国際的に展開される情報通信技術の価値交換において一定の位置を占める必要がある。この損害は母国経済において新たな活動が創出されることで部分的に、あるいは全体的に相殺されうる。そうなると、不平等が拡大する恐れも十分存在する。たとえば、こうした頭脳流出の典型であるインドのベンガル州とシリコンバレーの格差は弱まっても、ベンガル州とインドの他州との不平等はかえって拡大しうる。技術がそれぞれの社会内格差、また国家間格差、新たな要因を不可避的に生みだすという技術決定主義が作用しているわけでは全くない。ここでもまた、情報通信技術の地理はきわめて独自なものであるように思われる。自動車から情報関連財まで当てはまるとされる「ワンベストウェイ」の普及というような単純な理解ではすまないのである(Freyssenet et al., 1998)。

これらの相互補完的な指摘は、だからといってニュー・エコノミーが跡形なく消え去ったということを意味するわけではない。それどころか、われわれが目にしているのは、次のような大きな問題である。すなわち、一九九〇年代に起こった変革を受けて、われわれは出現しつつあるレギュラシオン様式の外観をどう素描できるのか。また、そこにおいて情報技術はどのような役割を果たすのか、という問題である。

レギュラシオン様式の不安定性

情報通信技術は、競争メカニズムが一挙に復活するという予測を改めさせた(Dockès, 2000)。これまでの指摘でも言及したように、競争、より一般的に言えば、現代経済における資本集中の展開のありようは、複雑かつしばしば矛盾した形態を有する（Paulré, 2001）。要約すれば、情報機器が標準化することによって、競争のこうした側面は平準化するが、これは競争をサービス、品質、イノベーションといった別分野に移転することでもある。

ニュー・エコノミーにおける競争のありよう

一方では、生産管理は、分散化され、大企業内でも、外でも、競争を強める傾向にある。たとえば、コンピューター組立部門の生産者は増え、その限りにおいてマージンは侵食されている。というのも、各企業に固有の技術能力の独自性の大半が消え去ってしまうからである。同様に、現在ではマイクロコンピューターの生産は国際的な激しい競争の対象になっていて、その結果、当初の寡占的な利益は大部分が消滅している。このようなわけで、二〇〇一―二〇〇二年の時期を観察して、一部の分析者は情報通信技術の普及によるマージン率の低下という一般的な仮説を打ち立てている（DeLong et Summers, 2001）。

他方では、株主に対する価値を高めるためにM＆Aや企業間提携が一九九〇年代に爆発的に起こったが、現在それらは幾分沈静化している。二〇〇一―二〇〇二年における景気後退によって生じた過剰生産能力を解消する必要性が、M＆Aや提携への関心をある程度強めている。

競争が拡大するという予測は、したがって不確定である。一九九〇年代のアメリカではマージン率は過去の景気循環よりもはるかに高水準に達し、マージン率は一九九七年まで上昇を続けた（**グラフ8**、本書一八二頁）。このような視点は、出現しつつあるレギュラシオン様式を支える他の制度諸形態はいかなるものかという問いにわれわれを導く（**表15**）。

賃労働関係と金融経済化

賃労働関係は、この二〇年間にかなりの程度、変化した。一般的に言って労働市場の状況と企業業績への感応度をかなり高めた。フォード主義的な賃労働関係は労使関係の一定の同質性を意味していたのに対して、一九七〇年代以降に起こった国際的、技術的、経済的変化によって雇用契約は少なくとも三つの形態にしたがって分裂するにいたっている。すなわち、労働市場の柔軟化、複能的な雇用の定着、そして職業モデルである（Beffa, Boyer et Touffut, 1999）。

ある意味で、情報工学によって雇用形態の如何にかかわらず賃労働者を一元的に管理できる可能性が再び生まれている（Dockès, 2000, p. 146）。情報通信技術の生産部門については、シリコンバレーで支配的な労働関係から判断するかぎり、非常に重要な専門能力を有する賃労働者はリスクだけでなく利益をもすなわち資本利潤をも共有するような契約を交渉している。その結果、ストック・オプションが新しい成長体制に参入するための必要不可欠な条件として提示されている。だが、いくつかの社会民主主義型の小規模開放経済——ストック・オプションなしで情報通信技

表 15　情報通信技術に基づくレギュラシオン様式は完全競争に非ず

影響＼時期	1990 年代末における期待	2001 年時点の評価
競争形態	ウェブによる情報利益の低下（価格の比較、品質に関するデータのアクセス） e コマースはワルラス的完全競争の世界になる	供給サイドによる情報の非対称性の活性化の戦略（関連財の組み合わせによる供給、予約、顧客の優遇、直接的なマーケティング） 同時的に起こる標準製品への競争の強まり、情報通信技術関連製品については独占、寡占、あるいは個別ネットの並存へ
賃労働関係	金融経済化への傾向（企業年金プラン、利益配分、ストック・オプション） 商法が労働法を吸収する傾向 ニュー・エコノミーにおける労働組合設立の困難	ネット・バブルの崩壊はニュー・エコノミーの賃労働者の金融経済化による報酬を縮減する 景気の反転による賃金契約の見直し
金融／金融政策	情報通信技術向けの財務評価の新しい方法 金融ネットバブルを発見することの欠如ないし不可能性 中央銀行はバブルの形成を回避することができる、あるいはバブル崩壊の悪影響を抑制できる	労働組合の設立の萌芽
国家・公的管理	国家の規制的な役割の終わり、ニュー・エコノミーによる自己組織 あらゆる課税を免除された分野	習慣的方法があらゆる企業に適用しうるし、適用されねばならない ネット・バブルの崩壊がすべてのアクターにとって明らかになる 「非合理的な熱狂」の高まりに直面して、中央銀行の行動には限界が生じる
経済地理と国際的参入	国民的国境の廃止 経済活動の柔軟な立地	各国の法律、そして国際法の諸原則がネット経済に適応し適用される e コマースへの課税の欠落は競争の歪みを生み出す 国境ではなく距離の消滅（ネット利用者の身元確認、移動・近接マーケティング、国民法の判事による尊重） 情報以外の財やサービスの設備を物理的に立地する必要性

術分野で高いパフォーマンスを記録している諸国――においてこうした予測が否定されているように、情報通信技術部門で起こった景気後退によって賃労働関係が蒙った影響を考慮に入れつつこうした条件の不可欠性はアメリカ経済についても相対化されるべきである。

このような状況の中で、基礎賃金が改めて重要性を持つ。というのも、実際、ナスダック市場に上場を認可された新興企業の株価は、倒産しなくとも、しばしば九〇％から九五％程度も下落し、ストック・オプションの値上がりによる利益見込みは完全に否定されているからである。好景気の終わりになって労働市場が緊迫化し、企業間での流動性の高いの賃労働者の間で、独特なタイプの労働組合の形成が助長され、典型的な雇用契約の持つ意味が再認識されてきている。たしかに景気後退は労働組合の形成にとって有利な状況ではない。だが、一九九〇年代に賃金関係の金融経済化が頂点を迎えたことは十分ありうる。あらゆる労働者が情報通信技術部門ないし金融部門で働いているわけではないので、賃労働関係の再編成は、おそらく差別化の強まりによって特徴づけられるようになり、多様な経路を辿ることになるだろう。

経済の金融化と金融政策

金融・通貨体制について言えば、情報通信技術の発展と、投資プロジェクトや企業を評価するまったく新しい方法を結び付ける考え方は、最近の一〇年間の変化によって否定されている。すでに見たように、ニュー・エコノミーを支える企業の株価が暴落しただけでなく、インターネット・コンベンションも崩壊しているのである。

このインターネット・コンベンションは、ずっと以前からある企業の評価方法とは異質のものであった。たしかに金融業界は、新興企業の株価を顧客数ないし――さらに驚くべきことであるが――無料で参照できるサイトの見学者数にしたがって標準化することを受け入れたのだった。企業がこのように損失を重ねてついに自己資本のすべてを使い果たしてしまう、あるいは流動性だけでなく支払い能力の危機に直面するようになると、何をしても企業の市場シェアの増大に役立たないことになる。

新興企業のなかで累積的な損失を長期に記録した後に収益性を回復できた企業は、現在までのところ、ほとんどない。つまり、成功を収めた数少ない企業は、最初から収益性に狙いを定めたきわめて伝統的な財務運営を採用したのだった。したがってまた、そして特に新興資本市場における調整を考慮に入れた場合、投機的なバブルが一九九五年から明らかに発生して、二〇〇〇年三月にはじけたという事実にはもはや疑いの余地がない。実体を欠くこれほどの資本量が実際に形成され、そして株価は企業価値を実際に反映していると、一部のアナリストはそうみなそうという誘惑に駆られている（Hall, 2000）。とはいえ、そこで採用された企業価値の評価方法、また生産資本の数倍に達するような資本量の実際の規模については疑うべき余地が存在する。

金融経済化によって支配されたレギュラシオン様式と向かい合った中央銀行の目的と権限も明らかになった（Boyer, 2000a）。まず、中央銀行が金融バブルの発生に対して無力であることが批判された。たしかに、一九八〇年代の日本の例が示しているように、政策はバブル発生に注意を払っていなかったがゆえに危険であったたし、またそのことは中央銀行の政策課題のなかにも記入されていなかった。これに対して、アメリカの金融当局はバブル発生の予防に対する当局の責務に敏感であって、その責務は、インフレと成長を組み合わせる、より良きポリシー・ミックス（混合政策）の追求という目標と結び付けられるべきものとしてあった。アラン・グリーンスパン〔マネタリスト経済学者。一九八七年―二〇〇六年にアメリカ連邦準備制度理事会議長を務めた〕の声明は、市場の伝える非合理的な熱狂のテンポを緩和するものであった。

けれども、インターネットと組み合わされた金融バブルは一九八〇年代の日本のバブルと同様に急速に広がった。ナスダック市場の下落は始まっていたが、アメリカ連邦準備銀行が相次いで公定歩合を引き下げたので、そのたびに、一時的にせよ株価は楽観主義の期待を受けて好転した。中央銀行はその目標のなかに、株価の安定（Blinder, 1998; Checcin et al., 2000）や為替レートの安定（Taylor, 2001; p. 267）を加えるべきか否かについて学問的な論争が続いているが、アメリカや日本の経験が意味しているように、そうした介入には実際のところ、限界があるのである。

かくして、最近一〇年間に起こった二つの構造変化、すなわち情報通信技術の普及と金融経済化の深まりのもつ重要性について確認することができる。厳密にマクロ経済の観点にたつのであれば（Artus, 2001）、また現代資本主義の社会的経済的な関係のもつ性格に注目するのであれば（Aglietta, 2000）、金融経済化の方が情報通信技術の普及よりも重要であると考えることができる。たとえば、アメリカ経済とヨーロッパ経済の景気循環のずれは、長い間、情報通信技術の普及(Boyer et Didier, 1998)、さらに一般的に言えば、ニュー・エコノミーの普及の速度の違いによるものとされてきた（Cohen et Debonneuil, 2000）。こうした見方に欠落しているのは、金融および財政政策の立案に関わる相違もまたきわめて重要である、という論点である(Muet,1995 ;Boyer,2000b)。

ニュー・エコノミーと国家の存在

ニュー・エコノミーの舞台はすぐれて自己組織的な空間であるというわけで、情報通信技術に、規制を課する国家の役割の消滅を促す働きを見ようとする神話についてもここで検討しておく必要がある。たしかに、インターネット経済の地理は大量生産経済の地理と異なる。しかしだからといって、ネットワーク世界において、国家の制御パワーが消滅したわけではない（*The Economist*, 2001d; Zysman et Weber, 2001）。eコマースによって支配されるような経済においても、国際商法が存在し、裁判官の権限も存在し続ける以上、所有権も同様である。こうした例に限ってみても、ウェブ上での支払いの安全性のためには一定の国土空間においてなされる必要がある。取引相手の身元確認が必要になる。一定の領土内におけるeアドレスやサイトの管理を前提とする。

したがってサーバーは必然的に一定の場所に定められるべきであって、ウェブが情報フローの非物質化にしたがって容易に利用されるにしても、このことに変わりはない。まずウェブは非課税空間であるという考え方が広まり、さらに二〇〇一年九月一一日の襲撃事件によって国際的な金融取引や諸個人間の情報交換において完全な自由、匿名性が保障されていることの正当性が問題になりもした。その結果、自由と安全の間での対立の調停の仕方に変化が生じ、このなかで、一定の公的権力の介入が正当化された。そして各企業は国家的ないし国際的な商法、すなわち在籍地にしたがって義務として自らを申告すべきという圧力が強まっている。またeコマースがあらゆる地域で税を逃れることになれば、競争は著しく歪められるだろう。要するに、インターネット経済にとってもある程度の公的なインフラは必要であって、少なくとも資金調達と開発コストを賄うための必要最小限の課税を必要とするのである（McKnight et Bailey, 1998）。したがって、情報通信技術の外部性を内部化するためには、一定の税制が必要である。ネットサーファーたちは交換される情報量に比例した税制（ビット税）に強く反対している、と見られているが、ネット経済のもっとも賢明な当事者たちは中立的な税制が必要であることを認識している。中立的な税制とはeコマースの取引を阻害もせず、とりわけ優遇もしないような税制である（BRIE, 2000）。

このように、情報通信技術の発展によって市場が新たに開拓されたので、公的介入の場所はむしろ増えている。知的所有権の確立の問題、企業や官庁が蓄積する個人情報に対する諸個人の権利の問題、さらに、支払い手段の安全性の確保、より一般的には取引の法的な監視にもとづいて契約の履行を保障する問題など、これらにすべて関係している。さらに、一方では、収穫逓増の重要性が存在するし、他方では、ある種の情報関連の財やサービスの供給には独占化への傾向が存在するので、競争を維持すべく、公的介入が必然的になる（McKnight, Bailey, 1998）。

ニュー・エコノミーと新しい公共概念

実際、ネット経済によって新しい形態の公的介入が生まれる可能性が存在する。というのも、公的介入は市場を形成するための必要条件になりうるからであるが（図6）、新しいテクノロジーと同様の国際化が進行――グローバルな公共財――することによって、新技術とともに公的分野の概念は再検討され、また拡大解釈されている最中であればなおさらのことである(Drache,2001)。こうした要素は、取引の一方の側の国内法の適用か、あるいは国際商法の拡大適用か、これらのうちのいずれかから生じてくる。

したがって、ウェブが国内空間を超えるような新しい市場の出現を可能にするからといって、国境界が完全に消滅するわけではない。情報に関しては距離は縮小しているが、国境は消え去っていない。しかも、第三世代の携帯電話に寄せられた期待は、サイバー空間だけに居住し、居住

図６　電子商取引に必要な公的制度と法的規制の総体

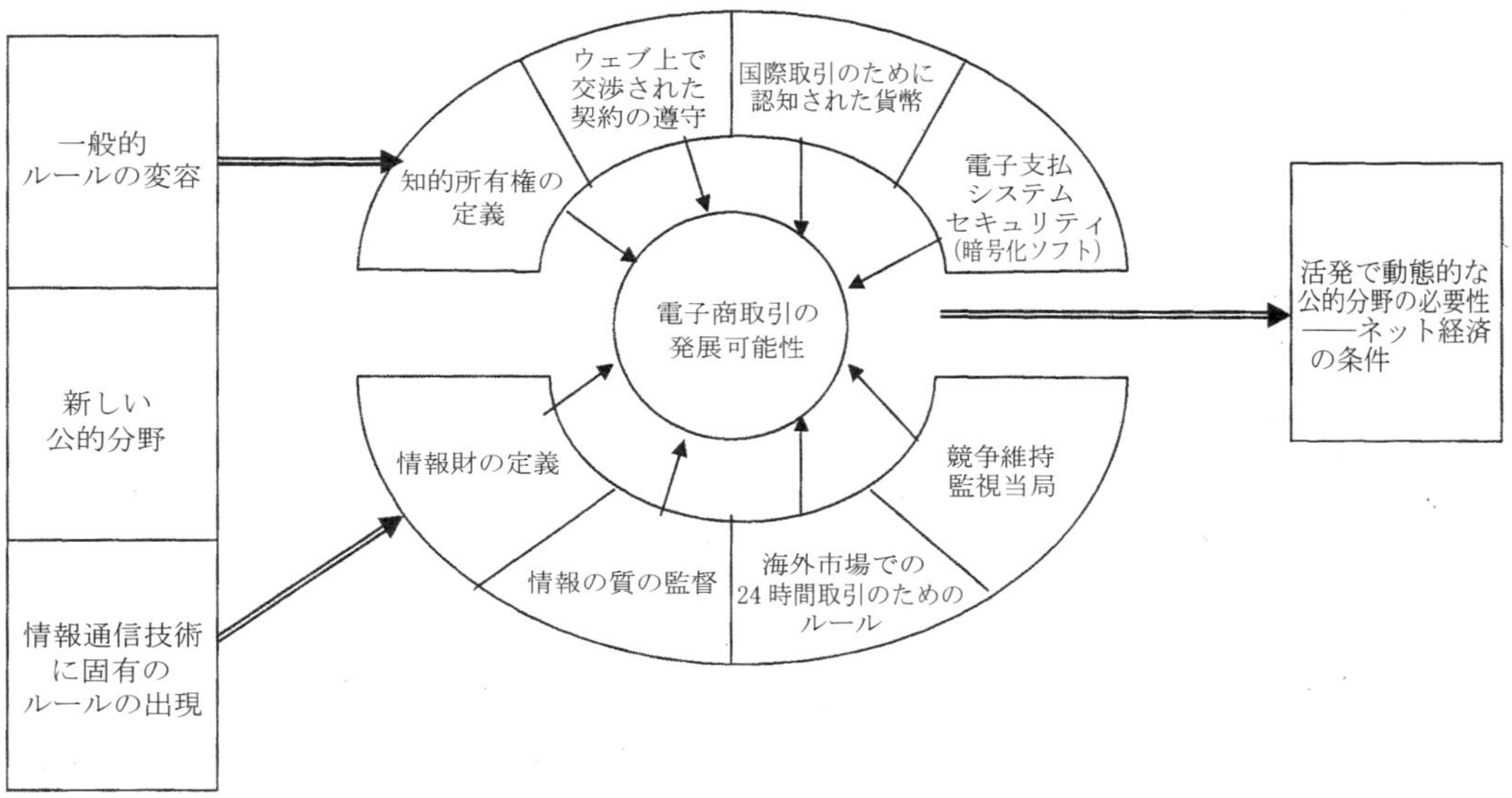

を特定できないようなグローバルな消費者は神話の存在という超えて近隣地域への売り込みを狙ったものである。しかも、利用者や顧客の居住を調べて確認できることになれば、国家の法律を適用することによって、有害とみられる製品（無認可医薬品や麻薬）あるいは、基本的人権に反する、ないし市民的原則や平等の原理に反する製品（人種差別の扇動、ナチズム関連グッズなど）の販売を禁止する国内法を適用できる。

二〇〇〇年代の幕開けはネット経済の再制度化によって特徴づけられる。このことは一方では喜ばれているが、他方では批判されている（*The Economist*, 2001b; 2001c; Zysman et Weber, 2001 ; DeLong et Summers, 2001）。さらに、要するに、一見細かいことだがきわめて重要であるのは、あらゆる活動は、たとえそれが情報処理にかかわるものであっても必ずどこかにか存在する物理的な基盤を必要とするのであり、それゆえ特定地域の法律の支配を受けているということである。そうでなければ、脱税天国の実現としての情報天国が生まれることになる。

要するに、一九九〇年代の好景気は長期的な歴史に何の影響も残さないような、たんなる熱狂的な投機の時代であったと結論づけることは間違っているだろう。この間に起こったさまざまな変革は、全体的に新しいレギュラシオンのための空間を切り開いている。各企業や各国民経済の成功ないし挫折を左右するような諸要因をすべて決定するわけではないが、この新しいレギュラシオンにおいて、情報通信技術は一定の役割を果たしている。

「ニュー・エコノミー/オールド・エコノミー」図式の無意味

最初から一部の経済学者たちはニュー・エコノミー概念について懐疑的であって、本格的に批判したわけではないにせよ、その使用を避けていたが、このような疑念は強まるばかりである(Gardey, 2000; Gordon, 2000a; 2000b)。けれども経済政策をめぐる大半の論争は二項対立的に展開されている。新ケインズ主義対自由主義、「現実主義」対ユーロ支持、ニュー・エコノミー信仰対現行変化についての詳細な分析、というようにである。

事後的にしか辿れないイノベーションの過程

これまでに起こった技術的・産業的な急速な変化を駆け足で回顧しておくことがここでは有益であろう。このような回顧を通じて、その時代において進行しつつある変化はその当時の公的な論争の対立点に照応するのではなく、むしろ当事者や歴史家だけが事後的にのみ発見できるような軌跡にしたがっていることがわかる。たとえば、アメリカと日本の生産モデルの交代はこのように説明することができる。一九八〇年代半ば、アメリカの企業経営者は皆、日本的な生産モデルをそのまま正確に大量生産部門に適用することに腐心していた(Womack et al, 1990)が、まさにその日本において、あれほど賞賛されていた生産モデル（Boyer et Durand, 1997; Boyer et Freyssenet, 2000a）と、その土台であったレギュラシオン様式（Boyer et Yamada, 2000）がともに危機を迎えつつあった。

第二の歴史的な皮肉とは、この同じ時期、アメリカではきわめて注意深い最良の専門家たちでさえ見逃していた、情報技術におけるアメリカの躍進を特徴づけるような兆候が出現しつつあったことである。たしかにその成功は不安定なものであり、しかも地政学的な要素（宇宙戦争《スター・ウォーズ》におけるアメリカの勝利）に依存し、本質的に試行錯誤の連続であるイノベーションの過程は、最良の未来予測家たちの洞察力によっても見通すことのできないものであった（Lesourne, 2001）。要するにすでに二十世紀初めにJ・シュンペーターが述べたように、イノベーションの過程は意図的な戦略と偶然の発見ないし成功との組み合わせなのである（セレンディピティ〔偶然の発見、幸運を掴む能力〕）。

これと同じ原則が、ニュー・エコノミーについてもおそらく妥当するだろう。実際、一部の分析者は一時的なブームに対して慎重であって、情報通信技術の飛躍的発展に関連した変化に対してよりバランスのとれた慎重な議論を展開していたことを忘れるべきではない。

ニュー・エコノミーと企業経営をめぐる神話

二〇〇〇年に入ると、ニュー・エコノミーのテーマはすぐにでも消滅するであろう、と予測する分析者が出現した（Courtis, 2001）。そして後から金融業界紙も株式市場の反転をフォローすることになり、新興企業の失敗について長大なリストを作成することになった（Gruner et Boston, 2001, pp. 20-21）。情報技術を是が非でも導入させたいという考えが組織を合理的な構築しようという考えに優位し、また新興企業は金融業界の大企業の資本をあてにして、資本をいたずらに浪費し、そして新たに顧客を引き寄せようという戦略が利潤追求戦略に勝ってしまったのであろう。

したがって、ベンチャー資本の提供者は、情報通信技術に固有な技術的知識に関して、新企業の経営を安定させるための実際の経営ノウハウを持つ戦略的なパートナーに代替されるべきであった。費用の高くつく全方位的なＰＲ戦略は、その市場に密着したマーケティング・アプローチにその地位を譲るべきであった。「パワー・ポイント」のチャンピオン〔内容よりも形式、プレゼンテーションにこだわることへの皮肉〕は、企業の成功に必要なノウハウを提供してくれる当該分野の専門家の代わりなど務めることは決してできないのである。要するに恐竜のような巨大企業をさえ混乱させうる新しいモデルの力の源泉とみられていた諸特徴が、そのまま二〇〇一年には「ドット・コム」企業の弱点ないし衰退の兆候、あるいはその倒産の原因として現れたのである。経営に関する様々な空論はいつになったらこうした弁証法を学ぶのだろうか。

さらに深刻なことであるが、経営の一部の専門家は、新企業の出現を、競争力を維持する、つまり将来企業が生き残ることを可能にする継続的な要因のなかに執拗に書き加えようとしたのだった。かれらの結論は明確であって、「オールド・エコノミー」と「ニュー・エコノミー」という区別はもはや意味がない。というのも、両経済は、ともに対称的な挑戦に直面しているのである。「ドット・コム企業は価値を生み出すために真の戦略を立案しなければならない。現在行われている競争は破壊的で無意味であって、企業にとっても消費者にとっても利益とならないことを認識すべきである。既存企業は、本業を脇に置いてネット戦略を展開するようなことはやめるべきであり、むしろその企業戦略の最も特徴となるものを強化するためにネットを利用すべきである」(Porter, 2001, p. 76)。企業はしたがって相互的な模倣戦略を放棄すべきである。というのも、このような戦略は将来性が高いと思われているモデルを模倣するだけのものであり、企業はクリック〔情報通信技術の象徴〕とモルタル〔旧技術の象徴〕を対立させるべきではなく、それどころか、「同一の状況のなかで物質的な活動とバーチャルな活動を接合するような価値実現の連鎖を構築すべきだからである」。したがって経営と情報の付加価値づけに対する新しい関係が企業全体に普及することになる(Cohen, 2000)。

さまざまな形態の企業の共存

企業の組織、研究開発、そしてイノベーションについてより理論的に指摘することができるのは、新興企業によるイノベーション活動への参入が相次いで起こるからといって、エンジニアの大企業内の開発部門への統合が生み出す収益を上回る結果を必ずしももたらすわけではないことである(Amable, Breton et Ragot, 2001)。したがって、小企業の立ち上げコストが下がったとしても、つねに消費者にとって効用が増大するわけでもない。金融自由化によって新企業の創出が容易になり、また大企業か新興企業かにしたがってエンジニア間の差別化が強められる。このことが厳密には技術的な理由によらない新しい不平等を強めることになる。このような定式化は、インターネット・バブル崩壊後、新企業の立ち上げコストが再び上昇したことが、むしろ大企業内開発部門への研究機能の再統合を促すという結論に我々を導くであろう。

また、企業と公共政策との関係をめぐる歴史が教えているように、シリコンバレーという例外性と新興企業の象徴的な形態とは見直されるべきなのである(Fligstein, 2001)。まず、公的介入は当初から存在し、エレクトロニクス産業がその後到達した段階まで適用され続けた。次にここ数年間、結局よく知られた状況への回帰が起こってきた。すなわちネットワーク理論が無視しているのは、成功を収めた企業は、その後も市場において寡占ないし準独占の位置を占めているという事実である。これらの企業とは、マイクロソフト(ソフト)、サン(インターネット設備)、シスコ（インターネットの離脱と制御）、インテル（情報チップ）、ＡＴＴ（遠距離のケーブルと電話）、ＡＯＬ・タイム・ワーナー（ケーブルとネット・アクセス）である。

ここから結論できるのは、次のような注目すべき相互補完性である。「当該部門の大企業は、革新的な小企業を吸収して寡占ないし独占的地位を形成している。この状況はすべての当事者にとって有利である。というのも先駆的な創設者としての小企業は巨大なリスクにさらされるが、こうした状況から巨大な利益を引き出すことができるし、巨大企業はこうした革新的な技術を入手することによって自らの地位をさらに強めることができるからである」（Fligstein, 2001, p. 12）。

ニュー・エコノミーが死んでも遍く普及する情報通信技術

このようなタイトルを通じて強調したいのは、様々な部門のあらゆる企業戦略に情報通信技術の潜在力を合理的に活用することの妥当性である。その応用しうる範囲は広範に及んでいる。これによって企業は、市場に競争相手の存在しないような、まったく独自の製品を作り出しうる。また特定な技術の制御法を開発し、従業員の特定の能力を高め、さらにサービスの質を高めて、イノベーション戦略を市場における位置に関連させうるのである。これらはすべて、情報通信技術の活用の潜在性を示している。

まとめ

危機の時期には、経済主体にとってしばしば苦痛の種となるような出来事が生じるが、それもこの時期を通じて、投機過熱の局面で蓄積された経済的、金融的な不均衡が回復されるからである。この時期はまた、経済主体の考えや、分析者が展開した理論が——ときには劇的に——見直される機会でもある。インターネット・バブルの崩壊もまた、このような時期であることに変わりはない。

たしかにアメリカでは、生産性の上昇益は、産業部門の景気後退にもかかわらず例外的に高水準にとどまっている。だが、マクロ経済学者は、情報通信技術が生産性に長期的に及ぼす影響について、バブルの最中に行った予測を下方修正するにいたっている。明らかな過剰生産能力の存在によって、ニュー・エコノミー企業が享受すると想定された利益はすでに侵食され、消費傾向は、新世代の情報通信技術の出現によって——楽観主義者なら、「まだ」と言うだろう——変化してはいないのである。三大神話は崩壊している。第一に、情報のリアルタイムでの処理にもかかわらず、予測や経営の明らかなミスすらも回避できていない。第二に、経済における景気後退の消滅は生じていない。第三に、不動産価格とエネルギー価格の上昇は、経済が完全に非物質化したわけではないことを教えている。

よく考えればわかるように、情報通信技術の利用能力の格差に結びついたデジタル・ディバイドに対する不安はそれほど根拠のあるものではない。一方で、アメリカやイギリスで社会的格差が強まっているのは、家族の変化、学校の問題、さらには高額所得者ないし資産家に対する課税の緩和、これらの影響を受けた結果である。他方で、一部の社会民主主義諸国が示しているように、社会的連帯という理想と社会的不平等反対のための闘いという状況のなかでも情報通信技術を生産し活用することができる。

情報通信技術が消費者に与えることになる価格の比較能力だけに依存するような、まったく競争的なタイプのレギュラシオンが実現するという予測が実現する可能性はほとんどない。イノベーションの動態そのものが、寡占的な利益の創出とその侵食、これらの繰り返しの過程だからである。さらに、国民政府が情報フローに関する権限を完全に喪失するわけでもないが、このことは、二〇〇一年九月一一日の事件によってウェブ上の安全を確保するための公的介入の必要性が指摘される以前においても妥当していたのである。

最後に、すでに賢明な観察者たちが予測していたように、新興企業の資源を安価で入手するために、大企業は、これらの企業の経営困難を利用する。度重なる景気の後退を通じて、大企業は絶えず経営モデルを見直しており、こうして景気後退に対して効率的に行動しているのである。

オールド・エコノミーとニュー・エコノミーの対比に別れを告げよう。情報通信技術は必ずしも根源的ではないが、一般的技術でありうるのは、それほど意外なことだろうか。情報通信技術は、実際、企業経営に必要な情報処理能力と情報伝達能力に関して二十世紀初め以来起こってきた一連のイノベーションに引き続くものである。行政機関は将来における情報通信技術の重要な利用者であるにちがいなく、行政機関の意思決定システムまで大きく再編成されうることを忘れるべきでない。

8

21世紀の経済成長はいかにあり得るか

——人間主導型成長モデル——

はじめに

前章までの分析のアプローチはバランスの取れた現実指向にもとづいていて、それ自体たしかに興味深いものであった。だが、そうであるからといって、経済分析家にとって、企業の組織モデルだけでなく、将来的に経済成長体制そのものを変革することになるような、将来性の高い戦略を提示するという責務がなくなるわけではない。ある意味で、情報通信技術のインパクトが沈静化した結果、将来のための提案や将来のシナリオに関する議論が復活している。これらの議論に共通する特徴は、経済成長の原動力に関するきわめて構造的な分析と対比すれば、単なる道具とみなされているような情報技術が果たす役割を再検討していることである。

したがって、本章はこれまでの分析をつぎの二重の意味で延長させるものである。以下でまず検討されるのは、情報通信技術主導型成長体制の克服に関する最近の議論である。これらの議論は、現実における新しい経済モデルの出現にとって先駆けとなるのだろうか。それとも、この議論のなかに、ネットワーク経済のモデルという一般的モデルの最近の形態を見出すべきなのだろうか。情報コストが低下していることは、ますます知識にもとづくようになる経済が出現していることの現われなのだろうか。最後に、とりわけ以下では、二十一世紀を実際に画することになる成長体制――潜在的に強力であるが、未だ認知されていない体制――を模索する上で極めて有効な歴史的展望を提示しよう。

情報通信技術と企業の推進力

バーチャル経済、サイバー市場、非物質化されたネット経済、これらに続いてつぎのような一般的な仮説が諸文献のなかに登場している。すなわち、コンピューターの普及に続くウェブの緊密化は、スピード対応が本質的な特徴となりうるような新しいタイプの企業の出現を可能にする諸段階を意味するにすぎないのではないか、という仮説である。

長期戦略かリアルタイム対応か

「日本」モデルが全盛であった頃、企業モデルの専門家たちは情報処理の階層性に依拠するA（アメリカ）モデルと日常の生産管理に必要な情報の広範な分権化にもとづくJ（日本）モデルとを好んで対立させていた（Aoki, 1986; 1990）。二〇〇二年になると、情報通信技術は、事件やリスクに反応しなければならない企業経営に、ある斬新さをもたらした。「スローン」的企業、あるいはその現代的継承企業は、長期戦略の形成を重視していたのに対して、企業環境のかく乱、技術変化の激しさへの対応の必要性から、リアルタイムでの企業経営という、まったく新しい企業形態が出現したのだった。かくして、リアルタイムで対応する企業はあらゆる点で長期主義の企業モデルと対立することになる（表16）。これは一見魅力的な議論であるが、以下のような理由のために、説得力をもたない。

まず第一に、このような見方はさまざまな変化の原因を情報通信技術の台頭に求めているが、実際にはこれらの変化はいかなる意味でも単なる技術決定主義では説明できないものである。これらの変化は、ウェブの出現やネット経済にはるかに先立つ時期、すなわち今から二〇年も前に、すでに出現していたのである。例を挙げよう。企業経営のスタイルが、強力な企業リーダーシップの方向に振れたのは、以前の高成長を引き継いだコングロマリット企業の収益性が低下したからである。人的資源の管理がもはや終身雇用の保障に依拠しなくなり、むしろ活動期の人生を通じて雇用の可能性を維持するために、賃労働者の能力をたえず再教育する方向に動いているのは、企業間競争が変化しているからであり、またマクロ経済の変化が不安定性を強めているからである。同様に、垂直的な企業統合や「系列」ではなくむしろ企業間の協力関係が要請されるようになっているのは、新技術が旧来の産業ごとの仕切りを不安定にしているからであり、その結果、市場で求められている製品を供給するためにさまざまな専門的企業に帰属する諸能力との協力関係を結ぶ必要があるからである。たとえば、自動車産業では機械とエレクトロニクスの結合が実

表16　情報通信技術とリアルタイムで対応する新タイプの企業

要因＼企業のタイプ	長期戦略にもとづく典型的企業	リアルタイムでの対応型企業	新タイプの企業の長所／限界
戦略	長期戦略プランが行動を導く	中長期的プロジェクト、だが短期計画	惰性の弱まりと不安定性の増大
競争との関係	競争相手企業の戦略分析を含む	顧客の戦略分析を含む	そのための手段は何か
経営スタイル	合意形成	企業家的カリスマ精神にもとづく	場当たり型モデルへの復帰
経営の焦点	品質の持続的追求	新傾向、新事件への対応	社会的な受け入れの可能性？
正当性	メリトクラシィ	エリート主義	社内結合と企業アイデンティティの問題
採用基準	チーム労働の精神	作業員とエリート社員	企業と雇用者の間の利害の不一致
雇用契約	終身雇用の公約	生涯を通じての雇用可能性	専門職従事者にとって可能
人事管理	企業主導型	被雇用者主導型	その他の従業員はどうなるか
情報技術	データの土台にもとづく管理、受動的管理	事件対応型情報管理	情報の質と妥当性
提携関係	系列	多様な提携と「協力的競争」	企業空洞化の危険
社歌	行進曲	即興的ジャズ	ニュー・オリンズあるいはフリー・ジャズ？

出所：*The Economist*, 2002a, p. 15. ただし、細部の修正と第4の項目の追加。

現している。

エレクトロニクス化に先立つカンバン

第二に、リアルタイム対応による企業経営の構想は、一九九〇年代に初めて登場したわけではない。というのも、リーン生産モデル（Womack et al., 1990）や、自動車産業における一部日本企業による組織方法の簡略化（Boyer et Freyssenet, 2000a）は、ジャスト・イン・タイムやすべての品質の追求を通じてストックや不良品を最小化させること〔トータル・クォリティ・コントロール〕に関連して生みだされたものだからである。このモデル自身はスーパーマーケットにおける在庫管理にヒントを得たものであったし、このモデルのスタート時点では、「カンバン」、すなわち、川下から川上に向けて指示と注文が明記された紙片が流通することに依拠していた。このプロセスがエレクトロニクス化されたのはごく最近においてであり、まずアメリカにおいて、ついで日本で、カンバンを導入した企業自身によって行われた（Shimizu, 1999）。したがって、生産水準に対して在庫水準を低下させるという動きは、企業が情報通信技術の発展から引き出した唯一の利益ではない（*The Economist*, 2002a, p. 17, graphique 7）。そうではなくて、新技術によっていっそう効率性が強められた管理方法の一例なのである。このような解釈はアメリカについて妥当する。アメリカでは、企業が需給の不均衡に反応する速さが高まる現象は、戦間期からすでに観察できる

(Duménil et Lévy, 1996)。また、フランスでは、一九七〇年代末から観察することができる(Greenan, 2001)。したがって基本的なレベルで考えて、情報通信技術がリアルタイム対応による企業経営のための十分条件であることは疑わしいのである。議論の性格を十分理解してもらうために、あえて次のようなアナロジーを指摘しておこう。すなわち、学問的な研究資料はウェブのおかげで瞬時に流通するようになったけれども、だからと言って、こうした資料作成における遅れが短縮されているわけではない。

企業を倒産させるリアルタイム対応

いっそう根本的なレベルでは、一九七〇年代のスローガンである「スモール・イズ・ビューティフル」に代わって、その正反対である「ビッグ・イズ・ビューティフル」が一九九〇年代の金融業界で支持を得ていたようである。だが、現在では別のスローガン、すなわち「速ければ、速いだけいい」が出現している。これによれば、事件や出来事への即時対応こそ企業にとって理想となる。だが、企業史も、不確実な将来に対する最適行動理論も、こうした考え方に否定的である。まず、数多くの企業モデルによってスローン主義の限界を克服することが試みられたが、そのなかで、問題がいかなる複雑性を帯びていようとも、ただちに決定を下せ、という教えが一時期流布した。だが、産業史が示しているように、企業を一・〇に近い確率で倒産させうるような二つの方法がある。第一の方法はいかなる環境の変化に対してもまったく反応しない場合である。その結果を、生産性も製品の質も改善されず、その企業は、イノベーションや他企業との競争によって完全に市場から排除されてしまう。第二の方法も、第一の方法に劣らず有効である。すなわち、平均的な収益性を下回っている事業活動からすべて、ただちに撤退して、環境変化にもっとも迅速に行動することである。ミクロ経済のシミュレーションが示しているように、企業は長期的戦略を欠けば間違いなく倒産する（Heiner, 1988）。同様に、資本が最も収益性の高い部門に即座に移動するのであれば、非効率企業の排除が強化されることによって成長は急激に高まるだろう。が、その分企業は新しいリスクに備えるべく、多様な活動能力を有することができなくなるので（Eliasson, 1998）環境が変化すれば、成長は急激に反転せざるをえない。そして、こうした構造的な不安定性に関わる議論は古典的な成長理論においても存在する。企業が市場で観察される不均衡への対応速度を速めれば速めるほど、経済は不安定な動態を引き起こすような分岐点を間違いなく通過することになる（Duménil et Lévy, 1996）。一九二九年アメリカにおいて起こった大恐慌もこのように理解できるだろう。

緩慢であることのメリット

このタイトルこそ、「速ければ、速いほどいい」という格言を根本から相対化してくれるのであり、このことはインターネット・バブルの結末を理解するうえでも有益である。リアルタイムで行動する企業の出現を予測している『エコノミスト』誌は同じ号のなかで、注目すべき反例となる記事を掲載している。アメリカのグローバル・クロッシング社は、優良企業であったＡＴ＆Ｔ社と競争し、これにとって替わる上で、光ファイバーケーブルの技術を活用できると考えた。一九九八年から二〇〇〇年三月にかけて、前者の株価は五倍に上昇したが、後者の株価はほとんど安定していた。遠距離通話の需要が急落すると、グローバル・クロッシング社は、ＡＴ＆Ｔ社と競争するためにネットワークの完全な整備を可能なかぎり急いだので、巨額の債務を抱え込むことになった。そして株価は二〇〇二年二月、この企業が倒産するまで急落し続けた。それに対して、ＡＴ＆Ｔ社の方は、グローバル・クロッシング社に比べ景気反転の影響をはるかに最小限にとどめることができた。ここからこの記事のタイトルは生まれている。つまり、「もっとも遅い者が勝ち残る」のであって、これは、リアルタイム対応による経営に向けての企業の組織モデルの変容を取り上げた特集記事の内容とは正反対のものである（*The Economist*, 2002b, p. 57）。つまり間違いなく大きな不均衡を生むような動きを無制限に一般化することには慎重でなければならない。

一般的技術と根源的技術のちがい

最後になるが、eコマースの専門家たちはさまざまな産業に関する情報を総合することによって、eコマースは以前に「ジャスト・イン・タイム」や「全社的品質管理」の追求がそうであったように、周縁的なイノベーションのひとつにすぎない、と結論づけたのだった (Desruelle et Burgelman, 2002)。したがって、経営手続の見直しを意味するリアルタイム対応による経営の追求は、過去一〇〇年間以上に観察されたものに匹敵するほど強力な伝統的企業組織モデルの出現を必ずしも予告しているのではない (Boyer et Freyssnet, 2000a)。

ネット経済とは何か

情報通信技術の急速な普及に関するもうひとつの再解釈は、産業経済学の枠内で行われていて、そこではネットワーク内部での主体間の相互作用に最大の注意が払われている。たしかに、ウェブはずっと以前から道路、鉄道、航空、電気、ガス、水道、さらに電話、そしてより一般的に最近の技術変化によってさらに潜在力を増しているテレコミュニケーションのネットワークに、新しいネットワークを付け加えている。以前のシナリオでは企業の内部組織の革新が強調されていたのに対して、このアプローチによれば、私的主体の行動を規定し決定的な役割を果たすのは、集合的インフラなのである。ある意味で、これらの二つのアプローチは代替的というよりも相互補完的である。例えば、インターネットの専門家たちがインフラの拡張およびそれを規定するノルムの動態について述べていることも、そうした相互補完性に関わっている（McKnight et Bailey, 1998）。

経路依存性の強まり

ネット組織は独自の経済的な特性を生み出す。ネットに参加する主体の数に密接に関連しているが、収穫逓増をまず指摘できる。以前に形成されたネット組織が新しいネットの出現を長らく阻止することはずっと以前から知られている事実である。この新しいネットは、仮にア・プリオリより優れているとしても新規利用者が不十分であるがゆえに浸透できないのである（Arthur, 1994）。明らかに使い勝手の悪い技術的に旧いスタンダードが残存していることを説明すべく、このような議論が援用されている（David, 1987）。そして、eポータル・サイトに関しても再びこの議論が取り上げられた。多くの企業が潜在的な顧客をとらえるべく無償で損失を引き受けたが（Shapiro et Varian, 1999）、それは「先行企業だけが生き残ることができる」という思い込みにしたがっていたからである。第三世代の携帯電話のライセンスの取得をめぐっても同じような議論が起こったので、競売の値が急騰したのだった。

そして、ウェブの発展はこうした経路依存性〔過去の経験、知識、制度などが経済主体の現在の選択に与える影響の度合〕をますます強めることになったのであり、ネットの管理者にとっての価値は、実現可能な双方向的関係の数に比例することが強調されている。ネットの価値の増大は、参加者の数の二乗に等しい、というのが、いわゆるメトカルフ法則の内容である。ほとんどの情報通信技術はこうしたネットの潜在的な範囲を広げ続けるものであるが、ネットそのものを必ずしもつねに創出するわけではない。このような状況の中で、イノベーションの原理はもはや情報の伝達や処理におけるコストダウンではなく、新生産方法、新製品を生み出すような新しい考えを発展させる相互的な情報交換や相互作用の能力のなかに存在するのである。

競争よりも協力か

表面的な分析によれば、情報経済とネット経済は大きく異ならないように見えるが、これらの成立条件やその帰結は相互にまったく異なっている（表17）。

情報経済では、不完全競争の原因は情報の非対称性にある。すなわち供給者は財の質について知っているが、需要者は交換成立後に、財の質を事後的にしか知ることができない。ネット経済の場合、既存のネットの規模こそが、仮に既存のネットと同程度の発展を遂げればはるかに高い効率性を示しうるような、新しいネットの形成を阻止している。同様に、賃労働者に要求される

表17　3つの異なる成長体制（情報・ネット・知識）

タイプ／特徴	情報経済	ネット経済	知識経済
目　的	二項対立的データの物理的記憶装置でのストックとソフトによる処理	同一活動に関係する主体間の組織と管理	個人、組織による知識、方法、法則、慣習の体現
起源とイノベーションのタイプ	デジタル・データの処理と伝達の必要	ネットのメンバー間の交通と相互関係の結果―コミュニケーションによる学習	自然的、物理的、生物的、社会的、経済的現象の理解と分析能力の必要
競争への影響	品質に関する非対称的情報、不透明な公共財であるため私的領有の可能性	劣等な状況における行き詰まりの可能性、経路依存、競争の緩和	一般的に協同社会内部における純粋公共財の創出のための協力
賃労働関係	コミュニケーションソフトと書式を理解する能力	商業的関係による代替の傾向	知識を選択し、新知識を発展させるための能力
教　育	情報のルーツを活用するための学習	関係を結ぶ能力の発展、社会的文化的資本の役割	分析、判断、そして科学的論述のための教育
国家の役割	競争・安全の監視、自由の保障と基礎的インフラの提供	ネット間の相互反応性を確保するためのルールの確立そして（あるいは）競争の維持	開かれた科学の推進、協力関係の発展、知識の普及
潜在的成長体制	情報通信技術の生産と利用にもとづく成長体制	ネットの拡大とメンバー間の交換の増大によって主導される成長体制	あらゆる分野での科学的、技術的発展によって主導される成長体制

技能も異なっている。情報経済では、コンピューターとインターネットの学習、さらに一般的な情報処理の習慣が必要とされるが、ネット経済ではネットワークに参加し、利潤をもたらす新生産方法や新製品を生み出すような新しいアイデアをそこから引き出す能力が必要とされる。国家の果たすべき役割もまた異なる。情報経済の場合、安全と自由の間の裁量が決定的に重要であり、これは（情報ハイウェイのように）基本的インフラ構築への協力に関連している。これに対してネット経済では、競争維持の問題が先鋭化する。というのも、もっとも貴重なインフラは、ネットのメンバー相互の個人的関係であり、そこに信頼関係を形成することである場合が多いからである（Lazaric et Lorenz, 1998）。

成長の源泉としての相互作用の拡大と強化

純粋な成長体制を考えた場合においても、これら二つの経済は原則が異なる。情報経済の場合、生産性および成長は特定の企業の情報通信技術への投資と特定の消費者の消費によって事前に決定される。ネット経済の場合、累積的な成長を主導するのは、ネットワークに参加するメンバー数の拡大か、あるいはメンバー間のコミュニケーションの強化である。経済史はこうした対比について具体的な実例を提供してくれる。十九世紀のアメリカでは、広大な鉄道網の形成が実際に成長を牽引したが、このような特徴はテーラー主義やフォード主義という生産の機械化と共に徐々に消滅した。そして、生産の機械化は一九九〇年代に入ると情報技術によって代替されることになった（Petit et Soete, 2001）。現代について言えば、ネットワークの形成は情報通信技術の普及に先立っている。航空業界、宇宙産業でネットワーク構造が形成されているのは、それぞれの参加企業が自らの得意技術を共有しあって、共通の製品を生産しているからである。したがって、収益性は参加企業間の相互作用の質にかかっている（Law et Callon, 1992; Zuscovitch, 1998）。もちろんネットワークがひとたび形成されて信頼関係が出来上がれば、ネットワークは情報技術を活用して相互的なコミュニケーションを加速させることができる。とはいえ、情報技術はネット経済の出現にとって必要条件ではない。

企業外関係を強化するネット経済

情報経済とネット経済のもうひとつの違いは、企業の境界線の変容に関係している。情報経済では、企業内コミュニケーションの密度の強化が強調されているが、ネット経済では、下請け企業、顧客、さらには競争相手とのコミュニケーションが重要性を持つ、たとえば、特定の研究開発プロジェクトに関して、しかも最終製品について競争関係にあるような企業同士が参加する場合である。極端な場合、垂直的に統合された企業、ないしきわめて多様に統合されたコングロマリットが消滅して、それに代わって、ネットワーク組織が形成されて、さまざまな企業に所属するグループがプロジェクトごとに再編成されることまで予測するアナリストも存在する（Teubal et Zuscovitch, 1994）。

たしかに現在では、情報経済とネット経済の間には重複分野がかなり形成されているが、それでも両者の成長の原動力は大きく異なったままである（**図7**、本書二八一頁）。情報経済では、収穫逓増による大きなコスト削減が期待されるのに対して、ネット経済では、多様でしかも相互補完的な能力を必要とする問題を解決するため情報交換し、協力し合うことで生まれる連鎖的なイノベーションが重要になる。

知識経済と情報経済の区別

ニュー・エコノミーが将来の成長体制であると主張した専門家や国際機関は、二〇〇〇年代初めに起こった出来事を考慮に入れて、自らの主張を訂正しなければならなかった。

ゲノム、コード、ロゴ

二人のマクロ経済学者の次のような主張を引用しよう。「われわれが移行しつつある経済では、価値の基本的な源泉がゲノム、コンピューターのプログラムの一行のコード、あるいはロゴ、これらの系列から構成されている。(……)このような世界では、財の価値は、その量やその他の物理的性質によってではなく、物理的な重さを持たない知識から生まれる。このような経済において重要であるのは、各人が何を知っているかであって、何を手にすることができるかではない」(DeLong et Summer, 2001, p. 9)。同様に、OECDの編集になる情報通信技術のイノベーションと普及に関する継続的な統計データは次のようなタイトルになっている。『知識経済に向けて』(OCDE, 1999 ; 2001)。

このような意味のズレは、きわめて難しい理論的問題に関わっている。実際、情報経済に関する数多くの研究は、たとえば、競争的な状況においても配給制度が正常な機能システムとして導入されるなど、いかに情報経済における情報の非対称性が市場機能を大きく混乱させるかを示している。(Stiglitz, 1987)。さらに、現代の大半のマクロ経済理論において見られるように、合理的期待形成の仮説は、計量経済学が提示し、活用しているようなプロセスに類似する評価のプロセスを通じて、経済主体は真の経済モデルを間違いなく知ることになる、と規定している。この場合、一連のリスクと情報が経済モデルの決定的部分を規定することになる。だが、情報通信技術の専門家が認めているのは、このようなことではない。彼らは情報経済という言葉によって、二項データの物理的な支えのうえで情報の処理とストックを実現する操作のすべてを言おうとしているのである。

情報は知識にあらず

これに対して、知識経済は諸個人がさまざまな表象——科学的な知であろうと、分析的ないし発見的な方法であろうと——を形成する個人的ないし集団的な過程に集中している。もっとも抽象的なレベルで、情報の処理を支配しているのは、知識である。知識は認識の過程から生まれる(Walliser, 2000)が、それは情報処理と混同されるべきではない(Shapiro et Varian, 1999)。というのも、認識の過程は、論理的なオペレータ〔関数を他の関数に対応させる演算子〕、関数、命題の計算に関係しているからである。もし、一定の条件のもとに情報市場を組織することができるとしても、知識のための市場というのは厳密に言えば言葉自身が矛盾を含んでいる(Guilhon, 2001)。たとえば、ある科学的発見にもとづいて、純粋な公共財(E = mc² 〔アインシュタインの相対性原理。純粋な公共財は、ひとたび生産されれば、追加的コストなしで誰もが購入することができる〕)が定義されているが、これは知識の深まりが基本的目的であるような学界における協同的・競争的側面を示す例なのである。この点に関して、科学者たちの開放的でしかも透明な世界は、経済主体による競争力と利益の追求と真っ向から対立している。経済主体は「領有可能な」知、したがって基本的に暗黙の知をねらっている。たとえば、様々な特定の実践の全体的な結果として全体的な質が問題となる。これが商業交換の形態を受け取ることができるのは、特許モデルにしたがったコード化の手続きを通じてのみである。しかも、こうした特許化はいつでも可能であるわけではない。

企業の統合と企業の長期的な業績維持との根源にあるような、知的ないし認識的な内容を探るために、企業に関する一部の理論家はまた別の概念を提起している。すなわち、企業は諸能力の全体として捉えられ（Dosi, Teece et Winter, 1990）、そしてこれらの能力が幹部役員、情報・意思決定回路を組織する手続き、そして作業員自身、これらの間で配分されている。ある理論によれば、企業の規模を決定するのは、生産における規模の経済と取引コストないし情報処理のコストとのバランスではなく、厳密に幹部役員の能力なのである（Penrose, 1963）。

科学の開放性対技術の領有性

かくして情報経済と知識経済の相違は明らかであるように思われる（**表17**、本書二五六頁）。情報経済の動態は、情報の処理と伝達のコストを低下させるような技術的イノベーションを通じて実現される。このようなイノベーションは、ハードウェアないしソフトウェアによって可能になる。これに対して知識経済の動態は、自然的、物理的、化学的、生物的な現象——さらには社会的、経済的現象に至るまで——の分析と理解にもとづいている。これらは、科学的なイノベーション、より一般的には概念的なイノベーションを意味している。理念型の次元において、開放的な科学の世界に対して、知識の前進を一時的にせよ領有しようとする努力にもとづく技術の世界が対立している（Dasgupta etDavid, 1994; David, 2001）。これら相異なる二つの世界を支配するそれぞれの要請の矛盾的対立をもっともうまく表現しているのは、生命の特許可能性と私的企業が生物学的発見を領有しうる可能性に関する現代の論争である（Orsi, 2002）。

成長体制と公的政策への影響は、情報経済と知識経済では異なっている。知識経済は、まったく異なる新製品や新産業に至るような一連のイノベーションを引き起こす科学的結果を生み出す。たとえば、十九世紀の転換期の有機化学や、二十一世紀初めの分子生物学がそうである。これに対して情報経済は、ハードウェアないしソフトウェアの供給者間の競争維持の問題、あるいは安全と自由の裁量の問題、あるいはもう少し重要性は弱くなるが、知的所有権の境界移動の問題などを生み出している。これに対して知識経済では、知的所有権が中心的な問題となる。

このような分析から、次の二つのより一般的な結論を引き出すことができる。成長体制の出現において、唯一のタイプのイノベーションによる支配を想定すべきだろうか。情報経済と知識経済の間に、ある階層性を考えるべきだろうか。最初の問題について、技術変化の専門家がずっと以前から指摘しているのは、経済におけるイノベーションの起源と普及について、少なくとも三つの様式が共存していることである（Patel et Pavit, 1995）。

イノベーションの三つの源泉

まず最初の経路であるが、設備財に関するイノベーションは広範な分野に普及する。このような技術変化の様式は、過去における産業革命において決定的な役割を果たした。現代におけるコンピューター、ソフトウェア、サーバーなどの普及もこの例外ではない。長期的に生産性や成長のテンポが上昇する場合における、情報通信技術の主導的役割が指摘されるのは、この意味においてである（本書第三章参照）。

第二の様式は、技術イノベーションが科学的な進歩から派生する場合である。たとえば、有機化学やバイオ化学は科学からまったく新たに派生した新産業の例である。ある意味で知識経済は、イノベーションのこの第二のルーツこそがますます重要になっていることを強調している。この点は、第一のルーツとの明らかな相違である。

最後に、技術的かつ組織的なイノベーションは、大きな科学的なブレイクスルーなしに、具体的な問題の解決から生まれる。「ジャスト・イン・タイム」、全社的品質管理、チーム労働など数多くの経営のイノベーションはこの分野に関している。これらのイノベーションは生産活動そのものから生まれている——学習効果。あるいは利用者の需要を満足させる試みから生まれている——使用効果。あるいはさらに、どの経済主体の能力も限定されているがゆえに、誰も一人では解決できないような問題を解決するために、諸経済主体が相互に行うコミュニケーションから生まれている――コミュニケーション効果（Lundvall, 1992）。このような種類のイノベーションは能力にもとづく経済を原動力に生まれたものである。知識経済の認識《エピステーメー》に対して、能力にもとづく経済の技《テクネー》が対置される。

成長体制の出現において唯一の種類のイノベーションを考えるべきか、という先に述べた問題に、ここで否定的に答えることができる。成長体制が唯一のイノベーション、あるいは一種類のイノベーションから派生するのは例外的である。というのも、現代経済においては、イノベーションの無数の分散された過程を引き起こすような分業がますます進展しているからである（Rgaot, 2000）。

情報は能力に代替しない

情報経済と知識経済の間の階層性に関する第二の問題について言えば、大半のアナリストは情報通信技術が知識経済への移行の条件であると考えている。だが本書は、その反対に、知識と能力の構造化が先行するのであって、情報の活用は二次的であると主張している。たしかに情報の活用は分析方法によって条件づけられているが、分析方法は純粋に帰納的なものではなく、これは人間的、認識的、知的能力を実際に機能させるものなのである。したがって、このような能力は一連のルーチン操作や一定のソフトウェアに還元しうるものではない。一九九〇年代に高い収

競争相手よりも素早く動くコンピューターを持つ金融投資家はゴールデンボーイか、劣等生か

これまでの諸章において、新しい資本主義とコンピューターの集中的利用、高速のテレコミュニケーションを結びつける一定の協働作用が出現していることに言及した。ここでもまた、出来の良くない金融投資家がいて、市場価格を左右しうるようなニュースに対して素早く対応できることに自らの競争優位を築くことを意図している、と仮定しよう。こうして彼は一定の場合において競争相手を出し抜くことができるだろう。だがそれ以外のほとんどの場合、売買の選択において競争相手よりも早くミスを重ねるだけである。その結果、みかけの彼の競争優位はむしろ彼の成績のダウンを助長することになる。ここでも、リアルタイムの経済に関してすでに考察したテーマに再度出会うことになる。はたして決断を急ぐことが大事なのだろうか。決断の内容が良くない場合、決断が早いほど市場による制裁はいっそうひどくなる。

結論——大半の職業において、知識と能力が第一に重要であって、情報処理と情報伝達は二次的なものである

したがって、競争は主としてフォアグラに関する知識と能力をめぐって展開され続ける。つまり、生産者を見分ける能力であり、競争を考慮に入れた価格設定、そして品質の信頼性である。要するに、eコマースはこれらの能力の階層性をむしろ強めるのであって、情報通信技術の制御は二次的な問題でしかない。

ゲノムの解読と情報通信技術の役割

次に、ゲノムの解読を目的としていて、相互的コミュニケーションや成果の交換によって協力関係を築いている学問的な組織を取り上げることにしよう。こうした組織は、成果の公表を競い合ったり、民間企業で研究している専門家の場合は、特許の申請に関わったりする。さて、現代的なコミュニケーション手段や情報処理手段は、これら研究者の階層性をくつがえすことになるだろうか。上述のフォアグラの例のように、答えは当然、ノンである。根本的に重要であるのは、ゲノムに直接的に関係する理論的知識と実践的能力である。当該分野について何の知識もない優秀な情報処理者は、情報処理に弱い生物学研究者に追い抜かれてしまうだろう。もちろん、生物学研究者のなかで言えば、情報通信技術の制御に関する優劣は、研究成果の獲得に関する質と速さに限界的に影響を与えるだろう。この場合、生物学と情報処理のそれぞれの制御に関する論理記述的な秩序を次のように表現できるだろう。

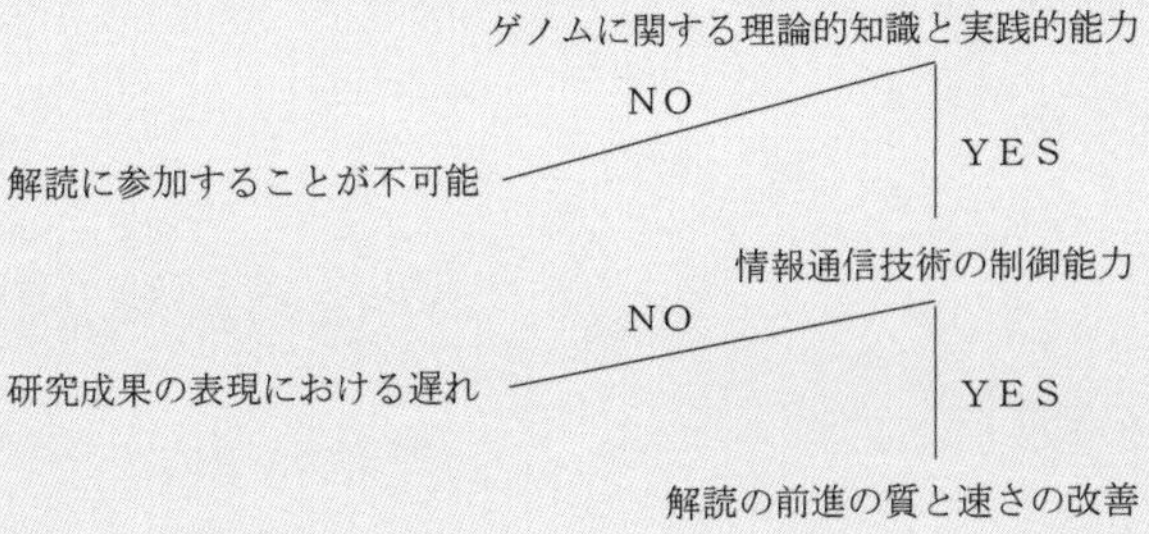

〈コラム〉情報の制御は能力や知識に代替しない

フォアグラの販売とインターネット

通信販売で機能していたフォアグラの販売市場に、インターネットの登場はどのような影響を与えるだろうか。ある新規参入者はフォアグラ市場についてほとんど素人であるが、市場を制覇するために、ポータルサイトを開発して、企画立案者としての自らの才覚を発揮しようと考えるかも知れない。彼らは、サイトの質によって大多数のネット契約者の関心を惹くことを目論んでいる。はたして、彼らは成功するだろうか。おそらく彼らは失敗するだろう。というのも、営業実績において重要であるのは、通信販売からサイトを通じた直接注文への移行にともなうコスト軽減の利益ではなく、むしろ消費者の満足度そして日々の評判の形成だからである。優れたサイトであっても、取り扱う商品の質が劣悪かつ価格に見合わないものであれば、競争に打ち勝つことはできない。そのうえ、ウェブは潜在的な買い手にそれぞれの供給者の相異なる品質に関する情報を流布するのに役立つのである。この点は、次のような利益マトリクスで要約できる。

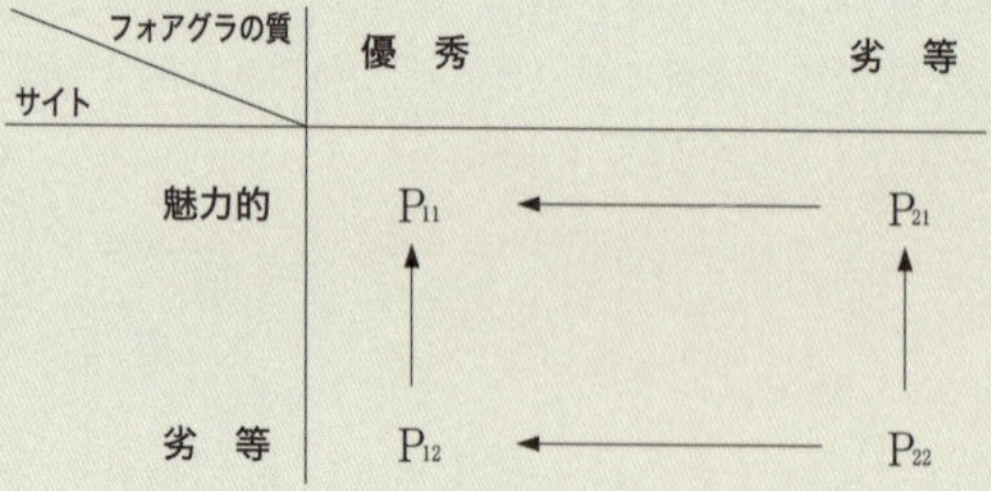

$P_{11} \geq P_{12}$ および $P_{21} \geq P_{22}$ は成立

だが $P_{11} \gg P_{21}$ および $P_{12} \gg P_{22}$

益性を発揮した企業を見ればわかるように、情報処理という単純な能力よりも、その他のさまざまな能力の方が重要性を発揮している（**コラム**「情報の制御は能力や知識に代替しない」）。コラムで言及されている三つの例はイノベーションの局地的かつ分野独自の性格を強調する点で共通している。つまり、このイノベーションを通じてこそ、企業は持続的に市場にとどまることができるし、個人は科学の分野で一人前のメンバーとしてとどまることができるのである。戦略的な競争優位は、知識やノウハウのコントロールから派生するのであって、情報処理の質と速さが問題になるのは、むしろ日常の管理業務においてである。このような意味においても、イノベーションの戦略は複数存在する、という議論が妥当するのである。

この点について、自動車製造企業の将来を例にとることは有益である。第一のシナリオによれば、ウェブの活用によって下請け、部品納入業者の競争が激化する結果、コストは大きく削減され、生産の海外移転が進展するだろう。しかしこれは、コンピューターというこれまでとは異なる手段によるリーン生産方式の追求にすぎない（BRIE, 2000）。第二のシナリオによれば、自動車のエレクトロニクス関連部分が高性能化し続ける結果、活用されるコンピューターのおかげでこの部分が情報をリアルタイムで処理するための土台になるであろう。最後に第三のシナリオによれば、顧客自身が最寄りの販売店で操作可能な端末を利用して自分の車をイメージすることが可能になろう。だが、これら三つのシナリオはすべて、自動車の自動車としての特殊性を無視している。すなわち、自動車に固有な技術の変化（モータリゼーション、公害、安全）を考慮に入れつつ移動交通の問題を解決すること、そして、顧客の需要や必需費を満足することである。情報技術に依存しても、エコロジー車、都市用の車、市民のマイカーなど自動車に特殊なイノベーションを生みだす努力には代替できない。企業の競争力が直接、情報通信技術の活用度合に依存するように、情報処理コストが重要となる産業は数少ない（本書第三章）。このような問題こそ、将来の成長体制の概観を描くうえで示唆的である。将来の成長体制の萌芽はずっと以前から存在するが、むしろニュー・エコノミーによってその成長は抑制される傾向にあったのである。

人間主導型成長モデル

ある意味で、この成長体制は、情報経済の潜在力を見直すことの延長線上に位置づけることができる。まず第一に、この成長体制の実現が前提としているのは、十分な教育水準、情報通信技術活用のための教育内容の一新、そして教育方法そして職業訓練のアプローチを変換しうるような能力である。ウェブによる通信教育の再活性化に多大な期待が寄せられていることは周知の通りである。第二に、バイオテクノロジーは、生物学知識の前進とゲノム解読に必要な情報処理の速さとの間の相乗効果の恩恵を受けているものとして説明されることが多い。第三に、医療分野では、情報通信技術によるあらゆるレベルでの情報管理から大きな経済効果を得ることができる(Litan et Rivlin, 2001)。情報経済ははたして、教育、医療、人口における革命の前触れのような段階を意味しているのだろうか。

成長源泉の展望

このような議論とは正反対に、情報経済はきわめて自律的な運動に従っていると主張する議論は数多い。理論的なレベルでは、一連の成長の源泉の継承を次のように極端に単純化することができるかもしれない。重農主義者においては、土地が富の源泉であって、基本的に農業経済から構成される社会の階層化を支配していた。したがって、成長は農業生産によって限られるとされていた。これに対して古典派、そしてマルクス主義者においては、商品による商品の生産こそが経済活動、したがって成長それ自体の核心を形成するとされていた。この点について、読者は、スラッファ(Sraffa, 1962)やフォン・ノイマン(Von Neumann, 1945; Arena, 1999)の著名な研究を想起できる。余談だがこのような見方において、労働力は、基本財の消費だけで再生産されるものと前提、また技術は所与のものとして前提されていた。だが、ジョゼフ・シュンペーター以来、経済学者たちは、新製品、新生産方法、新組織形態に関するイノベーションが持続的に起こらなければ、経済成長は利潤の侵食によって停滞を余儀なくされることを理解するようになった。

利潤は、イノベーションの利益としてみなされ、新しい競争企業の出現によって徐々に低下するのである。

内生的成長理論と呼ばれる現代経済理論が行き着いたのは、累積的な成長の可能性は決して収穫逓減に至らないようなアイデアによるアイデアの生産にもっぱら依存すると述べるような、一般的な考え方であった（Romer, 1990）。諸個人は、これらのアイデアの生産のために専門化する。そして自分のアイデアを特許の形で企業に販売する。企業は物質財の生産を行って、イノベーションの利益による利益を追求するが、この利益は一時的なものにとどまる。そして、研究部門では雇用されないような賃労働者を雇用する。諸個人の能力がこのように差別化されるのは、暗黙のうちに、諸個人の才能と教育システムによる個人の教育を組み合わせることによってである。かくして数多くの内生的成長モデルは人的資本への投資を重視している。この人的資本の外部性が累積的発展過程のルーツである（Lucas, 1988）。

人間による人間の生産の時代

以上の分析を延長させると、諸個人の能力形成や階層化の指標として教育だけでなく、出生、死亡、寿命に関係する医療部門を指摘する必要がある。現代の開発経済学において、人口の変化は、経済活動の結果の分析対象や評価基準のひとつになっている（Sen, 2000）。大きなハンディ

グラフ 10　家計における耐久消費財支出と医療支出の変化（アメリカ）

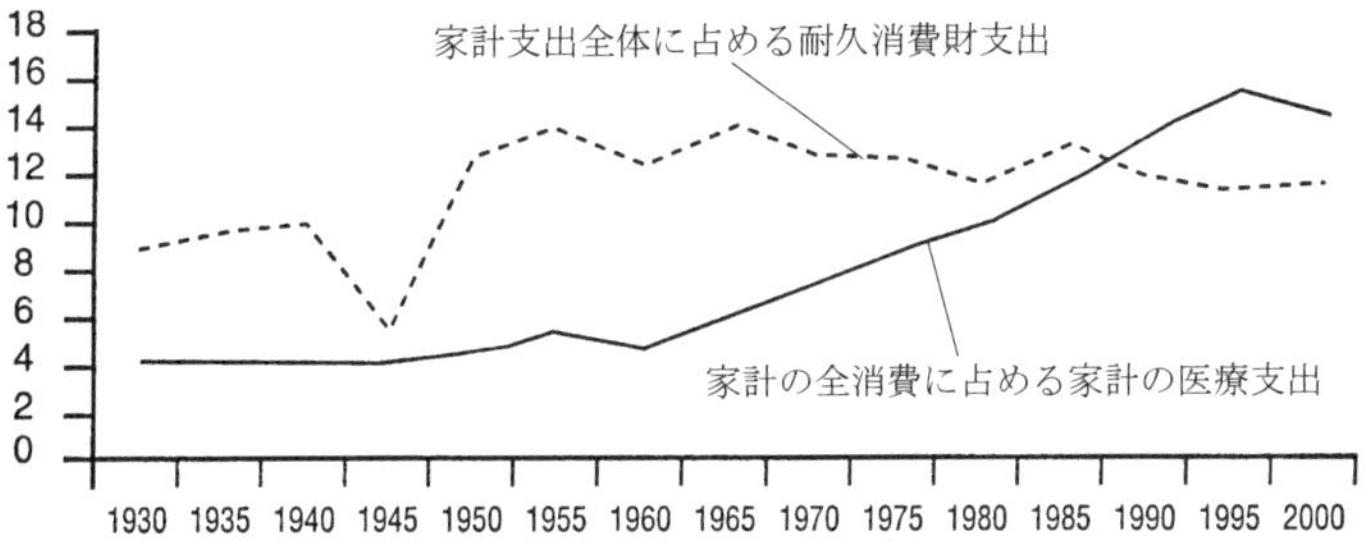

出所：US Department of Commerce1975, p. 316-319 ; 1991, p. 134-135 と Council of Economic Advisors 2001, pp. 294-295 による算定にもとづく。

なしに寿命を享受できることは、医療の発展が人々の幸福に貢献していることの証左である（Culter, 2000, p. 49）。これら二つの要因を組み合わせることによって、現代経済は実際に人間による人間の生産によって主導されていると主張することができる。それは教育、医療、文化は、生産の決定的部分を形成していて、さらに生活様式そのものを形成しているという一般的な意味においてである。この概念は、先進諸国の成長と南の一部の諸国の開発の展望を同時に説明するという目的だけでなく、経済史に見られるような主要な事実も説明しうるものにある。

はたして、現在のアメリカ経済の成長力は、いまだ耐久消費財（自動車、家庭の備品、コンピューター、ゲーム機器や電話）の購買に関する動態によって主導されていると考えられるだろうか。国民経済の長期データによれば、このような考え方は相対化されるのであって、情報通信技術のパラドクスに関して述べられた先述の結論がむしろ支持される。一九九〇年代、情報通信技術の量は急速に増大したのに対して、それらの相対価格は低下した。その結果、それらが家計支出に占める比率は徐々にしか増大しなかった。たしかに、第二次世界大戦直後、耐久消費財支出は急速な増加を記録したが、それらが家計支出全体に占める割合はそれ以降安定している（**グラフ10**）。それに対して、家族の医療支出は大きく異なる変化を見せている。一九五〇年まで医療支出が所得に占める割合はほとんど安定しているのに対して、一九六〇年以降、この支出は累積的に増大して、一九九五年にピークに達した。この年、医療費は家計の消費全体の一五・七％を占めている。最近における社会保障制度の財政改革によって医療費増加の長期的な動きにストップがかけられた。二〇〇〇年、アメリカ人の医療費支出額は耐久消費財への支出額を上回っている（OCDE, 2000, p. 110-114）。

諸個人の選択と技術進歩の独自な形態

このような傾向の成長体制の起源について、消費分析理論と技術進歩理論は一定の説明を行うことができる。基本的な需要（食糧、衣服、住居、運輸）がひとたび充足されると、公共予算も家計予算も、世代から世代へ人間の再生産を可能にするような支出に向けられる。まず、その大半が公共財政によって負担されている教育支出のおかげで、知、ノウハウ、さまざまな能力を形成することができる。これらの教育によって、子供たちは高所得が可能で潜在的に面白い仕事に就くことができるが、これらの仕事は高い知的水準と認識レベルを要求している。長期統計によれば、たとえば、教育が国民総生産に占める比率は緩慢にせよ上昇している（US Department of Commerce, 1982, p. 135）。次に、民間の医療支出は一を上回るような所得弾力性を示している。アメリカでは、その脆弱な集団的、公的な社会保障制度がもたらす誘導と制約のシステムのなかで諸個人の選択が、このような数値になって表れている。

グラフ10に見られるような変化は、さらに二つの原因の結合に由来する。一方で、医療サービスは多様な技能から形成される労働集約的な活動である。したがって大半の場合、典型的な第三次産業の活動であるので、生産性の上昇益はきわめて緩慢である。そして、ボーモル効果〔「ベートーベンの弦楽四重奏を演奏するのに必要な音楽家の数は、一八〇〇年と現在とでは変わっていない」というように労働集約的な部門では生産性がほとんど上昇しないこと〕によってこの分野での雇用増を説明できる。他方で、技術進歩の方向は、製造業と病院ではまったく異なっている。製造業における生産の場合、技術進歩の長期的な方向は、技術方式、あるいは次第に効率化されてきた組織形態によって労働を節約することに向かうが、医療の進歩はまず相対的に治療しやすい、あるいは予防しやすい病気を根絶することに向かう。その結果、現在ではさまざまな努力にもかかわらず、十分な治療方法が見つかっていないような重い病気が明らかになる。さらに、医療における技術進歩は、検査や安全のための措置を増やすことになる。したがって、ひとつの病気に提供される手当ての量は増大する。最後に、社会の高齢化にともなって新しい病気が現れる。そのためにとくに人生の終末期において特別の手当てが必要になるので、とりわけこの分野での医療の研究が重要になる(Jacobzone, 2001)。これらの理由にもとづいて、医療支出は長期的に増大している。この結果が重要な意味を持っているのは、アメリカでは医療支出が公的支出によって基本的に負担されず、最近一〇年の医療改革は、医療支出の一部分をますます諸個人に直接あるいは間接に負担させることをねらっているからである。これに対して、各国の医療システムは医療支出の膨張を抑制する傾向に向かっている(Boyer, 2000 c)。

このような分析にしたがうのであれば、長期の成長を二種類のイノベーションの相互作用として解釈し直すことができる。まず、典型的な財に関するイノベーションは、労働、原料、エネルギーなどを節約することになる。これらのイノベーションの帰結は、労働生産性ないし全要素生産性の増大を通じて計測できる。これに対して、医療や公共衛生におけるイノベーションは幼児死亡率や罹患率を下げて、精神的ないし肉体的に大きな障害なしに余命を長くする効果がある。こうして、ある国民について健康的に暮らすことのできる平均的な年数を算出すれば、これらのイノベーションの影響を計測できる。したがって、公共衛生におけるイノベーションは、直接的に人口の増減、生活の質に影響を与えている。だが、製造業におけるイノベーションは、生活水準の改善、労働時間の短縮、余暇の発展などを通じてこれらに間接的にしか影響を与えないのである（Easterlin, 1996）。

したがって、先進諸国の将来を長期的に展望すればするほど、人間主導型成長体制の妥当性を支持する要素が増えてくる。また成長が始まったばかりの諸国においても、このような成長戦略は無意味ではない。というのも、こうした戦略によって、これまでの工業化の誤謬、すなわち、福祉の問題を工業財の供給においてのみ捉える誤謬を一定程度、未然に回避できるからである。人間主導型成長の妥当性を強めるような要因をさらに二つ指摘することができる。

消費財ではなく生産財としての情報通信技術のデフレ・バイアスの是正

一九九〇年代は次のようなひどいパラドクスによって特徴づけられていた。成長の原動力として情報技術の到来に多くの期待が寄せられたにもかかわらず、このような期待は裏切られたのであって、国際的に表面化した過剰生産能力と、情報通信技術に対して敏感になったとはいえ、基本的に大きな変化のなかった生活様式との間の不均衡が明らかになった。これは、大戦間期に比べると、大きな違いである。というのも、戦間期においては、適切な労資妥協によって一九二〇年代の過剰生産を吸収することができ、フォード主義的な財は同時に生産財であり、また消費財でもあった。現代において、情報通信技術はとくに企業にとっての管理の手段であって、生活様式の変革の大きな要因になっているわけではない。生活様式は、教育、余暇、医療のための支出

表 18　アメリカにおける医療・健康のための研究支出の増大

（アメリカで登録された特許数の変化と構成）

国別＼部門	自動車			情報通信技術			医療・健康		
	1982-1986	1987-1991	1992-1996	1982-1986	1987-1991	1992-1996	1982-1986	1987-1991	1992-1996
EU	22.7	20.5	18.1	10.7	9.4	5.7	24.5	22.6	19.6
アメリカ	35.2	33.2	52.1	58.6	51.4	60.0	59.9	64.8	71.0
日本	42.1	46.3	29.8	30.7	39.2	34.3	15.6	12.6	9.4
合計	100	100	100	100	100	100	100	100	100
年平均伸び率	—	16.7%	-2.0%	—	16.7%	-2.0	—	10.4%	4.6%

出所：Sachwald 2000, p.11 による計算。

増大によって特徴づけられているが、情報関連財そのものへの支出によって大きく特徴づけられているわけではない。社会的な生産の目標が諸個人による選択に委ねられるのであれば、「情報がすべてである」経済よりも、人間主導型の生活様式の方が得票は上回るであろう。

人間主導型成長体制には、別の長所が存在する。すなわち、この成長体制は、情報通信技術の生産が一部の地域に制限されることにともなう国際的不均衡を解消できる。教育や医療に関する需要ははるかに同質的に地球上に存在している。ある意味で、ハイテク財の価格が下がることによってこのような現象は加速するが、このメカニズムがそれ自体必ずしも正当に認識されているわけではない。公共支出、家計支出、そして共済組合による支出、これらの間に支出を振り分けることによって初めて、人間主導型成長の土台である需要が具体的に充足されるからである（Boyer, 2000c）。

イノベーションの多様な源泉

二十世紀の経済を主導したアメリカでは、三つのイノベーションの波が相次いで起こった。第一の波は設備財に関したものであり、その代表は自動車であった。第二の波は情報技術であり、あらゆる観察者たちの関心を集めた。第三の波は回帰的に出現するが、たとえば、インターネット・バブル崩壊の後で、金融業界が金融資産を情報技術から薬品、バイオテクノロジーに移動させたときにそれは現れた。アメリカでは、国全体の研究開発の一大部分が生命科学とその応用に向けられていることは特筆すべきことである（**表18**）。

要するに、イノベーションに関わって、ヨーロッパ、アメリカ、そして日本が描く軌跡がきわめて異なっていることは、大変興味深い可能性を示している。ニュー・エコノミーによって大半の諸国の戦略はアメリカに右へならえとなった（Boyer et Souyri, 2001）が、イノベーションの源泉が多様である以上、むしろこれら世界の三極間の相互補完性こそ追求されるべきなのである。理念的に述べれば、次のような独自の国際分業を想像することができる。ヨーロッパ人は、自分たちの平等、社会保障制度の概念にしたがって、人間主導型成長の社会民主主義的なモデルの先駆者になるべきであり、またそうなりうる。そこでは、バイオテクノロジーや社会保障制度の新しい組織化についてイノベーションが数多く実践されることになる。日本は、人口の加速度的な高齢化が引き起こす影響を真っ先に経験しつつ、機械産業と電子産業の結合に関係するイノベーションを引き続き先導することになるだろう。アメリカは、余暇、ファイナンス、出版、音楽、映画など情報通信技術における優位によって可能になるような戦略を継続するだろう。このような予測はすでに一九九〇年代半ばに提示された（Amable, Barré et Boyer, 1997）が、今日でもなお有効である（Hancké, 1999）。

まとめ

本書の叙述は、ニュー・エコノミーという語の源泉を三つの構造的な変容の結合として説明づけることから始めた。この構造的な変容は、生産モデル、生産性の動態に続いて、二十一世紀のリーディング産業として情報通信技術に大きな期待を寄せた金融業界の思い込みにそれぞれ影響を及ぼすことになった。これまでの章で展開された議論を振り返ると、インターネット・バブルの崩壊に続いて起こったニュー・エコノミーの転換を提示するアジョルナメント〔時代への適応と自己刷新〕を再評価する必要がある。一九九〇年代おける情報通信技術への熱狂は、別の成長体制への移行の一段階に過ぎなかったのかもしれない。にもかかわらず、出現しつつある別の成長体

図7　ニュー・エコノミーから人間中心的成長体制へ

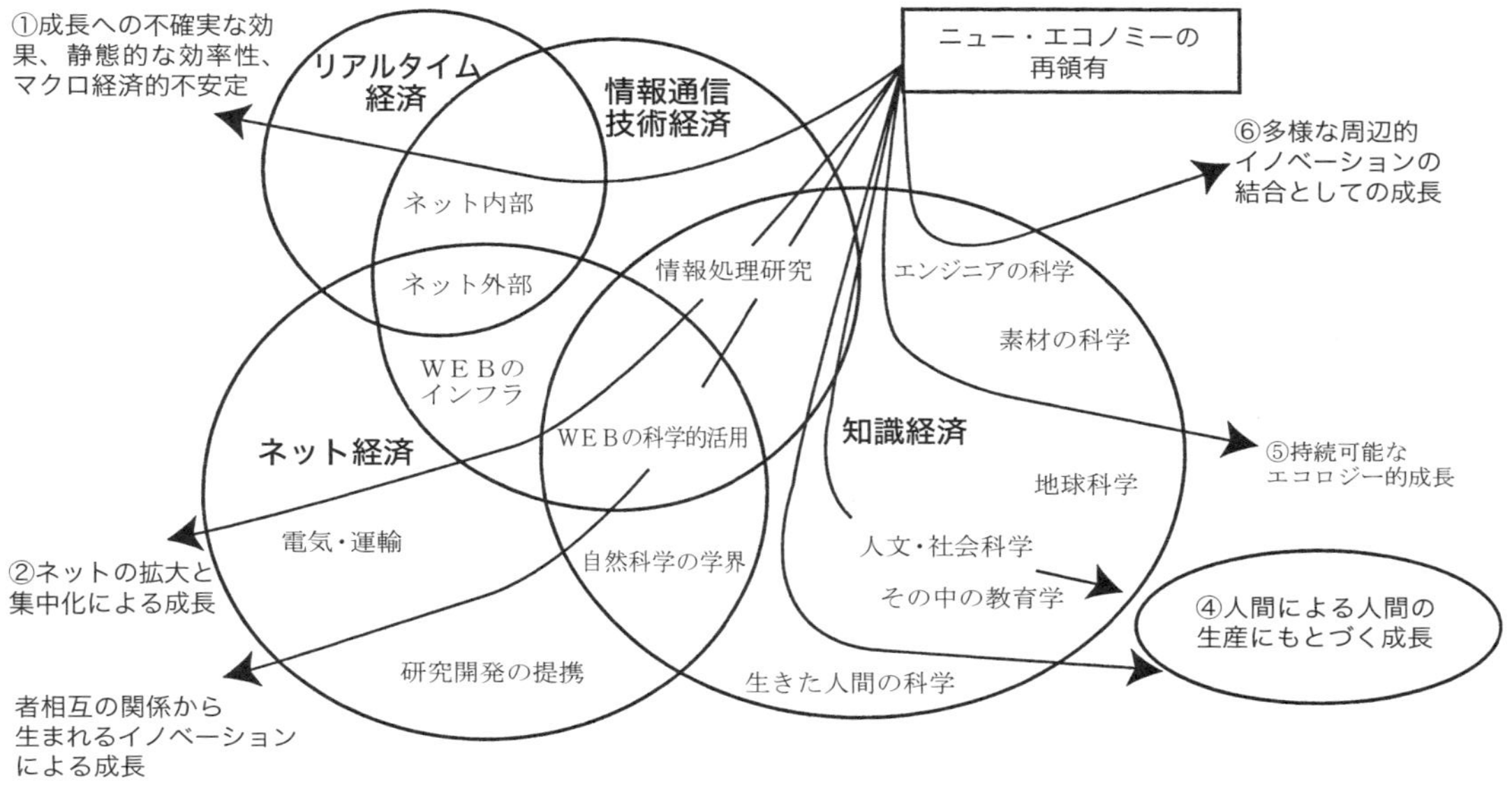
①成長への不確実な効果、静態的な効率性、マクロ経済的不安定
リアルタイム経済
情報通信技術経済
ニュー・エコノミーの再領有
ネット内部
ネット外部
⑥多様な周辺的イノベーションの結合としての成長
情報処理研究
エンジニアの科学
素材の科学
WEBのインフラ
WEBの科学的活用
知識経済
ネット経済
⑤持続可能なエコロジー的成長
地球科学
電気・運輸
自然科学の学界
人文・社会科学
その中の教育学
②ネットの拡大と集中化による成長
④人間による人間の生産にもとづく成長
研究開発の提携
生きた人間の科学
者相互の関係から生まれるイノベーションによる成長

制は、情報革命の直接的な帰結として説明されたのだった。しかし本章において展開した分析がこのような見方、すなわち、ニュー・エコノミーは別の形態で引き続くことになるという見方を無効化している（図7）。ニュー・エコノミーはもう死んだのであって、フェニックスのように復活する可能性はほとんどない。

リアルタイムの経済は、情報通信技術普及の論理的な帰結などでは全然ない。自動車産業に由来するリーン生産モデルを初めて予告することになった「ジャスト・イン・タイム」方式は情報伝達コストが低下したのちに実現したのではない。リーン生産モデルは当初二十一世紀の革命として説明されていたが、現在〔二〇〇二年〕それが占めている位置はきわめて控え目なものになっているし、このモデルに対してはより現実的な見方がとられるようになっている。さらに企業同士の相互作用は改善しているにしても、加速度的な好況と不況ないし突然の生産ダウンという局面が相継起するリスクが存在している。リアルタイムの経済では成功も挫折も増幅されるのである。

なるほど、情報通信技術はネットワーク経済の一部であり、後者はずっと以前から、運輸、電気、水、ガスだけでなく電話やテレビ局の配給に関係している。この点については、情報通信技術が第二の産業革命における鉄道に相当するのではないか、という議論は検討の余地がある。というのも、情報通信技術は、すでに存在する情報交換ネットワークを近代化して精密化させているにすぎないからである。情報交換ネットワークは、百年前から少なくとも金融と企業管理において実現されている（Vidal, 2000）。たしかに情報通信技術はこうしたネットワークの管理を容易にするものであって、たとえば、航空部門ではインフラと飛行機の利用を最適化することができる。だが、こうした相乗効果が堅固な成長モデルに行き着くか否かは定かではない。航空部門ではむしろ、公共サービスの規制緩和がはるかに大きな役割を果たした（本書第四章）。

したがって、**図7**が示すように、イノベーションと成長の傾向を説明するなかで、なぜ知識経済がニュー・エコノミーに取って代わるようになったかを理解することができる。しかしこうした説明においては、情報、知識、ノウハウ、能力などが混同されているが、成長のありうる理念型モデルを支える相異なる要因なのである。忘れるべきでないのは、開かれた科学にもとづくモデルの場合、私的主体が手にしうるような応用技術の追求によって主導されている科学的進歩のモデルと整合性を維持することが困難なことである。知的所有権をめぐる論争は、情報ネットワークや自由と安全の裁量の問題に関する法律をめぐってなされる論争にはとても収まらない大きな問題である。ここでも最大の緊張関係が生まれている。医薬品や医療において、公共の利益のための応用科学とイノベーション利益の私的領有との間においては生命の権利というものが今後数十年において決定的に重要になるだろう。

本章における主要な議論は、分業が深化し、組織形態が複雑化し、生活様式が多様化しているからこそ、イノベーションの数多くの要因は持続的に共存するというものである。これから数十年後に出現するような成長モデルをあえて予言するのであれば、われわれが参照すべきはおそらく人間による人間の生産モデルであって、とりわけヨーロッパ諸国においてこうしたモデルを生みだす制度的枠組みを参照し、これを解明すべきである（**図7**）。逆説的なことであるが、医療・教育――そして年金も――支出の大半は公的な性格を有しているので、政治的責任者たちがこのモデルの重要性に気づくことを困難にしている。彼らは健全な社会的公共的財政運営だけに関心を持っている。このような財政健全化という目的は賞賛に値するとはいえ、これによってすでに半世紀前から歴史に登場している人間主導型モデルが開花するために必要な努力が阻止されるべきではないのである。

結論——長く続く未来

これまでの諸章で展開されたさまざまなアプローチから引き出すことのできるさまざまな結論を、ここで整合的にまとめることは無意味ではないだろう。ニュー・エコノミーという正体不明であった対象は、この言葉を正確に定義することによってその輪郭はよりはっきりしたはずである。情報財に典型的な収穫逓増に由来するミクロ経済的な不均衡が解明されることで、新興企業の組織モデルに影響を与える大きな不安定性の原因も明らかにされる。情報通信技術普及のマクロ経済的効果に関する諸文献を検討することで、ニュー・エコノミーが、生産性上昇益に及ぼす影響を相対化できる。一九九〇年代アメリカの繁栄の原因は、新たな生産パラダイムの普及には還元できない。情報通信技術に基礎を置いた、現在出現しつつある新たな成長体制の地理は、シリコンバレーの分析に限られていない。また技術パラダイムの歴史から、われわれは、パソコンとウェブがそれほど根源的に新しいものではないことを理解することができる。最後に、アメリカ経済の命運が反転したことは、ニュー・エコノミーの潜在力を再評価するよう我々を促すのである。

好況の影にすでに見えていた危機

歴史が常に教えていることであるが、――金融界、あるいはメディア界、さらには学術界のいずれに所属していても――「前代未聞」とみられる現象、つまり過去の時期において有効だった分析の妥当性を根本から覆すものとみられる現象に対して新しいという形容詞を与えた途端に、こうした出来事は大きな危機に至る。各経済主体の表象、さらには経済学者の理論さえもが突然否定されることになり、確実に進行している制度的、経済的、社会的変化に対してもっと均衡の取れたアプローチが必要となってくる。これらの変化の真の決定要因、すなわちその論理と結末は、事後的にしか観察しえないものである。

たとえば、一九二九年から一九三二年のアメリカ経済の崩壊を前にして、経済理論家で、常に安定装置として機能する投機のパングロス博士〔ヴォルテール『カンディド』の登場人物で、行き過ぎた適応主義を皮肉る表現〕であったアービング・フィッシャーは、それまでの学問生活すべての中で練り上げられた分析枠組までも放棄することを強いられた。過剰債務を減らす絶望的な試みによって主導される景気後退の局面に対して不均衡仮説が及ぼす帰結を解明しなければならなかった(Fisher, 1933 ; Boyer, 1988)。二〇〇一年にわれわれはこれと類似の反転を経験しなかっただろうか。一九九〇年代にアメリカの成長体制の根本的な斬新性と安定性を誇示した分析者自身が、情報通信技術分野で累積した経済的、金融的な不均衡を最初に批判したのだった。

皮肉にも、「新しい」とか「終わり」――アメリカの労働者の労働時間がかつてないほど増大していた時期に、「労働の終焉」という表現が流行したことを思い出そう――という言葉が交互に頻繁に使用されることは、アナリストたちの困惑を表現していて、次の危機の予兆であり、また好景気の突然の反転の予兆でもある。そして、より現実的な経済分析へ回帰する兆しでもある。ニュー・エコノミーを明示的に主題とした研究論文の数が株式市場の動きを後追いしていることほど示唆的であり皮肉なことはないだろう（グラフ11）。

技術決定主義の誤りと多様な制度変化

二〇〇〇年代初めの現在では、アメリカ経済の構図は、成長の黄金時代に存在していた構図とはもはや遠い関係しか持っていない。生産性上昇益の国民全体への配分によって大量消費への接近を一般化したことに依拠していたフォード主義は、一九六〇年代末以降、危機に突入した。フォード主義は、まず外延的成長体制〔生産性上昇を伴わず、労働時間の外的延長や雇用の外的拡大に依存する成長〕に席を譲ったのである。低水準の生産性上昇益、不平等の拡大、そしてますます進行する生活様式の差別化を特徴とする。一九九五年以降、異なるレギュラシオン様式が出現するのであって、それは二〇年にわたって累積的に進行し、マクロ経済の新しい調節形態となって現れた構造的変容の全体的な結合から生み出されたものである。このような変化がニュー・エコノミーのテーマを出現させたのだった。

グラフ11　新時代への期待（危機の前触れか）

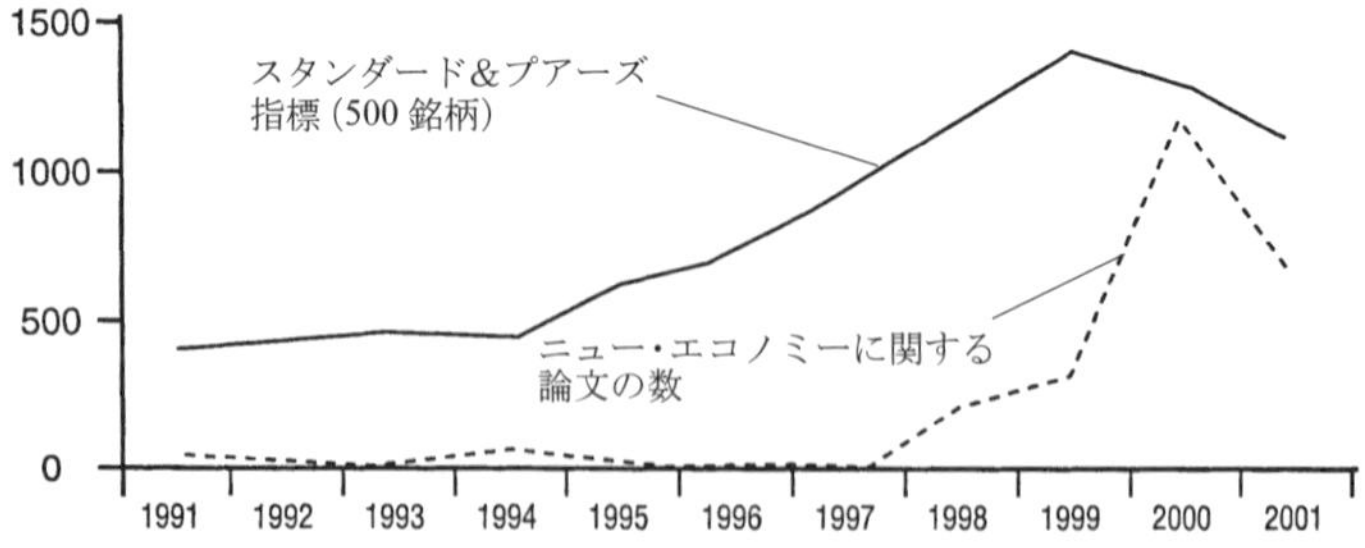

出所：論文数は考慮された分野の如何を問わずニュー・エコノミーに言及している論文で
CD-ROM EconLit-AEA の検索による。

規制緩和の動きが、動機づけのシステムを変化させ、企業とイノベーションに有利な競争環境をもたらす。これに対して、労使関係の分権化、雇用契約の個人化、そして報酬および社会保障制度の一部の金融経済化によって、賃労働関係は根本的に再定義されることになる。賃労働関係は、個人の能力と個人が企業内で占める位置にしたがってさまざまな賃金関係に分裂することになる。社会保障制度の——部分的にせよ——制度化によって主導されていた国家—経済の関係は、市場と企業に有利な方向に振れることになる。つまりそうした中で投資や利益に有利な税制改革が行われた。情報通信技術の躍進はさまざまな制度改革に続くものであるが、情報通信技術は、これら制度改革の原因ではないが、その生産者であると同時に消費者でもあるアメリカ企業には一定の有利な状況が与えられたのだった。

　一九九〇年代アメリカの長期的にわたる好景気を説明するのは、このような複合的状況であった。したがって、技術決定主義的な説明を——投げ捨てるまではできないまでも——相対化しなければならない。このことはとくにデジタル・ディバイドに関するケースで妥当する。情報通信技術は、それを支える社会関係よりも不平等であるとはかぎらない。何しろ、アメリカの社会関係はとりわけ不平等である。

北欧におけるニュー・エコノミー

情報通信技術主導型の成長モデルの出現は、何もシリコンバレーに限ったことではない。まず、アメリカは他のアングロ・サクソン諸国とともにこのモデルを共有している。そして、とりわけ別の二つの制度的構図によって、成長と雇用のために情報通信技術のイノベーションを動員できたヨーロッパ諸国が存在する。すなわち、北欧の社会民主主義開放的小規模国家であり、これらの国は、競争原理や知的所有権の積極的な促進ではなく、知識経済の実現に向けて協力的原理を進展させたのである。これらの国では、国民の教育水準はハイレベルであり、しかも相対的に平等に教育が浸透し、さらに生涯教育が強調されている。そして、企業と研究センターと大学との間に優れた協力関係が成立している。最後に、一部の「周縁諸国」も情報通信技術の積極的活用によりキャッチアップ戦略を実現できる。すなわち、フォード主義的成長様式という中間モデルを経ずして、新たに出現しつつある成長モデルに参加できる。

したがって、本書で言及したニュー・エコノミーの三段論法〔本書一四〇―一四一頁〕はまちがいである。たしかに、情報技術の活用は、一九九〇年代において高い成長を実現するための必要条件であった。だが、アメリカが、イノベーション―成長―雇用という好循環の実現において、最良の成功を収めているわけではない。アメリカの制度設計――それは競争的労働市場、ベンチャー・キャピタル、ナスダック市場、知的所有権体制の誘導的性格に依拠している――だけがこのような結果を生み出していると考えることは間違いである。たとえば、労働市場の集団的な組織形態は必ずしも雇用にとっての障害でもなく、ベンチャー・キャピタルも急速な成長の実現にとって必須条件でもない。情報通信技術はますます一般的技術として理解されるようになっているが、情報通信技術によってもたらされた技術パラダイムの採用は、金融市場主導型の資本主義の制度設計の輸入を前提としていない。別の国において生まれたイノベーションが国内的な制約や伝統にしたがって採用されたり修正されるハイブリッド化の過程――こうしたハイブリッド化の方法こそいっそう信頼し得る方法であるように思われる。

すでに成熟化した情報通信技術産業

情報通信技術に固有なミクロ的な不均衡――すなわち、巨大な設備投資とほとんどゼロに等しい限界コストに結びついた収穫逓増——は、新興企業が他企業に対して模範として示していると考えられた組織モデルの将来性を当初から危うくしていた。マクロ経済レベルでは、一九九五年に始まった投機的なインターネット・バブルの影響で、エレクトロニクス関連の巨大な設備投資が行われたので、生産性の上昇は持続的に高水準を維持するものと思われたが、実際にはこの上昇は例外的に長い好景気によるものであった。

したがって、一九九〇年代アメリカの好景気は無限に続くものではないと予想する方が理にかなっていた。二〇〇〇年三月にネット・バブルが崩壊し、二〇〇〇年半ばに情報通信技術関連の設備財注文が急減したことは、明らかな過剰蓄積を修正する過程を意味していた。たしかに、一九九九年秋には石油が高騰し、二〇〇〇年一一月のアメリカ大統領選挙の行方も不透明であり、さらに、二〇〇一年九月一一日、ニューヨークの世界貿易センターの二つのタワーに対する攻撃もあったが、あらゆる外的なショックとも無関係に好景気は初めから終息する運命にあった。これらの事件が与える影響が予測困難なものであったにしても、大半は内生的である諸力がアメリカ経済の動向を決定することになるだろう。シュンペーター的な分析枠組にしたがうのであれば、情報通信技術関連部門における過剰生産能力を一掃するメカニズムとともに、情報関連のすべての財が普及することによって、イノベーションのレントの侵食は始まる（Schumpeter, 1911）。世紀を画し、その効果の影響が一〇—二〇年に及ぶようなイノベーションの博物館において、ニュー・

エコノミーはリーン生産方式とおそらく肩を並べるであろう。

シリコンバレーよりも強大なウォール街

アナリストたちが情報技術に付与した重要性は過大すぎた、ということは十分ありうる。回顧的に言えば、金融経済化現象の方がおそらくはるかに大きな影響を与えている。この現象こそ大半の制度諸形態に関わっているし、情報通信技術以上に、アメリカの成長体制の枠組を決定づけているからである。株式市場の上昇を背景にして、一九九九年にはアメリカの家計貯蓄率がマイナスに転じてしまうまでにアメリカの家計は消費指向を強めた。上場企業は株主価値を尊重するよう余儀なくされ、その結果、金融収益の安定さらにはその持続的な上昇、そして資本の節約が追求されることになった。そして、賃金関係は実労時間、雇用そして報酬などを通じて調節変数となった。つまり経済政策自身が変容したのであり、政治家たちは自分たちの戦略の信頼性、実現可能性についてマーケットを説得しなければならなかった。かくして中央銀行は、インフレを抑制し、景気全体を安定させるという目標に加えて、金融システム全体の安定性を維持する必要が生じた。最後に、ウォール街は世界レベルの金融を媒介する役割を有しているので、直接投資にせよ、間接投資にせよ世界中からの資本流入を招き、これがアメリカの巨大な貿易赤字を相殺している。これは、アメリカのような覇権的地位を占めているわけではない他国ではまったく観察できない現象である。これはアメリカにまったく固有な現象であって、したがって他国に輸出できるようなものでないことをここでも確認しておこう。

だが、あらゆるメダルには裏がある。こうした金融の柔軟性はその見返りとして投機の熱狂を生み出す。実際、一九九〇年代のエピソードは、経済史においてよく知られていたモデルの再実現を意味している。すなわち革新的なイノベーション、しかも経済活動や社会の階層に関わるほとんどすべての構成要因を変化させるようなイノベーションの出現にともなって、金融バブルが発生するというエピソードである。注目すべきことに、すべてが将来展望と合理的な計算に向かっている時期において、大半の公的あるいは私的な経済主体は、このような技術イノベーションと金融の相互作用に関する重大な歴史的教訓を忘れてしまっているのである。あらゆる投機的バブルはついには必ず崩壊するが、生産的、社会的、政治的な構造変化の時間は、金融市場の格付けの時間と同一ではないのである。

競争の変容

バブルの発生とそれに続く情報通信関連産業の景気後退に見られるような急激な変化にもかか

わらず、独自のレギュラシオン様式が芽生えつつある。ネット経済は将来的に、ワルラス的理論の純粋に抽象的な分析の具体的な実現として現われるというほどに純粋に競争的な経済の勝利をもたらすであろう、というようなしばしば繰り返される予測は相対化しておく必要があるように思われる。このような競争的経済は、ウェブ上で情報が容易に普及する結果、消費者には価格を比較できる権限が付与されるとともに、大企業には個別化されたマーケティングを展開する機会が与えられる。これによって企業は、消費者余剰を体系的に「奪い取る」ことが可能になり、そこから寡占的な利益を引き出すターゲットを作り出すことができる。これに対して、中小企業は途方もない大海のような大きな市場のなかで競争しなければならない。同様に、情報のデジタル化は、競売メカニズムの出現や市場のプラットフォームのメカニズムの出現を助長すると同時に、新製品の共同開発やネットワークや提携を形成しつつ、パートナーの間で協力関係を強めることになる。

最後に、現在の収益性の決定要因、またM&Aや提携の動き、さらに金融の果たす決定的役割を観察すればわかるように、これらの要因はすべて経済をワルラス的な価格システムの理想状態から遠ざけている。これらの変化はすべて、基本的価値と市場価値の間に一貫してズレを生み出すという特徴をもっている。極端な自由主義者の期待に反して、現代の経営者たちは競争経済への復帰を目指していない。誕生しつつあるのはまったく別のレギュラシオン様式であって、しかも、その先行様式であるフォード主義よりもはるかに複雑にして、相互依存的である。ニュー・エコノミーというレトリックは、アメリカ、ヨーロッパ、そして日本という異なる軌道を生み出した諸変化の絡み合いを説明すべく登場した——単純ではあるが間違った——解釈である。

投機とユートピアのはざま

ニュー・エコノミーとオールド・エコノミーという対立は、企業の組織モデルについても、また成長体制についても、二〇〇〇年から二〇〇一年には消滅した。まず、数多くの新興企業が倒産する、か、もしくは、大企業に吸収される。新興企業のなかでマイクロソフトのような軌跡をたどることができた企業はほとんどいないが、こうして大企業は新興企業のエキスパートたちを安値で買い取ることができる。情報通信技術の利用は一般化して、企業のあらゆる組織、あるいは企業を取り巻く環境に浸透している。情報技術はそれ自身何ら競争的な価値をもたらすわけではない。これらの技術は一般的な製品になりつつある。ここに、情報経済と知識経済の根本的な相違が存在する。

次に、マクロ経済について、ＯＥＣＤ諸国の経済の軌跡を数多くの要因が特徴づけていることを認めざるをえない。金融のグローバル化によって相互依存が強まっているが、レギュラシオン様式は、北米、ユーロ地域、そしてアジアで大きく異なっている。アジアでは、中国の動態が日本の停滞と不安定と好対照をなしている。情報通信技術の普及は今後の一〇年を特徴づけ続けることになる。しかしだからといって、この情報通信技術の不均等な普及過程だけで各国の経済的なパフォーマンスの違いを説明することには大きな無理が存在する。したがって今まで以上に、出現しつつある成長体制について組織的かつ制度主義的なアプローチを練り上げる必要がある。

このような多様性に関する理論は、まだ書かれていない。したがって、アナリストたちが、最も目立つ変化の観察から、いくつかの単純な――しかも単独の原因にもとづくような――仮説を次から次に取り上げて重視することは理解しうる。ニュー・エコノミーには、さまざまな分野にまたがる大多数の研究者の関心を技術イノベーションの問題に集中させる、というメリットが確かにあった。最初に出された仮説が単純なものであったので、深い分析や反駁が数多く生まれる過程が必然的に生じた。本書もまたこうした過程に筆者なりに参画するものである。このようなテーマは今日ではほとんど消滅しているが、インターネット・バブルの崩壊に続く諸変化を説明する必要は依然として存在する。相変わらずさまざまな意見が表明されているが、以前と同じような謬見に陥らないように注意しよう。

新興企業よ、さようなら。活力ある企業万歳。ニュー・エコノミーよ、さようなら。知識経済万歳……。金融市場に駆り立てられ、また引き継がれ、これからも異なる流行が相継起することであろう。ただ都市生活、教育と生涯教育の組織化、あるいは高齢化に関する問題の増大に直面して、議論や分析は、最終的には、人間による人間の生産に関する資源と知識の動員によって特徴づけられるような人間主導型成長モデルを中心的な対象にするに至る、と予測すべきであろうか。将来の投機的バブルは、こうして生命科学のイノベーションの応用に関わって起こるのだろうか。

かくして、一九八〇年代には「日本モデル」が、その後、一九九〇年代にはニュー・エコノミーが主導的な神話となっていたと言えよう。はたして二〇〇〇年代には、バイオテクノロジーの将来への信仰がこれらに取って代わることになるだろうか。

謝辞

本書は、サンゴバン経済研究センターによって二〇〇〇年一一月九—一〇日パリで開催された最初のセミナーへの参加の招聘がなければ、陽の目を見ることがなかったであろう。そこでの私の考えは、ＧＲＥＤＯＣ（生活条件の研究と観察に関する研究センター）とＧＥＲＭＥ（現代経済のレギュラシオンと変化に関する研究集団）によって共催された「ニュー・エコノミーの社会的・経済的展望」に関するセミナー（パリ、二〇〇〇年一二月一一日開催）での私の報告において深められた。本書の成立に至った分析において同時に決定的な役割を果たすことになったのは、カリフォルニア大学バークレー校において二〇〇〇年四月二八—二九日開催された「ｅコマースと競争の様式の変化——部門分析の展望」に関する会議に、ＢＲＩＥ（国際経済に関するバークレー・ラウンドテーブル）のジョン・ザイスマンによって私が招聘されたことである。また、人間主導型成長体制の概念については、人間経済的な成長体制の概念を発案しているブルーノ・テレの分析に依拠するところが多い。

パスカル・プティとフィリップ・モアティによる重要な批判もまた分析を前進させるために有効であった。また、これら両者は、ニュー・エコノミーという概念がすべてを把握するための概念として長らく支配したことについて、詳しい分析アプローチを必要とすることを私に教えてくれた。ジャン＝ルイ・ベッファ、ジャン・フィリップ・トゥフゥ、そしてクサビエ・ラゴの意見と示唆は、研究者向けの原稿をより一般的な読者向けの著作に変換するために大変有益であった。モンセ・カアビ、ニコラ・カンリはアメリカ経済に関するマクロ経済統計の収集と分析のために協力してくれた。この点について、最後の仕上げは、アレクサンダー・ウィマーによって行われた。

最後になるが、本書は、本書の原稿を整えるために多大の努力とエネルギーを惜しまなかったジャクリーヌ・ジャンの非の打ち所なき協力なしには成立しなかったであろう。

これらの人びとすべてに謝辞を表明したい。だが、これらの人びとは誰も本書で表明されている見解について責任を負っていないことは明らかである。

〈インタビュー〉

経済成長と社会連帯の両立——北欧モデルと日本モデル

（聞き手・訳＝井上泰夫）

以下の文章は、第八回日仏経済国際会議（パリ、二〇〇六年一一月六―七日開催）への出席と報告のため渡仏した井上がロベール・ボワイエ氏と会って会談した折の議論の概要である。議論は予め提示しておいた質問概要にもとづいて、一一月八日同氏の研究室で二時間近く展開された。

（井上泰夫）

——本書がフランスで出版されてから四年が経過しています。その間に二〇〇四年に本書の英語版が出版されています。四年前、そして二年前と現在では、アメリカ経済についても、日本経済についても大きな変化が起きています。現在、フランスのマス・メディアでは来年の大統領選挙のためのフランス社会党の統一候補の確定をめぐって最終的に三人の候補者に絞られて、TV討論を含めて活発な議論が展開されています。そのなかで、二十一世紀のあるべき経済成長モデルは何か、という本書で提起されている主要な論点が三人の候補者によって議論されています。ある候補者は北欧モデルが望ましいと考えているし、また、フランスにまったく独自の経済成長モデルを創出すべきであると考えている候補者もいます。この点について、日本では情報の国際化にもかかわらず、依然として情報の大半はアングロ・サクソン出自のものが圧倒的であって、ヨーロッパ、そして北欧からの情報量は相対的に不足しています。とりわけ、本書のなかで強調されている北欧モデルの重要性、独自性について日本の読者向けに具体的に説明をお願いします。

北欧モデルについて最初に指摘すべきは、ICT（情報通信技術）革命と経済成長を結びつける仕方がいわゆるアメリカモデル、すなわち「ニュー・エコノミー」モデルと根本的に異なっていることです。本書のなかで繰り返し指摘されているように、基本的にアメリカモデルは、労働市場の流動性、株主価値重視の経営、ベンチャー・ビジネスによる新技術・新商品の開発、株式市場での資金調達を土台にしています。それらが一体となってモデルを形成しています。したがって、ICT革命による経済成長といえば、誰もが柔軟な労働市場をイメージするような状況になっています。しかし、世界的に見れば、実際にはかなり異なる経済モデルを見出すことができます。つまり、労働市場の柔軟性は、ICT革命の前提条件ではまったくないのです。その例が、デンマークモデルです。デンマークは人口五五〇万人足らずの小国ですが、経済のグローバル化の与

件をしっかりと国内経済運営のなかに取り込みつつ、独自のパフォーマンスを発揮しています。つまり、ローテク部門からより高度な産業分野に雇用を移動すべく、企業による解雇は頻繁であるけれども、その一方で解雇された人びとはただちに厳しい市場原理に委ねられるのではなく、地方政府、企業そして中央政府など社会的パートナーが一体となって再就職のための技能研修、職業教育に取り組んでいます。その再教育の間、最長四年まで以前の給与の八〇%が保障されています。その結果、解雇、失業問題が人びとに与えるショックは制度的に緩和されています。また、教育コストは基本的に大学を含めて無償であるため、教育の機会の平等が実現されています。こうした教育の平等、個人の社会参加の平等とＩＣＴ革命の実現という組み合わせは、アメリカ社会と大きく異なっている北欧モデルの特徴です。

労働市場の柔軟性と社会保障制度の充実を両立させているのが、デンマークモデルの特徴です。フレキシュキュリティ（flexicurity）とは、柔軟性＋社会保障を意味しています。当然このモデルでは社会保障支出が増大する結果、国民の税負担は増大します。いわゆる「高福祉・高負担」の問題ですが、国民は全体として高負担に不満を抱いていません。それは、高負担に見合う高水準の福祉が実現されているからです。とにかく、デンマークモデルは、技術革新を受け入れつつ、社会的連帯を維持しています。それが可能な原因として、宗教的、倫理的背景を考えることができます。人間関係がアトム化している現代社会ですが、プロテスタント的な近隣関係にもとづく人間関係は決して喪失されていない。つまり、高負担を個人的に回避しようとする脱税は社会問題化していません。また、先の失業→失業手当→再教育のサイクルも最長四年間に限られています。それは、労働組合への加入率が依然として高水準を維持していることによって可能な労資妥協にもとづくいわば、アメとムチの組み合わせになっているわけです。

こうした特徴をもつデンマークモデルですが、いくつかの弱点をもっています。ひとつには、若い人たちには個人主義の傾向が現れていて、高負担に対する疑問が出されるようになっています。これは、若年者への社会給付の充実によって基本的に解決しうる問題ですが、ともかく若者の要求が制度的に十分吸収されていない側面があります。

より大きな問題は移民問題です。デンマークは他のＥＵ諸国と同様に労働人口の七―八％を移民に依存しています。以上に述べたようなデンマークモデルのなかにこれらの大量の移民の人たちは制度的に統合されていません。それどころか、移民はデンマーク人の雇用を奪っているという極右の議論が高まっています。これに対して、最近デンマークで問題になったように、マホメットを取り上げた人物風刺漫画がイスラム系移民の怒りを買った事件がありました。要するに、デンマークモデルといえども、移民問題を解決できているわけではありません。また、小国デンマークのモデルをアメリカ社会に移植できるわけでもないでしょう。

最後に、デンマークモデルは現在機能していますが、一九九〇年代半ばに形成されたものであって、それまではデンマーク経済はそれほどうまく機能していたわけではありません。むしろ、経済的な停滞局面において企業が経営困難に陥った結果、やむをえなく従業員を解雇したわけですが、それに対して統一的な労働組合が異議を唱えるという対立のなかから、充実した失業補償、そして再就職のための技能訓練、という方策が生じたわけであり、偶然的な発見の積み重ねであると言えます。

次に、アメリカモデルについてですが、たしかに「ニュー・エコノミー」の構図は二〇〇二年におけるICTバブルの崩壊によって行き詰まっていますが、それから四年後の現在もアメリカ経済は依然として大きな不況に入ることなく、成長軌道を維持しています。

アメリカ経済は、本書が出版されて以降、継続と調節の局面を繰り返しています。まず、生産性の伸びについてですが、本書で指摘されているように、現在も依然としてICT革命の効果が持続的に続いています。そして、大きな景気後退が起こっていないのは、景気の大きな後退を抑止するようないくつかの政策が組み合わされて実施されているからです。その結果、一九九〇年代初めの日本経済のように、バブル崩壊とともに深刻な景気後退が長期化することはなかったわけです。まず、アメリカの連邦準備銀行は、景気後退を悪化させないために利子率をただちに低下させました。また、景気回復策として伝統的な減税を実施しました。そして大量の国債を発行して、世界中の公的機関、私的機関がアメリカの国債を購入することによって、アメリカの財政バランスを実現させることができました。そのなかで、国民は、中古住宅資産の評価が右肩上がりに上昇するなかで、上昇分に見合う銀行借入金で個人的な財・サービスの購入を増大させることができたわけです。このメカニズムは現在ゆるやかに軟着陸しつつあります。全体としてみれば、かつてのフォーディズム的なレギュラシオン様式とはまったく異なる、金融主導のレギュラシオンになっています。

本書において直接分析されているわけではありませんが、日本経済についての言及が数多くの箇所で行われています。また、ボワイエさんはつい先週も日本での講演から戻られたばかりですし、世界の経済学者のなかでもっとも数多く日本を訪問されているひとりです。その日本経済ですが、ようやく「失われた一〇年」からの回復が始まっていますが、経済格差は強まるばかりであり、景気の回復もどこまで本格化するのかきわめて疑問です。また、何よりもこの先の日本経済の展望が見えてこないのも事実です。このような日本経済についてどう考えますか。

日本経済の回復は、やはり銀行の不良債権問題が清算されつつあることに関係しています。一九九〇年代における相次ぐ不況の連鎖によって不良債権が雪だるま式に増大していったわけですが、ここにきてようやく収束しつつあります。加えて、円安相場に助けられて、アメリカ、中国への輸出が増大して、企業収益は輸出部門を中心にして回復しつつあります。また、その企業も長期的な合理化、イノベーションの効果が出現するようになっています。こうしたことが国民の先行きの見通しを明るくしています。

とはいえ、こうした状況はあくまで短期的な局面であって、長期的な、構造的な問題は未解決の状態です。大量の財政赤字が今後一〇年間にどのような状態になるのか、大変危険な問題を孕んでいます。また、現在の中国経済は日本の重要な輸出市場であるにしても、これから一〇年後においても、中国が日本にとって輸出市場のままにとどまるかどうかは断定できません。むしろ、人民元の現在の為替相場水準をベースにすれば、中国の産業競争力は今後飛躍的に増大して、日本の技術競争力に追い着く可能性がきわめて高い。それほど、中国の成長はハイテンポであり、しかもそれを実現するような激しい企業間競争が存在します。日本の製造業はハイテク産業への傾斜を強めていますが、日中の差は今後縮小する可能性が高いでしょう。最後に、経済格差の問題が深刻化していることも、重要な長期的課題です。一九九〇年代の合理化によって企業は生き返ることができたとすれば、そのしわ寄せは確実に非正規雇用に従事する人びとに及んでいます。これらの人びとが増えれば増えるほど、日本がこれまで維持してきた社会的結合力は低下することになります。ここでも、日本経済がアメリカモデルではなく、社会的結合、連帯をベースにした新しいモデルを作るべきなのですが、そうした明示的なモデルを日本のどの政党が国民に提示しているのでしょうか。本書のなかで提示した北欧モデルは日本にとっても重要な参照基準となりうるはずです。

たしかに、日本経済は景気回復の軌道に戻っていますが、その線路がどこに向かおうとしているのかはなはだ不透明です。シナリオ不明のなかでただ円安、輸出増大という従来の戦略のうえを走っているようです。にもかかわらず、現実には少子化、高齢化という問題がますます深刻化していています。それに関連して、本書の後半部分では、キーワードとして「人間主導型 anthropogénétique 経済成長」が登場しています。

人間主導型経済成長を考え出す上でヒントとなったのは、本書のなかでも指摘していますように、アメリカ社会における家計の消費支出の内容の変化です。かつてのフォーディズムを支えた耐久消費財消費は相対的に減少して、サービス支出が長期的に増大しています。この傾向は長期的に不可逆的な現象でしょう。サービス支出のなかで健康、教育、そして余暇への支出がますます重要になっています。おそらくこうした分野における技術変化が将来的に重要な役割を果たすことになります。これらの分野ではきわめて労働集約的な労働編成が行われています。そして、サービスの提供がアングロ・サクソン的に市場原理で行われるか、あるいは、社会的連帯を考慮しつつ行われるかが、ひとつの分岐になるでしょう。日本について言えば、私には不思議なことですが、日本のものづくりの伝統をもってすれば、もっと高齢者に優しい生活を実現できるはずであるにもかかわらず、それが実現されていないということです。生活ロボット、医療ロボットはもっと速いテンポで開発し、商業化できるのではないでしょうか。そうしたハード財を生産するだけの技術蓄積は十分存在しているはずです。

それだけでなく、物質中心の経済成長から人間中心の経済成長への転換は、いわゆる従来の製造業における雇用が相対的に減少して、その分より多くの雇用が健康、教育、文化の諸分野において創出されることを意味しています。現代社会の消費者はもはや物質財、ブランド財の購入に満足するのではなく、健康であるための消費を増やしています。また、平均的に教育水準が上昇するなかで、提供される教育内容、教育の質が不断に問われています。さらに、文化について言えば、いかにしてローカルな文化を維持して、再生産していくかが重要な課題になっています。いわゆるグローバル化の動きの中で、人びとの日常生活はどんどん画一化が進んでいるようですが、そうした表面的な動きを別にすれば、ローカルなレベルのもつ重要性はますます強くなっています。さきほど述べたデンマークモデルもそうした動きを象徴するものでしょう。かつて一九八〇年代に世界的に大きな関心を集めた日本経済であり、日本モデルという言葉も流布したわけですが、失われた一〇年を経て、日本に独自の経済システムが再び形成されることを願っています。

訳者あとがき

本書は、Robert Boyer, *La croissance, début de siècle : de l'octet au gène*, Albin Michel, 2002 の全訳であるが、英語版への序文と著者インタビューが新たに付加されている。なお、邦訳にさいして、英語版 *The Future of Economic Growth: as new becomes old*, Edward Elgar, 2004 を随時参考にすることができた。

著者であるロベール・ボワイエ氏は言うまでもなくレギュラシオン理論の旗手であるが、本書は、彼にとって『レギュラシオン理論（新版）』（一九九一年、藤原書店）以来の単著、書き下ろし作品である。旧著『レギュラシオン理論（新版）』において、第二次世界大戦後の「黄金の三〇年」を支えたフォーディズム的経済成長の構造を「蓄積体制とレギュラシオン様式」の概念的枠組で把握することによって、一九七〇年代半ば以降における高成長から低成長、そして長期停滞に移行した欧米資本主義の実態が分析されたのに対して、本書は、一九九〇年代以降すっかり様変わりした世界経済についてのレギュラシオン学派による分析成果である。本書執筆に至った経緯については著者が本書で述べている通りであるので、以下では、本書の主要な論点を指摘しておこう。

まず、世界経済の観点から二一世紀初頭を振り返るならば、二〇〇〇年前後の時期は大きな節目であった。いわゆる重厚長大型の産業構造によって支えられるフォーディズム型の経済成長がマクロ経済的に依然として重要な役割を果たしつつも、経済の新たなけん引役としてアメリカ発の金融市場主導型成長（情報通信技術産業の発展プラス株式市場の隆盛）が登場して、フォーディズムとまったく異なるタイプのパフォーマンスを実現したのだった。本書はまず、この一九九〇年代のアメリカの歴史的ロングラン景気である「ニュー・エコノミー」現象を理論的に解明することを目的にしている。そして、アメリカのＩＣＴ（情報通信技術）バブルの発生から崩壊に至るまでの過程について、詳細かつ簡潔に説明している。

次に、第二の論点として、本書は、ＩＣＴ戦略の展開をヨーロッパの社会的文脈のなかで考察することによって、アメリカ的なＩＣＴバブルの発生に行き着かないような経済成長の構図を浮き彫りにしている。一般的に、経済のグローバル化のなかで、アメリカの「ニュー・エコノミー」を支えた制度的枠組を輸入しさえすれば、各国の経済はアメリカと同様に好転するはずだ、という通念が広く持たれているが、これへの異議申し立てである。つまり、ＩＣＴ戦略はアングロ・サクソン的な自由競争だけから引き出される戦略ではなく、北欧諸国のパフォーマンスが示しているように、ヨーロッパ的な社会的連帯の理念とも十分両立しうる戦略なのである。

さらに、本書では、アメリカ、EUの現代経済のみならず、いわゆる「失われた一〇年」以降の日本経済についても随所で言及されている。旧著『レギュラシオン理論』の公刊以来、著者の日本経済への関心は現在に至るまで続いている。アメリカ経済とも、ヨーロッパ経済とも異なる現代資本主義のもう一つの構図を日本経済に求めている著者は、今後の日本経済がとりうる方向について持論の一端を本書のなかで表明している。

最後に、こうした世界経済の構図を見据えたうえで、ニュー・エコノミーの分析・解明と並ぶ、もうひとつのテーマである「二一世紀の経済成長とは何か」について、レギュラシオン理論の観点に立って「人間主導型成長」というモデルを本書は提示している。その詳細については本論を参照していただくことにして、ここでは、「人間主導型成長」とは、ニュー・エコノミーに行き着かないようなＩＣＴ戦略のもうひとつの発展形態である、ということを指摘しておきたい。

旧著『レギュラシオン理論（新版）』以来、ボワイエ氏はわれわれに対してつねに「同一の分析枠組にもとづいて異なる社会、時期を分析する」重要性を強調してきた。本書はそうしたボワイエ氏の学問的な良心を物語る作品である。その内容は学問的な議論を含んでいるにしても、広く知的関心の対象となりうる書であり、二一世紀の経済社会について関心を有するすべての日本の読者にとって十分理解可能であろう。

畏友ボワイエ氏から公刊後の本書をただちに日本で受け取ってから、五年の年月が経過してしまった。若手の人たちとの共訳体制で作業に取りかかったが、訳者のひとりである井上の思わぬ体調不良のために、翻訳作業は今日まで遅延してしまった。共訳の分担は、序章から第三章までを中原が、第四章から第六章までを新井が、残りの部分を井上がそれぞれ担当したうえで、最終的に井上が日本語および表現の統一に努めた。

原稿の作成にあたり、多くの人たちの協力を受けることができた。まず、来日中のセバスチアン・ルシュヴァリエ氏（ＥＨＥＳＳ准教授）からいくつかの専門用語について適切なアドバイスを受けることができた。また、図表・邦訳参考文献、校正などに関して、名古屋市立大学大学院経済学研究科の共同研究室、資料室による多大な協力を得ることができた。これらの人たちすべてに対して謝意を表したい。

最後になるが、現時点で本書の発刊が日本において持ちうる意義について深い関心を示されつつ、翻訳出版を引き受けていただいた藤原書店社長、藤原良雄氏、そして、訳者の見落としを丁寧にチェックしていただいた同書店編集部の西泰志氏、に対して深く感謝したい。

二〇〇七年五月一四日

井上泰夫

第6章

第7章

第8章

結論

図表一覧

in SMELSER N. J. and BALTES P. B. (eds), *International Encyclopedia of the Social and Behavioral Sciences*, Elsevier Science Limited, Oxford.

US DEPARTMENT OF COMMERCE (1975), *Historical Statistics of the United States. Colonial Times to 1970*, US Bureau of Census, Washington DC.
US DEPARTMENT OF COMMERCE (1991), *Statistical Abstract of the United States, 1991*, US Bureau of Census, Washington DC.

VARIAN Hal R. (2000), « Market Structure in the Network Age », in BRYNJOLFSSON Erik and KAHIN Brian, *Understanding the Digital Economy*, The MIT Press, Cambridge, Ma., p. 137-150.
VIDAL Jean-François (2000), *Dépression et retour de la prospérité. Les économies européennes à la fin du XIXe siècle*, L'Harmattan, Paris.

WALLISER Bernard (2000), *L'Économie cognitive*, Odile Jacob, Paris.
WEBER Steven (2001), « The Political Economy of Open Source Software », in *Tracking a Transformation : E-Commerce and the Terms of Competition in Industries*, Brookings Institution Press, Washington DC.
WEISSKOPE Thomas E., BOWLES Samuel, GORDON David M. (1983), « Hearts and Minds : A Social Model of U. S. Productivity Growth », *Brookings Papers on Economic Activity*, n°2, p. 381-450.
WHITE Harrison C. (1981), « Where do Market Come from ? », *American Journal of Sociology*, 87 (3), p. 517-547.
WILLIAMSON O. (1985), *The Economic Institutions of Capitalism*, The Free Press, New York.
WOMACK James P., JONES Daniel T. and Roos Daniel (1990), *The Machine that Changed the World*, Harper Perennial, New York.（沢田博訳『リーン生産方式が，世界の自動車産業をこう変える――最強の日本車メーカーを欧米が追い越す日』経済界，1990年）

ZARNOWITZ Victor (2000), *The Old and the New in U. S. Economic Expansion of the 1990s*, Working Paper n°7721, National Bureau of Economic Research, Cambridge Ma., May.
ZUSCOVITCH Ehud (1998), « Networks, Specialization and Trust », in COHENDET Patrick et *al.* (eds), *The Economics of Methods : Interaction and Behaviours*, Springer Verlag, Heidelberg, p. 243-64.
ZYSMAN John and WEBER Steven (2001), « Governance and Politics of the Internet Economy : Historical Transformation or Ordinary Politics with a New Vocabulary »,

Knowledge Economy in Europe. A Strategy for International Competitiveness with Social Cohesion, Routledge, London, chapitre 2.

SOLOW Robert M. (1987), « We'd Better Watch Out », *New York Review of Books*, July 12, p. 36.

SRAFFA Piero (1962), *La Production de marchandises par des marchandises*, traduction française, Dunod, Paris. (菱山泉・山下博訳『商品による商品の生産——経済理論批判序説』有斐閣, 1962 年)

STIGLITZ Joseph (1987), « Dependence of Quality on Price », *Journal of Economic Literature*, vol. XXV, March, p. 1-48.

TAYLOR John B. (2001), « The Role of the Exchange Rate in Monetary Policy Rules », *American Economic Review*, 91 (2), May, p. 263-267.

TEMPLE Jonathan (2000), « Summary of an Informal Workshop on the Causes of Economic Growth », *Economic Department Working Papers*, n°260, OCDE, October.

TEUBAL Morris, ZUSCOVITCH Ehud (1994), « Demand Revealing and Knowledge Differentiation through Network Evolution », in BORJE Johansson et *al.* (eds), *Patterns of a Network Economy*, Springer Verlag, Heidelberg, p. 15-31.

THE ECONOMIST (2000), « Nokia : A Finnish Fable », October 14th, p. 97-103.

THE ECONOMIST (2001a), « What's Left ? », Special Report on the New Economy, May 12th, p. 83-85.

THE ECONOMIST (2001b), « The Internet's New Borders », August 11th, p. 9-10.

THE ECONOMIST (2001c), « American Productivity. A Spanner in the Productivity Miracle », August 11th, p. 55-56.

THE ECONOMIST (2001d), « Putting it in its Place », Special Report Geography and the Net, August 11th, p. 18-20.

THE ECONOMIST (2002a), « A Survey of the Real-time Economy », A Special Survey, February 2nd, p. 1-18.

THE ECONOMIST (2002b), « Global Crossing's Bankruptcy : Survival of the Slowest », February 2nd, p. 57.

THE ECONOMIST (2002c), « Enron and auditing » et « The Trouble with Accounting », February 9-15th, p. 9, p. 61-64.

TPIRLETT Jack (1999), « Economic Statistics, The New Economy and the Productivity Slowdown », *Business Economics*, 34 (2), April, p. 13-17.

le crédit, l'intérêt et le cycle de la conjoncture, traduction française (1983), Dalloz, Paris.（塩野谷祐一ほか訳『経済発展の理論――企業者利潤・資本・信用・利子および景気の回転に関する一研究』岩波書店, 1940 年, 改訳, 1980 年）

SCHUMPETER Joseph (1954), *Capitalism, Socialism and Democracy*, 4th edition, Allen and Unwin, London.（中山伊知郎・東畑精一訳『資本主義・社会主義・民主主義』上, 中, 下, 東洋経済新報社, 1951 年, 改訂版, 1962 年, 新装版, 1995 年）

SEN Amartya (2000), *Development as Freedom*, Anchor Books, New York.（石塚雅彦訳『自由と経済発展』日本経済新聞社, 2000 年）

SESSIN Thierry (2002), « Épargne salariale : l'actionnariat salarié et les options d'achats d'actions », *Encyclopédia Universalis*, version 7.

SHAPIRO Carl, VARIAN Hal R. (1999), *Information Rules : A Strategic Guide to the Network Economy*, Harvard Business School Press, Harvard.（宮本喜一訳『「ネットワーク経済」の法則――アトム型産業からビット型産業へ……変革期を生き抜く 72 の指針』ＩＤＧコミュニケーションズ, 1999 年）

SHILLER Robert J. (2000), *Irrational Exuberance*, Princeton, Princeton University Press.（植草一秀監訳, 沢崎冬日訳『投機バブル根拠なき熱狂――アメリカ株式市場, 暴落の必然』ダイヤモンド社, 2001 年）

SHIMIZU Koïchi (1999), *Le Toyotisme*, La Découverte, Repères, Paris.

SICILIA David B., CRUIKSHANK Jeffrey L. (2000), *The Greenspan Effect. Words that Move the World's Markets*, McGraw-Hill, New York.（伊藤洋一訳『グリーンスパンの魔術』日本経済新聞社, 2000 年）

SMITH Meritt Roe, MARX Leo (eds) (1998), *Does Technology Drive History ? The Dilemma of Technological Determinism*, The MIT Press, Cambridge, Ma.

SMITH Michael D., BAILEY Joseph, BRYNJOLFSSON Erik (2000), « Understanding Digital Markets : Review and Assessment », in BRYNJOLFSSON Erik and KAHIN Brian, *Understanding the Digital Economy*, The MIT Press, Cambridge, Ma., p. 99-136.

SOETE Luc (2001a), « L'impact de l'innovation, de la concurrence et de la réglementation sur la croissance : les enseignements récents de l'expérience européenne », dans CENTRE SAINT-GOBAIN POUR LA RECHERCEE ÉCONOMIQUE (dir.), *Institutions et croissance*, Albin Michel, Paris, p.243-278.

SOETE Luc (2001b), « The Challenges and the Potential of the Knowledge-Based Economy in a Globalized World », in RODRIGUES Maria Joao (ed.), *The New*

PORTER Michael (2001), « Strategy and the Internet », *Harvard Business Review*, March, p. 63-79.

RAFF Daniel M. G. (1988), « Wage Determination Theory and the Five Dollar Day at Ford », *The Journal of Economic History*, XL VIII (2), June, p. 387-399.

RAGIN Charles C. (1987), *The Comparative Method*, The University of California Press, Berkeley. (鹿又信夫監訳『社会科学における比較研究——質的分析と計量的分析の統合にむけて』ミネルヴァ書房, 1993 年)

RAGIN Charles C. (1994), *Constructing Social Research*, Pine Forges Press, Sage, Thousand Oaks, Ca.

RAGOT Xavier (2000), *Division du travail, progrès technique et croissance*, thèse, EHESS, Paris, décembre.

RAGOT Xavier, TOUFFUT Jean-Philippe (1998), « Le partage du profit : de la pertinence à l'échelle de la firme à la validité macroéconomique », *L'Année de la régulation*, vol. 2, La Découverte, Paris, p. 131-168.

REXECODE (2000), « Vers un nouvel âge d'or de la croissance européenne ? », *Revue de Rexecode*, n°68,3e trimestre.

RODRIGUES Maria Joao (ed.) (2001), *The New Knowledge Economy in Europe. A Strategy for International Competitiveness with Social Cohesion*, Edward Elgar, London.

ROMER Paul (1990), « Endogenous Technological Change », *Journal of Political Economy*, vol. 98, No. 5 Part2, October, p. S71-102.

ROSTOW Walter (1965), *Les Étapes de la croissance*, traduction française, Seuil, Paris.

SACHWALD Frédérique (2000), « The Challenge of Innovation Based Competition : A Transatlantic Perspective on ICT », Mimeograph, *The New American Challenge : Firm's Strategies and European Policies*, Institut français des Relations internationales.

SAXENIAN AnnaLee (2001), « Transnational Technical Communities and Regional Growth in the Periphery », Mimeograph, *Institutions et innovation*, Albin Michel, Paris.

SCARPETTA Stefano, BASSANINI Andrea, PILAT Dirk, SCHREYER Paul (2000), « Economic Growth in the OCDE Area : Recent Trends at the Aggregate and Sectoral Level », *Economic Department Working Paper* n°248, OCDE, Paris.

SCHUMPETER Joseph (1911), *Théorie de l'évolution économique. Recherche sur le profit,*

OCDE (2001b), *Towards a Knowledge-Based Economy*, OCDE Science, Technology and Industry Scoreboard, OCDE Publications, Paris.

OLINER S. D., SICHEL D. E. (2000), « The Resurgence of Growth in the Late 1990s : Is Information Technology the Story ? », *The Journal of Economic Perspectives*, 14 (4) Fall, p. 3-22.

ORLÉAN André (2000), *Le Pouvoir de la finance*, Odile Jacob, Paris. (坂口明義・清水和巳訳『金融の権力』藤原書店, 2001 年)

ORSI Fabienne (2002), « La constitution d'un nouveau droit de propriété intellectuelle sur le vivant aux États-Unis », Ronéotypé CEPN-IIDE, Université Paris 13-Villetaneuse, à paraître dans *Revue d'économie industrielle.*

PATEL Pari, PAVITT Keith (1995), « Patterns of Technological Activity : Their Measurement and Interpretation », in P. STONEMAN (ed.), *Handbook of the Economics of Innovation and Technological Change*, Blackwell, Oxford.

PAULRÉ Bernard (2001), « Ambiguïtés et incertitudes de la *New Economy* », Mimeograph, Colloque ADIS-Université Paris Sud (XI), *Nouvelle Économie : Théories et évidences*, 17-18 mai, Paris.

PENROSE Edith (1963), *The Theory of the Firm*, Oxford University Press, Oxford. (末松玄六訳『会社成長の理論』ダイヤモンド社, 1962 年, 第 2 版, 1980 年)

PERKINS Anthony B., PERKINS Michael C. (1999), *The Internet Bubble*, Harper Business, New York. (斎藤精一郎監訳, 吉川明希訳『インターネット・バブル――来るべき反動にどう備えるか』日本経済新聞社, 2000 年)

PETIT Pascal (1998), « Formes structurelles et régimes de croissance de l'après-fordisme », *Année de la régulation*, vol. 2, La Découverte, Paris, p. 117-138.

PETIT Pascal, SOETE Luc (eds) (2001), *Technology and the Future of European Employment*, Edward Elgar, Cheltenham.

PILAT Dirk (2002), « Le rôle du changement technique dans les modèles de croissance récents », in *Institutions et innovation*, Albin Michel, Paris.

POLLIN Jean-Paul (2000), « Les banques centrales face aux défis de la nouvelle économie », dans CERCLE DES ÉCONOMISTES (ed.), *Espérances et menaces de la nouvelle économie*, Descartes & Cie, Paris, p. 95-124.

PONTVIANNE Aymeric (2001), *Origines, développement et implications du rapport salarial refoulé aux États-Unis, 1980-2000*, Mémoire de DEA « Économie des Institutions », Paris, Nanterre, novembre, 116 p.

MALERBA Franco (2002), « Régimes technologiques et systèmes sectoriels d'innovation en Europe », in *Institutions et innovation*, Albin Michel, Paris.

MARSDEN David (2001), « L'adaptation des institutions du marché du travail à la nouvelle donne économique », dans CENTRE SAINT-GOBAIN POUR LA RECHERCHE ÉCONOMIQUE (ed.), *Institutions et croissance*, Albin Michel, Paris, p. 61-92.

MARTINEZ Michel (2001), « La position de la France dans les technologies de l'information. Une comparaison avec les États-Unis, le Royaume-Uni et l'Allemagne », *Revue de Rexecode*, 71,2e trimestre, p. 41-76.

MAURICE Joël (2001), *Prix du pétrole*, Conseil d'analyse économique, n°32, la Documentation française, Paris.

MCKNIGHT Lee, BAILEY Joseph P. (eds) (1998), *Internet Economics*, The MIT Press, Cambridge, Ma.

MILGROM Paul, ROBERTS John (1990), « The Economics of Modern Manufacturing : Technology, Strategy and Organization », *American Economic Review*, 80 (3), June, p. 511-528.

MILGROM Paul, ROBERTS John (1992), *Economics, Organization and Management*, Prentice-Hall International Editions, Englewood Cliffs, NJ. (奥野正寛ほか訳『組織の経済学』ＮＴＴ出版, 1997 年)

MUET, Pierre Alain (1995), « Ajustements macroéconomiques, stabilisation et coordination en union monétaire », *Revue d'économie politique*, 105 (5).

NELSON Richard (ed.) (1993), *National Innovation Systems. A Comparative Analysis*, Oxford University Press, New York.

NEUMAN VON (1945), « A Model of General Economic Equilibrium », *Review of Economic Studies*, vol. 13.

NORTH Douglass C. (1990), *Institutions, Institutional Change and Economic Performance*, Cambridge University Press, Cambridge NewYork. (竹下公視訳『制度・制度変化・経済成果』晃洋書房, 1994 年)

OCDE (1999), *The Knowledge-Based Economy : A Set of Facts and Figures*, OCDE, Paris, Juin, p. 22-23.

OCDE (2000), *Études économiques de l'OCDE : Les États-Unis*, Publications de l'OCDE, Paris.

OCDE (2001a), *Ministerial Report on Growth*, Mimeograph, Paris, OECD, March 9.

Analysis of Technical Change », in BIJKER Wiebe and LAW John (eds), *Shaping Technology/Building Society : Studies in Socio-Technical Change*, The MIT Press, Cambridge, Ma., p. 21-52.
LAZARIC Nathalie, LORENZ Edward (eds) (1998), *Trust and Economic Learning*, Elgar, Cheltenham.
Le Monde (2001a), « Le Dow Jones résiste encore à la déconfiture des bourses mondiales », samedi 18 août, p. 10.
Le Monde (2001b), « Dell enregistre une perte nette pour la première fois depuis 1993 », samedi 18 août, p. 11.
LEQUILLER François (2001), *La Nouvelle Économie et la mesure de la croissance du PIB, Document de travail INSEE*, Direction des ètudes et Synthèses économiques, n°G 200/. 01.
LESOURNE Jacques (1991), *Économie de l'ordre et du désordre*, Paris, Economica.
LESOURNE Jacques (2001), *Ces avenirs qui n'ont pas eu lieu*, Odile Jacob, Paris.
LEWIS TED G. (1999), *Microsoft Rising... and Other Tales of Silicon Valley*, Computer Society Los Alamitos, Ca.
LITAN Robert E., RIVLIN Alice M. (2001), « Projecting the Economic Impact of the Internet », *American Economic Review, Papers and Proceedings*, 91 (2), May, p. 313-316.
LORDON Frédéric (2001a), « Classicisme de la nouvelle économie », *L'Agefi*, 13 mars.
LORDON Frédéric (2001b), « Les oublis de la nouvelle économie », *L'Agefi*, 20 mars.
LORENTZ Francis (2000), « Nouvelles technologies : l'État bousculé », dans FAUROUX Roger, SPITZ Bernard (dir.), *Notre État. Le livre vérité de la fonction publique*, Robert Laffont, Paris, p. 643-666.
LORENZI Hervé (2000), « Nouvelle économie et e-commerce », dans CERCLE DES ÉCONOMISTES (ed.), *Espérances et menaces de la nouvelle économie*, Descartes & Cie, Paris, p. 267-294.
LUCAS Robert E. (1983), *Studies in Business Cycle Theory*, The MIT Press, Cambridge Ma.
LUCAS Robert E. (1988), « On the Mechanisms of Economic Development », *Journal of Monetary Economics*, vol. 72, July, p. 3-42.
LUCAS Robert E. (1993), « Making a Miracle », *Econometrica* 61 (2), p. 251-272.
LUNDVALL Bengt-Åke (ed.) (1992), *National Innovation Systems : Towards a Theory of Innovation and Interactive Learning*, Pinter Publishers, London.

JACOBZONE Stéphane (2001), « Healthy Ageing and the Challenges of New Technologies. Can OCDE Social and Health Care Systems Provide for the Future », Mimeograph OCDE, Directorat for Education, Employment, Labour and Social Affairs.

JACQUET Pierre, PISANI-FERRY Jean et *al.* (dir.) (2000), *Questions européennes*, La Documentation française, Paris, p. 72-108.

JACQUILLAT Bertrand (2000), « Comment valoriser les entreprises de la nouvelle économie ? », dans CERCLE DES ÉCONOMISTES (ed.), *Espéranceset menaces de la nouvelle économie*, Descartes & Cie, Paris, p. 307-320.

JORGENSON Dale W., STIROH Kevin J. (2000), « Raising the Speed Limit : U. S. Economic Growth in the Information Age », *Brookings Papers on Economic Activity*, n°1, p. 125-235.

KALDOR Nicholas (1981), « The Role of Increasing Returns, Technical Progress and Cumulative Causation in the Theory of International Trade and Economic Growth », *Économie appliquée*, 34 (4), p. 593-617.

KELLY Kevin (1998), *New Rules for the New Economy*, Penguin Books, New York. (酒井泰介訳『ニューエコノミー勝者の条件――ウィナー・オール時代のマーケティング 10 則』ダイヤモンド社, 1999 年)

KENNEY Martin (2000), « From Dell Computer to Dellism », in BRIE, Round table on « *E-Commerce and the Changing Terms of Competition : A View from within the Sectors* », University of California, Berkeley, April 28-29.

KINDLEBERGER Charles P. (1978), *Manias, Panics and Crashes : A History of Financial Crises*, Basic Books, New York. (吉野俊彦・八木甫訳『熱狂・恐慌・崩壊――金融恐慌の歴史』日本経済新聞社, 2004 年)

KOGUT Bruce (2000), « The Transatlantic Exchange of Ideas and Practices : National Institutions and Diffusion », « *The New American Challenge : Firm's Strategies and European Policies* »,séminaire de l'Institut français des Relations internationales, 3 octobre.

KRUEGER Alan B., LINDAHL Mikael (2000), « Education for Growth : Why and for whom ? », *Working Paper* n°7591, National Bureau of Economic Research, Cambridge, Ma., March.

LAW John, CALLON Michel (1992), « The Life and Death of an Aircraft : A Network

GRUNER Stephanie, BOSTON William (2001), « How to Avoid Dot-Com Death », *Convergence*, 7 (1), Spring, p. 20-21.
GUELLEC Dominique (2000), « Economic Growth in Europe : Entering a New Era ? », Mimeograph Presented at the Forum économique francoallemand, 17-18 January.
GUELLEC Dominique (2002), « L'émergence d'une économie fondée sur la connaissance », Mimeograph, *Institutions et innovation*, Albin Michel, Paris, à paraître.
GUILHON Bernard (2001), *Technology and Markets for Knowledge*, Kluwer, Norwell, Ma.

HALL Robert E. (2000), « Struggling to Understand the Stock Market », *American Economic Review*, 91 (2), May, p. 1-11.
HANCKÉ Bob (1999), « Varieties of Capitalism Revisited : Globalisation and Comparative, Institutional Advantage », *La Lettre de la régulation*, 30, p. 1-4.
HANSEN Bruce E. (2001), « The New Econometrics of Structural Change : Dating Breaks in U. S. Labor Productivity », *Journal of Economic Perspectives*, vol. 15 (4), Fall, p. 117-128.
HAYEK Friedrich von (1945), *The Use of Knowledge in Society*, repris dans *Individualism and Economic Order*, Routledge and Kegan Paul Ltd, London [1948]. (嘉治元郎・嘉治佐代訳『個人主義と経済秩序』春秋社, 1990 年)
HEFFER Jean (1976), *La Grande Dépression : les États-Unis en crise* (*1929-1933*), « Archives », Gallimard, Paris.
HEINER Ronald (1988), « Imperfect Decisions and Routinized Production : Implications for Evolutionary Modelling and Inertial Technical Change », in DOSI G., FREEMAN C., NELSON R., SILVERBERG G., SOETEL. (eds), *Technical Change and Economic Theory*, Pinter Publishers, London.
HOBIN Bart and JOVANOVIC Boyan (2001), « The Information-Technology Revolution and the Stock Market : Evidence », *American Economic Review*, 91 (5), December, p. 1203-1220.

INGRAO B., ISRAEL G. (1990), *The Invisible Hand : Economic Equilibrium in the History of Science*, The MIT Press, Cambridge.
IPTS (2001), *Future Bottlenecks in the Information Society*, Report to the European Parliament, Committee on Industry, External Trade, Research and Energy (ITRE), June, Institute for Prospective Technological Studies, Séville, EUR 19917 EN.

? Computerised Technical Change into the XXIst Century, London, Pinter Publishers.
FREYSSENET Michel, MAIR Andrew, SHIMIZU Koichi, VOLPATO Giuseppe (1998), *One Best Way ? Trajectories and Industrial Models of the World's Automobile Producers*, Oxford University Press, Oxford.

GADREY Jean (2000), *Nouvelle économie, nouveaux mythes ?*, Flammarion, Paris.
GARCIA Marie-Françoise (1986), « La construction sociale d'un marché parfait : le marché au cadran de Fontaines-en-Sologne », *Actes de la Recherche en sciences sociales*, n°65, novembre, p. 2-13.
GATTI Donatella (2000), *Product Market Competition and Labour Market Imperfections*, Mimeograph, Workshop on Institutional Complementarities, Paris, November.
GERSCHENKRON Alexander (1962), *Economic Backwardness in Historical Perspective*, Cambridge, Ma., Harvard University Press. (絵所秀紀〔ほか〕訳『後発工業国の経済史――キャッチアップ型工業化論』ミネルヴァ書房, 2005年)
GLOWINSKI Albert (2002), « Économie des télécommunications », *Encyclopedia Universalis*, version 7.
GOMES Lee (2001), « Can Business to Business Survive ? Hunt Family Finds Fax and Telephone Beat out Internet », *Wall Street Journal Europe*, Net Working, March 19th, p. 23-24.
GOOLSBEE Austan (2001), « Education and the Internet », Brookings Task Force on the Internet, *The Economic Payoff from the Internet Revolution*, Brookings Institution Press, Washington DC.
GORDON Robert J. (2000a), « Interpreting the "One Big Wave" in U. S. Long-Term Productivity Growth », *Working Paper* n°7752, National Bureau of Economic Research, Cambridge, Ma., June.
GORDON Robert J. (2000b), « Does the "New Economy" Measure up to the Great Inventions of the Past ? », *The Journal of Economic Perspectives*, 14 (4), Fall, p.49-74.
GORDON Robert J. (2001), « La technologie et les succès de l'économie américaine », dans CENTRE SAINT-GOBAIN POUR LA RECHERCHE EN ÉCONOMIE (dir.), *Institutions et croissance*, Albin Michel, Paris, p. 279-326.
GREENAN Nathalie (2001), *Changements organisationnels et performances économiques : théorie, mesures et tests*, thèse, EHESS, Paris, janvier.
GREENSPAN Alan (2000), « Technology and the Economy », Speech Before the Economic Club of New York, New York, 13 January.

d'économie américaine, Presses universitaires de France, Paris.
DUMÉNIL Gérard, LÉVY Dominique (2000), *Crise et sortie de crise : Ordre et désordres néolibéraux*, Presses universitaires de France, Actuel Marx Confrontation, Paris.
DRACHE Daniel (eds) (2001), *The Market or the Public Domain*, Routledge, Londres.
DUVAL Guillaume (2000), « Les conditions du rattrapage européen », *La Revue*, Confédération française démocratique du travail, n°35, novembre, p. 3-9.
DUVAL Romain (2000), *Quel crédit faut-il accorder à la « nouvelle économie » américaine ?*, Mimeograph, Direction de la prévision, Paris.

EASTERLIN Richard (1996), *Growth Triumphant : The Twenty-first Century in Historical Perspective. Economics, Cognition, and Society Series*, University of Michigan Press, Ann Arbor.
ELIASSON Gunnar (1984), « Micro Heterogeneity of Firms and the Stability of Industrial Growth », *Journal of Economic Behavior and Organization*, 5 (3-4), p.249-274.
ELIASSON Gunnar (1998), « On the Micro Foundations of Economic Growth : Human Capital, Firms Organization and Competitive Selection », dans LESOURNE Jacques et ORLÉAN André (eds), *Advances in Self Organization and Evolutionary Economics*, Economica, LondresParis, p. 287-307.

FEDERAL RESERVE BANK OF BOSTON (1980), *The Decline in Productivity Growth*, Proceedings of a Conference held in June, Conference Series n°22, Boston, Federal Reserve Bank.
FISHER I. (1933), « Une théorie de la déflation par la dette », traduction française et réédition dans *Revue française d'économie*, III (3), été.
FLIGSTEIN Neil (2001), « Le mythe du marché », *Actes de la Recherche en sciences sociales*, n°139, p. 3-12.
FORAY Dominique (2000), *L'Économie de la connaissance*, Repères, La Découverte, Paris.
FRAUMENI Barbara M. (2001), « E-Commerce : Measurement and Measurement Issues », *American Economic Review, Papers and Proceedings*, 91 (2), May, p. 317-322.
FREEMAN Christopher (1987), *Technology Policy and Economic Performance, Lessons from Japan*, London, Pinter Publishers.（新田光重訳『技術政策と経済パフォーマンス――日本の教訓』晃洋書房，1989 年）
FREEMAN Christopher, SOETE Luc (1994), *Work for All or Mass Unemployment*

of Economic Perspectives, 14 (2), Spring, p. 45-56.

DASGUPTA Partha, DAVID Paul A. (1994), « Toward a New Economic of Science », *Research Policy*, vol. 23, p. 487-521.

DAVID Paul A. (1987), « Some New Standards for the Economics of Standardization in the Information Age », in DASGUPTA P. and STONEMAN P. (eds.), *Economic Policy and Technological Performance*, Cambridge University Press.

DAVID Paul A. (1991), « Computer and Dynamo. The Modern Productivity Paradox in a Not-Too-Distant-Mirror », in *Technology and Productivity : The Challenge for Economic Policy*, OCDE, Paris.

DAVID Paul A. (2000), « Understanding Digital Technology's Evolution and the Path of Measured Productivity Growth : Present and Future in the Mirror of the Past », in BRYNJOLFSSON E., KAHIN B. (eds), *Understanding the Digital Economy*, The MIT Press, Cambridge, Ma. (室田泰弘・平崎誠司訳『ディジタル・エコノミーを制する知恵』東洋経済新報社, 2002 年)

DAVID Paul A. (2002), « Coopération et créativité dans les réseaux de la recherche scientifique », in *Institutions et innovation*, Albin Michel.

DÉLÉGATION EUROPÉENNE AU JAPON (2000), *The New Economy*, Mimeograph, Tokyo.

DELONG Bradford J. and SUMMERS Lawrence H. (2001), « The New Economy : Background, Questions and Speculations », Mimeograph, University of California, Berkeley, Conference Draft, August.

DESRUELLE Paul,BURGELMAN Jean-Claude (2002),« The Impact of E-Commerce : A Prospective Look on Changing Value Chains in Selected Areas », ENCIP Euro CPR Conference, Barcelona, 24-26 March.

DIRKS Daniel, HUCHET Jean-François, RIBAULT Thierry (eds) (1999), *Japanese Management in the Low Growth Era. Between External Shocks and Internal Evolution*, Berlin, Springer-Verlag.

DOCKÈS Pierre (2000), « Nouvelle économie et théories économiques », dans CERCLE DES ÉCONOMISTES (ed.), *Espérances et menaces de la nouvelle économie*, Descartes & Cie, Paris, p. 139-152.

Dosi Giovanni, TEECE David, WINTER Sydney (1990), « La frontière des entreprises : vers une théorie de la cohérence des grandes entreprises », *Revue d'économie industrielle*, n°151,1er trimestre, p. 238-254.

DUMÉNIL Gérard, LÉVY Dominique (1996), *La Dynamique du capital. Un siècle*

CENTRE SAINT-GOBAIN POUR LA RECHERCHE EN ÉCONOMIE (2001), *Institutions et croissance*, Albin Michel Économie.
CENTRE SAINT-GOBAIN POUR LA RECHERCHE EN ÉCONOMIE (2002), *Institutions et innovation*, Albin Michel Économie.
COASE R. H. (1937), *The Nature of the Firm*, Economica, November. Traduction française, « La nature de la firme », *Revue française d'économie*, II (1), hiver 1987, p. 386-405.
COHEN Daniel, DEBONNEUIL Michèle (2000), *L'Économie de la nouvelle économie*, Conseil d'analyse économique, n°28, La Documentation française, Paris, p. 9-49.
COHEN Élie (2000), « Nouvelle économie, nouveau management », dans CERCLE DES ÉCONOMISTES (ed.), *Espérances et menaces de la nouvelle économie*, Descartes & Cie, Paris, p. 367-386.
COHEN Stephen, DELONG Bradford J., WEBER Steven and ZYSMAN John (2001), « Tools : Drivers of E-Commerce », in *Tracking a Transformation : E-commerce and the Terms of Competition in Industries*, Brookings Institution Press, Washington DC.
COMMISSION OF THE EUROPEAN COMMUNITIES (2000), « Communication from the Commission to the Council and the European Parliament : Innovation in a Knowledge-driven Economy », Com (2000) 567 final, Mimeograph.
COMMISSION OF THE EUROPEAN COMMUNITIES (2001), « Benchmarking Enterprise Policy : Results from the 2001 Scoreboard », Commission Staff Working Paper, SEC (2001) 1900,21.11.2001, Brussels.
COPPEL Jonathan (2000), *E-Commerce : Impacts and Policy Challenges*, Economic Department Working Papers, n°252, OCDE, June.
COUNCIL OF ECONOMIC ADVISORS (2001), *Economic Report of the President*, United States Government Printing Office, Washington DC.
COURTIS Kenneth (2001), « États-Unis, Japon, Europe : le basculement des années quatre-vingt-dix », dans BOYER Robert, SOUYRI Pierre F. (dir.), *Mondialisation et régulations*, La Découverte, Paris, p. 49-58.（山田鋭夫・渡辺純子訳『脱グローバリズム宣言――パクス・アメリカーナを超えて』藤原書店,2002 年）
COYLE Diane (1999), *The Weightless World. Strategies for Managing the Digital Economy*, MIT Press, Cambridge, Ma.（室田泰弘・矢野裕子・伊藤恵子訳『脱物質化社会』東洋経済新報社, 2001 年）
CURIEN Nicolas (2000), *Économie des réseaux*, Repères, La Découverte, Paris.
CUTLER David M. (2000), « Walking the Tightrope on Medicare Refirm », *Journal*

versus a Productivity Regime Approach : One Century of American Economic History Revisited », *Couverture Orange CEPREMAP*, n°9210,58 p.

BOYER Robert, JUILLARD Michel (1995), « Les États-Unis : Adieu au fordisme ! », dans BOYER Robert, SAILLARD Yves (dir.), *Théorie de la régulation. L'état des savoirs*, La Découverte, Paris, 1995, p. 378-388.

BOYER Robert, SOUYRI Pierre F. (dir.) (2001), *Mondialisation et régulations*, La Découverte, Paris.（山田鋭夫・渡辺純子訳『脱グローバリズム宣言——パクス・アメリカーナを超えて』藤原書店, 2002 年）

BOYER Robert, YAMADA Toshio (eds) (2000), *Japanese Capitalism in Crisis*, Routledge, London, 2000.（ロベール・ボワイエ, 山田鋭夫編著『戦後日本資本主義——調整と危機の分析』藤原書店, 1999 年）

BRENDER Anton, PISANI Florence (1999), *Le Nouvel Âge de l'économie américaine*, Economica, Paris.

BRENDER Anton, PISANI Florence (2001), *Les Marchés et la croissance*, Economica, Paris.

BRESNAHAN Timothy F. (2002), in *Institutions et innovation*, Albin Michel, à paraître.

BRIE (2000), *E-Commerce and the Changing Terms of Competition : A View from within the Sectors*, University of California, Berkeley, International seminar, April 28-29.

BROUSSEAU Éric, RALLET Alain (1999), *Technologies de l'information, organisation et performances économiques*, Rapport du groupe de travail, Commissariat général du Plan, Paris.

BRYNJOLFSSON Erik, HITT Lorin M. (2000), « Beyond Computation : Information Technology, Organizational Transformation and Business Performance », *The Journal of Economic Perspectives*, 14 (4) Fall, p. 23-48.

CAISSE DES DÉPÔTS ET CONSIGNATIONS [2002], *Datastream*, Janvier.

CAROLI Ève, VAN REENEN John (2001), « Skill Biased Organizational Change ? Evidence from a Panel of British and French Establishments », *Quarterly Journal of Economics*.

CASTELLS Manuel (2000), *The Information Age : Economy, Society and Culture*, Blackwell, Oxford, revised edition.

CASTELLS Manuel (2001), *La Galaxie Internet*, Fayard, Paris.

CECCHETTI Stephen G., GENBERG Hans, LIPSKY John, WADHWANI Sushil (2000), *Asset Prices and Central Bank Policy*, Geneve, CEPR.

dans CERCLE DES ÉCONOMISTES (ed.), *Espérances et menaces de la nouvelle économie*, Descartes & Cie, Paris, p. 405-420.

BOYER Robert (dir.) (1986), *La Flexibilité du travail en Europe*, La Découverte, Paris.(井上泰夫訳『第二の大転換』藤原書店, 1992 年)

BOYER Robert (1988), « D'un krach boursier à l'autre : Irving Fisher revisité », *Revue française d'économie*, III (3), été, p. 183-216.

BOYER Robert (1999), « Will the Japanese and the German Innovation Systems cope with the Challenges of the XXIst Century ? », *Economic Research Center Discussion Paper*, n°112, Economic Research Center School of Economics, Nagoya University, February.

BOYER Robert (2000a), « Is a Finance-led Growth Regime a Viable Alternative to Fordism ? A Preliminary Analysis », *Economy and Society*, vol. 29, n°1, February, p. 111-145.

BOYER Robert (2000b), « Réformes des procédures européennes et croissance », *Rapport du Conseil d'analyse économique*, n°27, La Documentation française, Paris.

BOYER Robert (2000c), « The French Welfare ; An Institutional and Historical Analysis in European Perspective », *Couverture Orange CEPREMAP*, n°2000-07, July (www. cepremap. cnrsd. fr).

BOYER Robert (2001a), « L'économiste face aux innovations qui font époque : les relations entre histoire et théorie », *Revue économique*, 52 (5), septembre, p1065-1115.

BOYER Robert (2001b), « Un retard de l'Europe ? Mythes et réalités », dans CENTRE SAINT-GOBAIN POUR LA RECHERCHE ÉCONOMIQUE (ed.), *Institutions et croissance*, Albin Michel, Paris, p. 327-398.

BOYER Robert, CHARRON Elsie, JÜRGENS Ulrich and TOLLIDAY Steven (eds) (1998), *Between Imitation and Innovation*, Oxford University Press, Oxford.

BOYER Robert, DIDIER Michel (1998), *Innovation et croissance*, Conseil d'analyse économique, n°10, La Documentation française, Paris, p. 11-132.

BOYER Robert, DURAND Jean-Pierre (1997), *L'Après-fordisme*, Syros-La Découverte, Paris, 2e édition.(荒井寿夫訳『アフター・フォーディズム』ミネルヴァ書房, 1996 年)

BOYER Robert, FREYSSENET Michel (2000a), *Les Modèles productifs*, Repères, La Découverte, Paris.

BOYER Robert, FREYSSENET Michel (2000b), « Fusions-acquisitions et "stratégies de profit" », *Revue française de gestion*, n°131, novembredécembre, p. 20-28.

BOYER Robert, JUILLARD Michel (1992), « The New Endogeneous Growth Theory

(2002), « Crises économiques », *Encyclopedia Universalis*, version 7.

BAILY Martin Neal, LAWRENCE Robert Z. (2001), « Do We Have a New Economy ? », *American Economic Review, Papers and Proceedings*, 91 (2), May, p. 308-312.

BAR François (2001), « The Construction of Marketplace Architecture », in *Tracking a Transformation : E-commerce and the Terms of Competition in Industries*, Brookings Institution Press, Washington DC.

BAR François, COHEN Stephen S., COWHEY Peter, DELONG Bradford J., KLEEMAN Michael and ZYSMAN John (2001), « The Next Generation Internet : Promoting Innovation and User Experimentation », in *Tracking a Transformation : E-commerce and the Terms of Competition in Industries*, Brookings Institution Press, Washington DC.

BASSANINI Andrea, SCARPETTA Stefano, VISCO Ignazio (2000), « Knowledge, Technology and Economic Growth : Recent Evidence from Countries », *Economic Department Working Papers*, n°259, OCDE, octobre.

BAUMOL William J. (1986), « Productivity Growth, Convergence and Welfare : What the Long-Run Data Show », *American Economic Review*, 76 (5), p.1072-1085.

BÉNASSY Jean-Pascal, BOYER Robert, GELPI Rosa-Maria (1979), « Régulation des économies capitalistes et inflation », *Revue économique*, 30 (3), mai, p.397-441.

BEFFA Jean-Louis, BOYER Robert, TOUFFUT Jean-Philippe (1999), « Le droit du travail face à l'hétérogénéité des relations salariales », *Droit social*, n°12, décembre, p. 1039-1051

BERGER Suzanne and DORE Ronald (eds) (1996), *National Diversity and Global Capitalism*, Cornell University Press, Ithaca and London.

BETBÈZE Jean-Paul (2000), « La nouvelle finance », dans CERCLE DES ÉCONOMISTES (ed.), *Espérances et menaces de la nouvelle économie*, Descartes & Cie, Paris, p. 295-306.

BLANCHARD Olivier, FITOUSSI Jean-Paul (1997), « Croissance et chômage », *Conseil d'analyse économique*, n°7, La Documentation française, Paris, p. 9-38.

BLANCHARD Olivier, WATSON M. W. (1984), « Bulles, anticipations rationnelles et marchés financiers », *Annales de l'INSEE*, n°54, avriljuin, p. 79-99.

BLINDER Alan S. (1998), *Central Banking in Theory and Practice*, The MIT Press, Cambridge, Ma. (河野龍太郎・前田栄治訳『金融政策の理論と実践』東洋経済新報社, 1999 年)

BOISIVON Jean-Pierre (2000), « Nouvelle économie, nouvelles méthodés éducatives », technologique ? », *Économie internationale*, n°56,4e trimestre 1993, p. 61-90.

AMABLE Bruno, BRETON Régis et RAGOT Xavier (2001), « Does Financial Liberalisation Change the Frontiers of the Large Corporation ? », Mimeograph Cepremap, March.

AMABLE Bruno, ERNST Ekkehard and PALOMBARINI Stefano (2000a), « Institutional Complementarity and Dynamic Compatibility : an Application to Industrial Relations », Mimeograph, Workshop on Institutional Complementarities, Paris, November.

AMABLE Bruno, ERNST Ekkehard, PALOMBARINI Stefano (2000b), *Endogenous Strategies for Trade Unions and Firms*, Mimeograph, Workshop on Institutional Complementarities, Paris, November.

AOKI Masahiko (1986), « Horizontal Versus Vertical Information Structure of the Firm », *American Economic Review*, vol. 76, p. 971-983.

AOKI Masahiko (1990), « Towards an Economic Model of the Japanese Firm », *Journal of Economic Literature*, 28 (1), p. 1-27.

AOKI Masahiko (2002), *Fondements d'une analyse institutionnelle* comparée, Albin Michel, Paris.（瀧澤弘和・谷口和弘訳『比較制度分析に向けて』ＮＴＴ出版，2001 年）

ARENA Richard (ed.) (1990), *Sraffa trente ans après*, Presses universitaires de France, Paris.

ARTHUR Brian (1994), *Increasing Returns and Path Dependence in the Economy*, The University of Michigan Press, Ann Arbor.

ARTUS Patrick (2001), *La Nouvelle Économie*, Repères, La Découverte, Paris.

ARTUS Patrick (2002), « Karl Marx is back », *Flash*, n°2002-04,4 janvier, CDC IXIS.

ARVISENET Philippe d' (2001), « Que reste-t-il de la nouvelle économie ? », *Conjoncture*, BNP Paribas, 5, mai, p. 2-11.

ASKÉNAZY Philippe (1999), *Innovations technologiques et organisationnelles, internationalisation et inégalités*, thèse, EHESS, Paris.

ASKÉNAZY Philippe (2000), « Changements organisationnels : de la nouvelle économie aux 35 heures », in *The New American Challenge : Firm's Strategies and European Policies*, séminaire de l'Institut français des Relations internationales, 3 octobre.

ASKÉNAZY Philippe (2002), *La Croissance moderne : Organisations innovantes du travail*, Economica, Paris.

ASSELIN Jean-Charles, DEMARTINI Anne, GAUCHON Pascal, VERLEY Patrick

参考文献

ABRAMOWITZ Moses（1986），« Catching up, Forging ahead and Falling behind », *Journal of Economic History*, 46, p. 385-406.

ABRHAM-FROIS Gilbert, LARBRE Françoise（1998），*La Macroéconomie après Lucas*, Economica, Paris.

AGHION Philippe, BLOOM Nicholas（2002），*Estimations empiriques de la relation entre concurrence sur le marché de produits et innovation*, Albin Michel, Paris, à paraître.

AGHION Philippe, HOWITT Peter（1998），*Endogenous Growth Theory*, The MIT Press, Cambridge, Ma.

AGLIETTA Michel（1976），*Régulation et crises du capitalisme*, Calmann Lévy, Paris, 2e édition [1982], 3e édition, Odile Jacob, Paris [1997].（若森章孝・山田鋭夫・大田一廣・海老塚明訳『資本主義のレギュラシオン理論』大村書店，1989 年，増補新版，2000 年）

AGLIETTA Michel（2000），« Nouvelle économie, nouvelles régulations », dans CERCLE DES ÉCONOMISTES（ed.），*Espérances et menaces de la nouvelle économie*, Descartes & Cie, Paris, p. 153-182.

AGLIETTA Michel, ORLÉAN André（1982），*La Violence de la monnaie*, Presses universitaires de France, Paris.（井上泰夫・斉藤日出治訳『貨幣の暴力――金融危機のレギュラシオン・アプローチ』法政大学出版局，1991 年）

AMABLE Bruno（2002），« La diversité des systèmes sociaux d'innovationet de production dans les années 1990 », *Institutions et innovation*, Albin Michel, Paris.

AMABLE Bruno, BARRÉ Rémi, BOYER Robert（1997），*Les Systèmes d'innovation à l'ère de la globalisation*, Economica, Paris.（同様のテーマを扱ったものとして，本原書刊行後以下のものが刊行された。AMABLE Bruno, 2003, *The Diversity of Modern Capitalism*, Oxford University Press. 山田鋭夫・原田裕治ほか訳『五つの資本主義――グローバリズム時代における社会経済システムの多様性』藤原書店，2005 年）

AMABLE Bruno, BOYER Robert（1993），« L'Europe est-elle en retard d'un modèle

マ　行

ヤ　行

ラ　行

ワ　行

タ　行

サ　行

索　引

本文に登場する重要事項・人名を対象とした（人名は**ゴシック体**で示した）。

ア　行

カ　行

著者紹介

ロベール・ボワイエ（Robert Boyer）

1943年生。パリ理工科大学校（エコール・ポリテクニック）卒業。フランス経済予測局研究員をへて現在は数理経済計画予測研究所（CEPREMAP）および国立科学研究所（CNRS）教授，ならびに社会科学高等研究院（EHESS）研究部長。著書に『レギュラシオン理論』『入門・レギュラシオン』『第二の大転換』『現代「経済学」批判宣言』『世界恐慌』〈レギュラシオン・コレクション〉1『危機——資本主義』2『転換——社会主義』3『ラポール・サラリアール』4『国際レジームの再編』（共編著）『資本主義vs資本主義』（以上，いずれも藤原書店）『レギュラシオン』（ミネルヴァ書房）などがある。

訳者紹介

井上泰夫（いのうえ・やすお）

1951年生。パリ第2大学大学院経済学研究科博士課程修了（経済学博士），現在，名古屋市立大学大学院経済学研究科教授。経済理論専攻。著書に『<世紀末大転換>を読む』（有斐閣），訳書に『現代「経済学」批判宣言』『世界恐慌　診断と処方箋』（ともにボワイエ著，藤原書店）などがある。

中原隆幸（なかはら・たかゆき）

1963年生。名古屋市立大学大学院経済学研究科博士後期課程修了後，名古屋市立大学経済学部助手を経て，現在，四天王寺国際仏教大学人文社会学部助教授。経済理論専攻。訳書にシャバンス『入門制度経済学』（共訳，ナカニシヤ出版）テレ『租税国家のレギュラシオン』（共訳，世界書院）などがある。

新井美佐子（あらい・みさこ）

1969年生。名古屋大学大学院経済学研究科博士後期課程修了（経済学博士），現在，名古屋大学大学院国際言語文化研究科准教授。経済理論専攻。著書に『ポジティブ・アクションの可能性』（共著，ナカニシヤ出版）『経済学とジェンダー』（共著，明石書店）などがある。

ニュー・エコノミーの研究《けんきゅう》　21世紀型経済成長《せいきがたけいざいせいちょう》とは何《なに》か

2007年6月30日　初版第1刷発行©

訳　者　井上泰夫 ほか
発行者　藤原良雄
発行所　株式会社 藤原書店

〒162-0041　東京都新宿区早稲田鶴巻町523
電　話　03（5272）0301
ＦＡＸ　03（5272）0450
振　替　00160-4-17013

印刷・製本　図書印刷

落丁本・乱丁本はお取替えいたします　Printed in Japan
定価はカバーに表示してあります　ISBN978-4-89434-580-5

歴史・経済・環境・倫理思想を統合する新知性

ミシェル・ボー（1935-　）

ブローデルの全体史を受け継ぎ、ウォーラーステインの世界システム論とレギュラシオン派の各国分析を媒介する、フランスの代表的な経済学者=エコロジスト。モロッコ銀行勤務中の調査を通して第三世界体験を深め、パリ大学教授就任後は、国際シンポジウムの組織、国家政策の経済計画・環境施策への参画といった、世界経済・地球環境・労働関係をめぐる多彩で精力的な社会活動を展開中。

ケネー以来の、「思想」と「理論」を峻別しないフランス的経済学説の魅力をまさに体現し、混迷を深める現代世界における「希望の原理」を示しうる、稀有な「ユマニスト経済学者」。

初の資本主義五百年物語

資本主義の世界史

〔1500-1995〕

M・ボー　筆宝康之・勝俣誠訳

ブローデルの全体史、ウォーラーステインの世界システム論、レギュラシオン・アプローチを架橋し、商人資本主義から、アジア太平洋時代を迎えた二〇世紀資本主義の大転換までを、統一的視野のもとに収めた画期的業績。世界十か国語で読まれる大冊の名著。

A5上製　五一二頁　**五八〇〇円**

在庫僅少　（一九九六年六月刊）

HISTOIRE DU CAPITALISME　Michel BEAUD

無関心と絶望を克服する責任の原理

大反転する世界

〔地球・人類・資本主義〕

M・ボー　筆宝康之・吉武立雄訳

差別的グローバリゼーション、新しい戦争、人口爆発、環境破壊……この危機状況を、人類史的視点から定位。経済・政治・社会・エコロジー・倫理を総合した、学の〝新しいスタイル〟から知性と勇気に満ちた処方箋を呈示。

四六上製　四三二頁　**三八〇〇円**

（二〇〇二年四月刊）

LE BASCULEMENT DU MONDE　Michel BEAUD

日本経済改革の羅針盤

五つの資本主義

（グローバリズム時代における社会経済システムの多様性）

B・アマーブル
山田鋭夫・原田裕治ほか訳

市場ベース型、アジア型、大陸欧州型、社会民主主義型、地中海型――五つの資本主義モデルを、制度理論を背景とする緻密な分類、実証をふまえた類型化で、説得的に提示する。

Ａ５上製　三六八頁　**四八〇〇円**
（二〇〇五年九月刊）

THE DIVERSITY OF MODERN CAPITALISM
Bruno AMABLE

資本主義は一色ではない

資本主義VS資本主義

（制度・変容・多様性）

R・ボワイエ　山田鋭夫訳

各国、各地域には固有の資本主義があるという視点から、アメリカ型の資本主義に一極集中する現在の傾向に異議を唱える。レギュラシオン理論の泰斗が、資本主義の未来像を活写。

四六上製　三五二頁　**三三〇〇円**
（二〇〇五年一月刊）

UNE THÉORIE DU CAPITALISME EST-ELLE POSSIBLE?
Robert BOYER

新たな「多様性」の時代

脱グローバリズム宣言

（パクス・アメリカーナを越えて）

R・ボワイエ＋P‐F・スイリ編
青木昌彦　榊原英資　他
山田鋭夫・渡辺純子訳

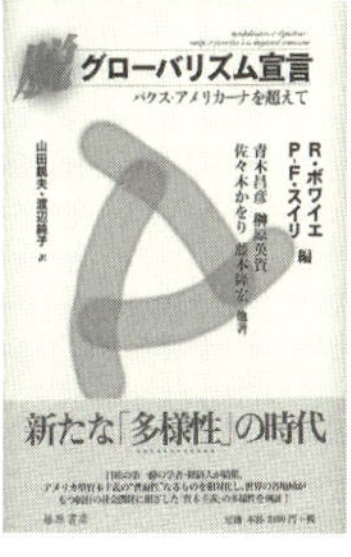

アメリカ型資本主義は本当に勝利したのか？　日・米・欧の第一線の論客が、通説に隠された世界経済の多様性とダイナミズムに迫り、アメリカ化とは異なる21世紀の経済システム像を提示。

四六上製　二六四頁　**二四〇〇円**
（二〇〇二年九月刊）

MONDIALISATION ET RÉGULATIONS
sous la direction de
Robert BOYER et Pierre-François SOUYRI

日仏共同研究の最新成果

戦後日本資本主義

（調整と危機の分析）

山田鋭夫＋R・ボワイエ編

山田鋭夫／R・ボワイエ／磯谷明徳／植村博恭／海老塚明／宇仁宏幸／遠山弘徳／平野泰朗／花田昌宣／鍋島直樹／井上泰夫／B・コリア／P・ジョフロン／M・リュビンシュタイン／M・ジュイヤール

Ａ５上製　四一六頁　**六〇〇〇円**
（一九九九年二月刊）